PONS

Powerkurs
LATEIN

von
Maria Anna Söllner

PONS GmbH
Stuttgart

PONS

Powerkurs
Latein

von
Maria Anna Söllner

Auflage A1 5 4 3 2 1 / 2011 2010 2009 2008

Internet: www.pons.de
E-Mail: info@pons.de

Redaktion: Dr. Bettina Kratz-Ritter, Göttingen
Logoentwurf: Erwin Poell, Heidelberg
Logoüberarbeitung: Sabine Redlin, Ludwigsburg
Einbandgestaltung: Schmidt & Dupont, Stuttgart
Titelfoto: iStockphoto (romaoslo)
Layout/Satz: Satz und mehr, Besigheim
Druck und Bindung: L.E.G.O. S.p.A., in Lavis (TN)

Printed in Italy.
ISBN: 978-3-12-561399-7

WILLKOMMEN

Sie möchten Latein übersetzen lernen und sprachliche Sicherheit für die Prüfung auf Lateinkenntnisse oder zum (*kleinen* oder *großen*) *Latinum* gewinnen. Der **Powerkurs LATEIN** bietet Ihnen einen schnellen und sicheren Einstieg in die Sprache. Er ist motivierend und führt Sie systematisch an die Lektüre von Originaltexten heran. Zudem vermittelt er Ihnen ein lebendiges Bild der römischen Antike: Sie erfahren viel Nützliches und Interessantes rund um Religion, Politik, Geschichte, Literatur und Philosophie im alten Rom.

WIE LERNEN SIE MIT DEM POWERKURS?

Der Powerkurs gliedert sich in drei Teile:

- das **Propädeutikum** (L1–4), das in die Grundlagen der lateinischen Grammatik einführt und vor allem die Basisformenlehre sowie einfache syntaktische Strukturen umfasst;
- das **Proseminar** (L5–14), in dem Sie weitere Formen der Substantive, Adjektive, Pronomina und Verben sowie komplexere syntaktische Strukturen kennenlernen und das Sie auf die Prüfung zum kleinen Latinum (Caesar) vorbereitet;
- das **Prüfungsseminar** (L15–18), das Sie an die Lektüre von Originaltexten (Cicero und Seneca) heranführt und Sie auf die Prüfung zum (großen) Latinum trainiert.

Jede der 18 Lektionen umfasst Wortschatz, Grammatik, Übungen und ab L5 einen Übersetzungstext. Mit L9 haben Sie den Wissensstand von *Lateinkenntnissen* erreicht, mit L14 vom *kleinen Latinum* und mit L18 vom (*großen*) *Latinum*.

So lernen Sie am schnellsten:

- Lernen Sie regelmäßig und in kurzen Etappen. Lieber mehrmals in der Woche als nur einmal sieben Stunden.
- Wiederholen Sie regelmäßig Formen und Vokabeln. Diese sind Ihr „Werkzeug", ohne deren Kenntnis kein lateinischer Text übersetzt werden kann. Tipps zum Vokabellernen finden Sie in L2.
- Legen Sie für die Übungen ein Heft an – so haben Sie die Möglichkeit, die Übungen zu einem späteren Zeitpunkt noch einmal zu machen.

Anhang

Im Anhang finden Sie eine **systematische Grammatik**, in der Sie schnell Antworten auf Ihre Grammatikfragen finden. Hier können Sie auch bereits Gelerntes noch einmal wiederholen.

Beiheft
Im Beiheft mit der **alphabetischen Wortliste Latein – Deutsch** können Sie unbekanntes Vokabular schnell nachschlagen. Zusätzlich finden Sie einen Verweis auf die Lektion, in der das Wort eingeführt wird.

CD
Auf der beiliegenden CD finden Sie:

- die **Lösungen** zu allen Übungen im Kurs. Arbeiten Sie mit einem Ausdruck oder schlagen Sie die Lösungen schnell mit der praktischen Suchfunktion direkt im PDF nach.
- **Übungsklausuren**: An sechs Originalprüfungstexten mit Aufgaben, Musterübersetzungen und Kommentaren haben Sie weitere Übungsmöglichkeiten für die gezielte Prüfungsvorbereitung.

Icons
Mit folgenden Icons finden Sie sich im Powerkurs leichter zurecht:

§20 Verweis auf die systematische Grammatik.

Memo Verweis auf Inhalte, die Sie als Vorbereitung auf die Übungen oder Texte lernen müssen.

! Hinweis auf Besonderheiten und Ausnahmen.

DIE LATINUM-PRÜFUNG

Gehen Sie sicher, welche Art von Lateinnachweis Sie benötigen: *Lateinkenntnisse*, *kleines*, *großes* oder nur *Latinum*? Während *Lateinkenntnisse* an jeder Universität anders definiert werden, handelt es sich bei der Latinum-Prüfung um eine Ergänzung zur Abiturprüfung, die von Schulbehörden durchgeführt wird. Informieren Sie sich beim zuständigen Prüfungsamt über die **Anmeldungsmodalitäten** (Anmeldefristen, Unterlagen wie Abiturzeugnis usw.). Wichtig sind auch Informationen über die **Prüfungsinhalte** (Autoren, Werke). In manchen Bundesländern wird unterschieden zwischen *kleinem* und *großem Latinum*, in manchen gibt es nur noch das *Latinum*. Entsprechend unterschiedlich sind auch die Anforderungen.
Erkundigen Sie sich auch nach dem **Prüfungsablauf**: In der Regel haben Sie für die schriftliche Latinum-Prüfung 180 Minuten Zeit und dürfen ein Wörterbuch benutzen. Bei der mündlichen Prüfung ist ein Wörterbuch allerdings meist nicht zugelassen; Sie haben etwa 20 Minuten Zeit, den Text vorzubereiten. Während in der schriftlichen Prüfung nur übersetzt wird, können in der mündlichen auch Fragen zu Grammatik, rhetorischen Stilmitteln, Inhalt, Autor usw. gestellt werden.

Viel Spaß und Erfolg!

Inhaltsverzeichnis

Proseminar

Nun sind Sie bereit das „*kleine Latinum*" zu erwerben!

Proseminar

Prüfungsseminar

Nun sind Sie bereit das *„große Latinum"* zu erwerben!

Begleitmaterialien

Willkommen!

salvēte!	*seid gegrüßt!*	puella, -ae *f*	*Mädchen*
dea, -ae *f*	*Göttin*	terra, -ae *f*	*Erde*
domina, -ae *f*	*Herrin*	toga, -ae *f*	*Toga* (röm. Männergewand)
poēta, -ae *m*	*Dichter*		
agricola, -ae *m*	*Bauer*	dominus, -ī *m*	*Herr*
nauta, -ae *m*	*Seemann*	puer, puerī *m*	*Junge*
amīca, -ae *f*	*Freundin*	templum, -ī *n*	*Tempel*
vīlla, -ae *f*	*Landhaus*	amīcus, -ī *m*	*Freund*
aqua, -ae *f*	*Wasser*	fīlius, -iī *m*	*Sohn*
hōra, -ae *f*	*Stunde*	magister, -strī *m*	*Lehrer*
fīlia, -ae *f*	*Tochter*	monumentum, -ī *n*	*Denkmal*
pūgna, -ae *f*	*Kampf, Schlacht*		
serva, -ae *f*	*Sklavin*	vir, -ī *m*	*Mann*
fēmina, -ae *f*	*Frau*		

Lerntipp

Die Linien über den Vokalen kennzeichnen lange Silben und helfen Ihnen die richtige Wortbetonung zu finden (↑ § 2).
Im Wörterbuch wird bei Substantiven zusätzlich zur Bedeutung immer auch der Genitiv Singular und das Genus angegeben.
dea, -ae *f* – *Göttin*
Lesen Sie: „dea, deae, Femininum, Göttin"

Salvete! Dies sind also die ersten lateinischen Vokabeln, die Ihnen in den folgenden Übungen und Erklärungen begegnen. Verschaffen Sie sich einen ersten Eindruck.
Gleich werden die Wörter in einen grammatischen oder inhaltlichen Kontext gesetzt, dann lernen Sie die Vokabeln ganz leicht. In Lektion 2 finden Sie darüber hinaus zahlreiche Tipps rund um das Thema Vokabellernen.

Die Fälle (Kasus)

§ 3

Das Lateinische verfügt über sechs verschiedene Kasus: Nominativ („wer?"), Genitiv („wessen?"), Dativ („wem?") und Akkusativ („wen?") – genau wie im Deutschen. Hinzu kommen der Ablativ, der z. B. die Fragen „womit?", „woher?", „wo?" oder „wann?" beantwortet, und der Kasus für die Anrede, der Vokativ, der meist mit der Form des Nominativ Singular identisch ist. Deswegen wird er in der Regel in den Deklinationstabellen nicht gesondert aufgeführt.
Jedes lateinische Substantiv ist einer Deklinationsklasse zugeordnet

Die a-Deklination

§ 4

Zur a- oder 1. Deklination gehören Substantive, die im Nominativ Singular auf **-a** enden. Sie sind meist Feminina.

domina, -ae *f* – *Herrin*

Wörter wie **poeta, -ae** – *Dichter*, **agricola, -ae** – *Bauer*, **nauta, -ae** – *Seemann* haben ein „natürliches Geschlecht", sind also maskulin.

Lesen Sie die Kasusformen der a-Deklination in der Grammatik (§ 4) der Reihe nach laut, decken Sie dann die Seite ab und versuchen Sie, die Formen aus dem Gedächtnis wiederzugeben.

Salvete!

Willkommen!

1

Um welchen Kasus handelt es sich? Tragen Sie die Wörter in der Tabelle ein.

dominā • amicam • villarum • dea • aquae • horas • filiae • pugnis • servae • poetis

	Singular	Plural
Nom.		
Gen.		
Dat.		
Akk.		
Abl.		

2

Bilden Sie den Singular bzw. Plural der folgenden Substantive. Aufgepasst: Mehrere Lösungen sind möglich!

1. femina ______
2. puellas ______
3. nautis ______
4. dearum ______
5. terrae ______
6. togā ______

§5

Memo

Die o-Deklination

Die Substantive der 2. oder o-Deklination enden im Nominativ Singular auf **-us** oder **-(e)r** und sind meist Maskulina:

dominus, -i *m – Herr* puer, pueri *m – Junge*

Nach der o-Deklination bilden auch die Neutra auf **-um** ihre Kasus: templum, -i *n – Tempel*

- Der Vokativ der Substantive auf **-us** lautet **-e**, der Substantive und Namen auf **-ius -ī**:
  amicus → amice! – *Freund!* Gaius → Gai! – *Gaius!*
- In den weiteren Kasus mancher Substantive auf **-er** entfällt das **-e-**:
  magister, magi**stri** *m – Lehrer*
- Feminina sind Bezeichnungen von Ländern, Inseln, Städten und Bäumen auf **-us**:
  Corinthus, -i *f – Korinth* Delus, -i *f – Delos*

Lerntipp

Lernen Sie bei einem Substantiv immer gleich den Genitiv Singular und das Genus mit dazu! So können Sie die Deklination und damit die Formen sicher erkennen.

Willkommen!

3

Wie muss die richtige Endung lauten? Ergänzen Sie. Nennen Sie das Genus.

1. fili________ (Dat. Sg.), ________
2. amic________ (Abl. Pl.), ________
3. templ________ (Nom. Pl.), ________
4. puer________ (Nom. Sg.), ________
5. monument________ (Gen. Sg.), ________
6. Del________ (Akk. Sg.), ________
7. magistr________ (Gen. Pl.), ________
8. vir________ (Dat. Pl.), ________
9. domin________ (Akk. Pl.), ________

4

Bilden Sie den Vokativ der folgenden Substantive im selben Numerus.

1. amica ____________________
2. filius ____________________
3. dominae ____________________
4. magister ____________________
5. pueri ____________________
6. dominus ____________________

laetus, -a, -um	*fröhlich*	clāmāre, clāmō	*rufen, schreien*
līber, -era, -erum	*frei*	gaudēre, gaudeō	*sich freuen*
pulcher, -chra, -chrum	*schön, hübsch*	aperīre, aperiō	*öffnen*
		vidēre, videō	*sehen*
bonus, -a, um	*gut*	respondēre, respondeō	*antworten*
māgnus, -a, -um	*groß*		
probus, -a, -um	*tüchtig, rechtschaffen*	interrogāre, interrogō	*fragen*
multus, -a, -um	*viel*	portāre, portō	*tragen, bringen*
miser, -era, -erum	*elend, unglücklich*	monēre, moneō	*ermahnen*
amplus, -a, -um	*weit(läufig), breit*	adiuvāre, adiuvō	*helfen*
vocāre, vocō	*rufen*	docēre, doceō	*lehren, unterrichten*
rīdēre, rīdeō	*lachen*	venīre, veniō	*kommen*
audīre, audiō	*hören*	nāvigāre, nāvigō	*mit dem Schiff fahren, segeln*
amāre, amō	*lieben*		
sentīre, sentiō	*fühlen, meinen*	arāre, arō	*pflügen*

Memo

Lerntipp

Im Wörterbuch finden Sie Verben grundsätzlich unter der 1. Pers. Sg. des Indikativ Präsens.

Willkommen!

§13

Memo

Die Adjektive der a-/o-Deklination

Die Adjektive der a-/o-Deklination enden auf **-us, -a, -um** (m, f, n) oder **-er, -(e)ra, -(e)rum**.
laetus, laeta, laetum – *fröhlich* liber, libera, liberum – *frei*

Bei einigen Adjektiven auf **-er** entfällt das **-e-** des Wortstamms:
pulcher, pul**chra**, pul**chr**um – *schön, hübsch*

Adjektive richten sich grundsätzlich in Kasus, Numerus und Genus nach ihrem Bezugswort (Kongruenz).
amica laet**a** – *die fröhliche Freundin*
amicum laet**um** – *den fröhlichen Freund*

5

Bestimmen Sie die Formen der folgenden Adjektive.

1. liberis ________________
2. pulchrae ________________
3. bono ________________
4. magnas ________________
5. probi ________________
6. multorum ________________
7. misera ________________

6

Kombinieren Sie die Adjektive mit einem passenden Substantiv. Achten Sie auf Kasus, Numerus und Genus!

1. amici	a. probum
2. puellae	b. amplas
3. virum	c. miserorum
4. monumenta	d. amplis
5. servorum	e. pulchrae
6. villas	f. magna
7. templis	g. boni

Willkommen!

§ 44

Das Verb

Bei den Verben werden finite und infinite Formen unterschieden. Finite Formen sind die konjugierten Verben, die verändert werden können hinsichtlich:

- Person: 1., 2., 3. Person,
- Numerus: Singular, Plural,
- Tempus: Präsens, Imperfekt, Perfekt, Plusquamperfekt, Futur I und II,
- Genus verbi: Aktiv, Passiv,
- Modus: Indikativ, Konjunktiv, Imperativ.

Unter infiniten Verbformen versteht man die unveränderlichen Nominalformen eines Verbs: Infinitive (↑ § 66), Partizipien (↑ § 70), Supina (↑ § 75) und nd-Formen (↑ § 73).

§ 45

Memo

Die a-, e- und i-Konjugation im Indikativ Präsens Aktiv

Die Verben der a-, e- und i-Konjugation bilden den Indikativ Präsens Aktiv mit dem jeweiligen Präsensstamm und den aktiven Personalendungen. Den Präsensstamm erhält man, indem man die Endung des Infinitiv Präsens Aktiv **-re** wegstreicht.

voca-re → voca- ride-re → ride- audi-re → audi-

Präsensstamm + Personalendungen:
voca-s – *du rufst* ride-nt – *sie lachen* audi-mus – *wir hören*

!

In der 1. Person Singular der a-Konjugation verschmilzt die Personalendung mit dem Vokalauslaut des Präsensstammes:
ama-o → am**o** – *ich liebe*

Bei den Verben der i-Konjugation wird in der 3. Pers. Pl. zwischen Präsensstamm und Personalendung der Bindevokal **-u-** eingefügt:
audi-**u**-nt – *sie hören*

7

Bilden Sie von den Verben die angegebene Form im Indikativ Präsens Aktiv.

1. clamare (1. Pers. Sg.) ____________
2. sentire (2. Pers. Sg.) ____________
3. vocare (3. Pers. Pl.) ____________
4. gaudere (2. Pers. Sg.) ____________
5. videre (1. Pers. Pl.) ____________
6. aperire (3. Pers. Pl.) ____________
7. respondere (2. Pers. Pl.) ____________
8. interrogare (3. Pers. Sg.) ____________

8

Bestimmen Sie die folgenden Verbformen und übersetzen Sie sie.

1. videmus ______________________
2. portant ______________________
3. interrogatis ______________________
4. sentimus ______________________
5. moneo ______________________
6. adiuvatis ______________________
7. docent ______________________
8. venit ______________________

Der einfache Satz

Der einfache Satz besteht aus einem Subjekt im Nominativ und einem Prädikat, das in Numerus und Person mit dem Subjekt übereinstimmt (Kongruenz).

Cornelia	vocat. – *Cornelia ruft.*
↓	↓
Subjekt	Prädikat

!

Im Lateinischen genügt es, das Subjekt durch die Personalendung des Prädikats auszudrücken. Aus dem Textzusammenhang ist ersichtlich, wer die handelnde Person ist. Voca**t**. (3. Pers. Sg.) – *Er/sie/es ruft.*

9

Unterstreichen Sie alle Substantive im Nominativ.

aquam · **horae** · **servas** · **toga** · **monumenta** · **villis** · **amico** · **dominus** · **puerum** · **templum** · **puellarum** · **magistri**

10

Verbinden Sie die Satzbestandteile zu kongruenten, sinnvollen Sätzen. Übersetzen Sie sie anschließend.

1. dominus	a. navigant
2. agricola	b. gaudent
3. nautae	c. ridet
4. amica	d. docet
5. deae	e. monet
6. magister	f. arat

Gedächtnistraining

memoria, -ae *f*	*Gedächtnis, Erinnerung*	ars, -tis *f*	*Kunst*
exercēre , exerceō	*üben, trainieren*	homō, -inis *m*	*Mensch*
labor, -is *m*	*Arbeit, Mühe*	corpus, -oris *n*	*Körper*
opus, -eris *n*	*Werk*	regere, regō	*lenken, leiten*
exemplar, -is *n*	*Muster, Vorbild*	mittere, mittō	*schicken*
mare, -is *n*	*Meer*	legere, legō	*lesen*
animal, -is *n*	*Tier*	currere, currō	*laufen, eilen*
sitis, -is *f*	*Durst*	capere, capiō	*fangen, ergreifen, gefangen nehmen*
turris, -is *f*	*Turm*		
cīvis, -is *m*	*Bürger*	dīcere, dīcō	*sagen, sprechen*
sēdēs, -is *f*	*Sitz, Wohnsitz*	dūcere, dūcō	*führen*
urbs, -is *f*	*Stadt*	cadere, cadō	*fallen*
gens, -ntis *f*	*Geschlecht, Sippe, Volksstamm*	iacere, iaciō	*werfen*
		fugere, fugiō	*fliehen, entfliehen*
pater, -tris *m*	*Vater*	lavāre, lavō	*waschen*
māter, -tris *f*	*Mutter*	rapere, rapiō	*rauben, reißen*
nāvis, -is *f*	*Schiff*	trahere, trahō	*ziehen, schleppen*
flūmen, -inis *n*	*Fluss*		

Lerntipp

Am Nominativ Singular ist der Wortstamm oft nicht erkennbar, von dem alle anderen Kasus gebildet werden. Lernen Sie deshalb bei neuen Wörtern immer gleich den Genitiv Singular und auch das Genus mit, damit Sie sie problemlos in allen Kasus erkennen können. So lautet der Wortstamm von **corpus** beispielsweise **corpor-** (Gen. Sg. **corporis**).

Die 3. Deklination

§6

§7

Zur 3. Deklination zählen die konsonantischen Stämme, die i-Stämme sowie die Mischklasse. Zu den konsonantischen Stämmen – auch „konsonantische Deklination" genannt – gehören Substantive, deren Wortstamm auf einen Konsonanten endet.

labor, laboris *m* – *Arbeit, Mühe*   opus, operis *n* – *Werk*

Zu den i-Stämmen zählen
- die Neutra auf **-ar**, **-e**, **-al**:
  exempl**ar**, exemplaris *n* – *Muster*
  mar**e**, maris *n* – *Meer*
  anim**al**, animalis *n* – *Tier*
- einige wenige Feminina, deren Wortstamm auf **-i-** endet:
  sit**i**s, sitis *f* – *Durst*   turr**i**s, turris *f* – *Turm*

Lerntipp

Merkwort AREAL → Substantive auf **-ar**, **-e** und **-al** sind Neutra der i-Stämme.

§8

In der Mischklasse (auch „gemischte Deklination" genannt) finden sich gleichsilbige Substantive auf **-is** und **-es** sowie Wörter mit mehr als einem Konsonanten am Wortstammende:

civis, civis *m* – *Bürger*   sedes, sedis *f* – *Sitz*
urbs, urbis *f* – *Stadt*   gens, gentis *f* – *Geschlecht, Sippe*

!

Ausnahmen sind **pater**, **patris** *m* – *Vater* und **mater, matris** *f* – *Mutter*, die wie die konsonantischen Stämme dekliniert werden.

Gedächtnistraining

Vokabeln lernen mit System

Gute Vokabelkenntnisse sind - neben dem sicheren Erkennen der Formen - eine der wichtigsten Voraussetzungen für eine erfolgreiche Latinumprüfung. Jeder lernt jedoch anders, und so gibt es auch für das Vokabellernen unterschiedliche Techniken. Probieren Sie aus, welche für Sie am besten geeignet ist.

Technik 1: Lernen Sie die Vokabeln mit den Wortschatz-Listen, indem Sie Wort für Wort lesen. Am besten sprechen Sie sie laut. Lesen Sie bei Substantiven auch den Genitiv Singular und das Genus mit. Decken Sie dann die rechte Seite ab und überlegen Sie, wie die Bedeutung des Wortes (einschließlich Genitiv Singular und Genus) lautet.

Technik 2: Lernen Sie die Vokabeln mit einem Karteikasten. Schreiben Sie dazu jedes Wort auf eine Karteikarte, auf die Rückseite dessen Bedeutung. Legen Sie im Karteikasten drei Fächer an: In Fach 1 kommen die neuen Vokabeln, in Fach 2 wandern die Wörter, die Sie auch am nächsten Tag noch wussten, die anderen verbleiben in Fach 1. In Fach 3 legen Sie die Wörter, deren Bedeutung Sie nach einer Woche noch wissen, die anderen kommen wieder in Fach 1. Einmal pro Monat sollten Sie kontrollieren, ob sie die Vokabeln aus Fach 3 im Gedächtnis behalten haben. Wenn das der Fall ist, können sie aussortiert werden, ansonsten kommen sie zurück in Fach 1.

Technik 3: Legen Sie ein Vokabelheft an, in das Sie alle Wörter eintragen. Allein durch Schreiben lässt sich schon vieles einprägen. Das Lernen erfolgt wie bei Lerntechnik 1.

Allgemeine Tipps:

- Pro Lektion werden Ihnen rund 50 neue Vokabeln begegnen. Versuchen Sie jedoch nicht, sich alle gleichzeitig einzuprägen. Lernen Sie in kleinen „Portionen" - nie mehr als 5 Vokabeln auf einmal. Verteilen Sie diese Lerneinheiten auf den Tag.
- Lernen Sie am besten täglich.
- Wiederholung ist das A und O! Überprüfen Sie immer wieder, ob alle gelernten Wörter tatsächlich „sitzen". Hilfreich ist dabei auch jemand, der Sie Vokabeln abfragt.
- Nutzen Sie Ihre Kenntnisse moderner Fremdsprachen als Lernhilfe für lateinische Wörter und umgekehrt! Alle romanischen Sprachen, z. B. Französisch, Italienisch und Spanisch, sind aus dem Lateinischen entstanden, aber auch etliche englische Wörter haben lateinische Wurzeln. Auf **pater** gehen z. B. frz. *père*, ital./span. *padre* zurück, auf **navis** engl. *navy*, ital. *nave* sowie auf **animal** engl./frz. *animal*, ital. *animale*.

Gedächtnistraining

1

Sehen Sie sich die Deklinationstabellen (§ 6–8) im Anhang an. In welchen Kasus unterscheiden sich die Untergruppen der 3. Deklination? Nennen Sie die Kasusendungen.

Kasus	**kons. Stämme**	**i-Stämme**	**Mischklasse**

2

Welcher Untergruppe der 3. Deklination gehören die folgenden Substantive an? Ordnen Sie sie zu. Nennen Sie auch den Genitiv Singular und das Genus.

civis • mare • navis • pater • flumen • urbs • sitis • ars • animal

kons. Stämme	**i-Stämme**	**Mischklasse**

3

Ergänzen Sie die passende Endung des Adjektivs **magnus, -a, -um**.
Bestimmen Sie Kasus, Numerus und Genus.

1. homine magn______
2. navium magn______
3. sitim magn______
4. labori magn______
5. urbes magn______
6. gentibus magn______
7. animali magn______
8. corporis magn______

§ 45

Die konsonantische und gemischte Konjugation im Indikativ Präsens Aktiv

Im Indikativ Präsens Aktiv der konsonantischen Konjugation wird zwischen Verbstamm und Personalendungen – außer in der 1. Person Singular – der Bindevokal **-i-** eingefügt.
reg-**i**-s – *du lenkst* mitt-**i**-mus – *wir schicken*
aber: leg-o – *ich lese*

In der konsonantischen und gemischten Konjugation (auch „Kurz-i-Konjugation" genannt) wird in der 3. Person Plural der Bindevokal **-u-** eingefügt.
curr-**u**-nt – *sie laufen* capi-**u**-nt – *sie fassen*

! Beachten Sie: In der gemischten Konjugation gehört das **-i-**, z. B. in **capio** – *ich fange*, zum Verbstamm.

§ 1

Die Verben dieser Konjugationen haben im Gegensatz zu den Verben der e-Konjugation im Infinitiv Präsens Aktiv ein kurzes **-e-**, d. h. der Wortakzent liegt auf der drittletzten Silbe: **cápere, cúrrere**.

Memoriam exercere

Gedächtnistraining

4

Zu welcher Konjugation gehören die folgenden Verben? Ordnen Sie zu.

videre · amare · aperire · currere · trahere · rapere · adiuvare · docere · sentire · capere

a-Konj.	e-Konj.	i-Konj.	kons. Konj.	gem. Konj.

5

Bilden Sie von den folgenden Verben die angegebenen Formen im Indikativ Präsens Aktiv.

1. mittere ____________ (2. Pers. Pl.)
2. capere ____________ (3. Pers. Pl.)
3. dicere ____________ (1. Pers. Sg.)
4. ducere ____________ (2. Pers. Sg.)
5. cadere ____________ (3. Pers. Pl.)
6. iacere ____________ (1. Pers. Pl.)

6

Bestimmen Sie die Verbformen und die jeweilige Konjugationsklasse.
Bilden Sie dann die entsprechende Form von dem im Infinitiv angegebenen Verb.

Bsp.: mittis: *2. Sg. Ind. Präs. Akt., kons. Konj.* → *laudare:* *laudas*

1. clamant: ____________________ → iacere: ____________
2. fugimus: ____________________ → monere: ____________
3. lavatis: ____________________ → capere: ____________
4. duco: ____________________ → venire: ____________
5. rapit: ____________________ → dicere: ____________
6. tacent: ____________________ → trahere: ____________

lēx, lēgis *f*	*Gesetz*
servāre, servō	*bewahren, retten, beobachten, einhalten*
fugere, fugiō	*fliehen, entfliehen*
discipulus, -ī *m*	*Schüler*
studēre, studeō	*lernen, sich bemühen*
parēre, pareō	*gehorchen*
epistula, -ae *f*	*Brief*
et	*und*
spectāre, spectō	*ansehen, betrachten*
sed	*aber, sondern*
nōn	*nicht*
cibus, -ī *m*	*Speise, Nahrung*
parāre, parō	*vor-, zubereiten*
damnum, -ī *n*	*Schaden*
dare, dō	*geben*
damnum dare	*Schaden zufügen*
Rōmānus, -ī *m*	*Römer*
inimīcus, -ī *m*	*Feind*
liber, -brī *m*	*Buch*
dōnāre, dōnō	*schenken*
facere, faciō	*machen, tun*
colere, colō	*bewirtschaften, bestellen, pflegen, verehren*
ancora, -ae *f*	*Anker*

Imperative

§ 62

Der Imperativ, die Befehlsform, ist einer der drei sogenannten Modi des Verbs. Daneben gibt es den Indikativ (Modus der Wirklichkeit) und den Konjunktiv (Modus der Vorstellung). Der Imperativ I im Singular entspricht bei den Verben der a-, e- und i-Konjugation dem Präsensstamm, im Plural wird daran die Endung **-te** angehängt.

voca! – *rufe!*
voca-te! – *ruft!*

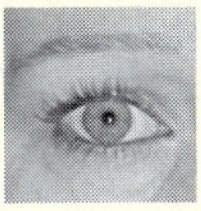

vide! – *sieh!*
vide-te! – *seht!*

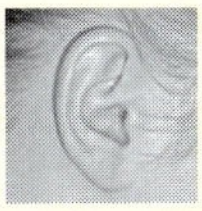

audi! – *höre!*
audi-te – *hört!*

In der konsonantischen und gemischten Konjugation lautet der Imperativ I:

reg-e! – *lenke!*	reg-i-te! – *lenkt!*
cape! – *fang!*	capi-te! – *fangt!*

!

Folgende Verben bilden den Imperativ Singular unregelmäßig:

dicere: dic! – *sag!*	ducere: duc! – *führe!*
facere: fac! – *tu!*	

Neben den Imperativ-I-Formen gibt es auch den selten verwendeten Imperativ II, der vor allem für allgemeine Vorschriften und Regeln gebraucht wird.
Legem servato/servatote! – *Du sollst/Ihr sollt das Gesetz einhalten!*

7

Imperativ – ja oder nein? Kreuzen Sie die Imperative an.

☐ interroga	☐ adiuvatis	☐ legite	☐ dicitis
☐ regit	☐ ama	☐ duco	☐ clamate
☐ fac	☐ exerce	☐ sentis	☐ iacite

8

Bilden Sie von den angegebenen Verben den Imperativ I in dem zum Vokativ passenden Numerus. Setzen Sie dann den ganzen Satz in den Singular bzw. Plural.

1. ________________, servae! (laborare) ________________________________
2. ________________, amice! (venire) ________________________________
3. ________________, discipuli! (studere) ________________________________
4. ________________, puella! (currere) ________________________________
5. ________________, fili! (dicere) ________________________________
6. ________________, cives! (fugere) ________________________________

Gedächtnistraining

Der erweiterte Satz: Objekte

Der einfache Satz – Subjekt (S) und Prädikat (P) – kann durch ein Objekt erweitert werden, am häufigsten durch ein Akkusativ- (AO) und/oder ein Dativobjekt (DO). Das Objekt gibt an, auf wen oder was sich die Handlung bezieht. Verben, die einen Akkusativ nach sich ziehen, werden transitiv genannt, alle anderen sind intransitiv.

Claudius amicum vocat. – *Claudius ruft den/seinen Freund.*
S AO P

Liberi matri parent. – *Die Kinder gehorchen der Mutter.*
S DO P

Cornelius patri epistulam mittit. – *Cornelius schickt seinem Vater einen Brief.*
S DO AO P

9

Bestimmen Sie die Satzglieder in folgenden Sätzen. Übersetzen Sie die Sätze.

1. Discipuli (___) magistrum (___) spectant (___) et salutant (___).
2. Servus (___) domino (___) paret (___).
3. Marcus (__) Corneliam (__) vocat (__), sed Cornelia (__) non respondet (__).
4. Servae (___) cibos (___) parant (___).
5. Inimici (___) civibus (___) damnum (___) dant (___).

10

Ergänzen Sie die passende Personalendung. Achten Sie auf die Kongruenz zwischen Subjekt und Prädikat sowie auf die Konjugationsklasse. Bestimmen Sie die Satzglieder. Übersetzen Sie anschließend die Sätze in Ihrem Übungsheft.

1. Romani inimicos cap________.
2. Mater servas mon________.
3. Amico epistulam mitt________ (1. Pers. Sg.).
4. Marco librum don________ (2. Pers. Pl.).

11

Bilden Sie aus den angegebenen Wörtern korrekte, sinnvolle lateinische Sätze. Achten Sie auf die jeweils erforderliche Kasus- bzw. Verbform! Schreiben und übersetzen Sie in Ihrem Übungsheft.

Bsp.: mater/filiae/clamare: Mater filias clamat. – *Die Mutter ruft ihre Töchter.*
Filiae matrem clamant. – *Die Töchter rufen ihre Mutter.*

1. Cornelius/amici/salutare
2. discipuli/magister/non/parere
3. agricola/ager/colere
4. nautae/ancora/iacere

Adjektive stets in KoNGruenz

sapiēns, -entis	*weise, klug*	gravis, -e	*schwer, gewichtig, würdig*
fēlīx, -īcis	*glücklich*	deus, -ī *m*	*Gott*
vinum, -ī *n*	*Wein*	iter, itineris *n*	*Reise, Weg*
dulcis, -e	*süß, angenehm*	prūdēns, -entis	*klug, verständig*
ācer, ācris, ācre	*energisch, heftig, scharf, eifrig*	poena, -ae *f*	*Strafe*
		mortālis, -e	*sterblich*
celer, -is, -e	*schnell*	crudēlis, -e	*grausam*
brevis, -e	*kurz*	studium, -iī *n*	*(wiss.) Beschäftigung, Studium, Interesse*
fortis, -e	*tapfer, stark*		
vetus, veteris	*alt*	īnfēlīx, -īcis	*unglücklich*
dīvēs, -itis	*reich*	mollis, -e	*weich, angenehm, freundlich*
pauper, -is	*arm*		
prīnceps, -cipis	*der erste*	difficilis, -e	*schwierig, schwer*
particeps, -cipis	*teilnehmend*	ingēns, -entis	*gewaltig, ungeheuer*
facilis, -e	*leicht* (zu tun)	inānis, -e	*leer, wertlos*
immortālis, -e	*unsterblich*	probāre, probō	*prüfen, billigen, beweisen*

Bei den dreiendigen Adjektiven der 3. Deklination werden im Wörterbuch – wie bei den Adjektiven der a-/o-Deklination, z. B. **bonus, -a, -um** – alle drei Genera im Nom. Sg. angegeben, bei den zweiendigen die beiden Formen im Nom. Sg. und bei den einendigen tritt neben den Nom. Sg. der Gen. Sg.
So können Sie erkennen, 1. dass es sich um ein Adjektiv handelt, 2. zu welcher Deklination es gehört, und 3., ob es ein-, zwei- oder dreiendig ist.

Adjektive der 3. Deklination

§ 14

Bis auf wenige Ausnahmen zählen die Adjektive der 3. Deklination zu den i-Stämmen. Sie werden wie die entsprechenden Substantive der 3. Deklination (↑ L2) dekliniert. Die Kasusmerkmale sind also im Abl. Sg. aller Genera **-i**, im Gen. Pl. aller Genera **-ium**, im Nom./Akk. Pl. n **-ia**. Diese große Gruppe wird wiederum – je nach Anzahl der Endungen im Nom. Sg. – unterschieden in:

- dreiendige (jedes Genus hat eine eigene Form),
  acer, acris, acre *scharf* celer, celeris, celere – *schnell*
- zweiendige (Maskulinum und Femininum haben eine gemeinsame Form, das Neutrum eine eigene),
  brevis, brevis, breve – *kurz* fortis, fortis, forte – *tapfer, stark*
- einendige Adjektive (alle drei Genera haben dieselbe Form).
  felix, felix, felix – *glücklich* sapiens, sapiens, sapiens – *weise*

!

Nur sehr wenige Adjektive der 3. Deklination gehören zu den konsonantischen Stämmen. Ihre Merkmale sind also wie bei den Substantiven der konsonantischen Stämme im Abl. Sg. aller Genera **-e**, im Gen. Pl. aller Genera **-um** und im Nom./Akk. Pl. n **-a.**
vetus, veteris – *alt* dives, divitis – *reich*
pauper, pauperis – *arm* princeps, principis – *der erste*
particeps, participis – *teilnehmend*

Vir sapiens, femina felix, vinum dulce

Adjektive stets in KoNGruenz

1

Zu welchem Substantiv passt welches Adjektiv? Verbinden Sie zu grammatikalisch richtigen, sinnvollen Wortpaaren.

1. dominā	2. hominum	3. vinum	4. deis	5. itineris	6. poenas
a. facilis	b. immortalibus	c. graves	d. dulce	e. prudenti	f. mortalium

2

Deklinieren Sie die folgenden Wortpaare. Schreiben Sie in Ihr Übungsheft.

vir crudelis

puella felix

studium acre

3

Ein-, zwei- oder dreiendige Adjektive? Ergänzen Sie jeweils den Nominativ Singular Femininum und Neutrum.

1. infelix: ______	6. difficilis: ______
2. mollis: ______	7. pauper: ______
3. pulcher: ______	8. magnus: ______
4. sapiens: ______	9. ingens: ______
5. celer: ______	10. inanis: ______

4

Bilden Sie von den folgenden Adjektiven den angegebenen Kasus.

1. dives	______	(Abl. Sg. m)	4. pauper	______	(Gen. Pl. n)
2. facilis	______	(Gen. Pl. f)	5. ingens	______	(Abl. Sg. m)
3. gravis	______	(Akk. Pl. n)	6. prudens	______	(Nom. Pl. f)

§ 45

Memo

Lerntipp

Die Personalendungen im Imperfekt sind identisch mit denen des Präsens – mit Ausnahme der 1. Pers. Sg. (**-m** statt **-o**).

Indikativ Imperfekt Aktiv – Formen

Die Imperfektformen setzen sich zusammen aus dem Präsensstamm, dem Tempuszeichen für das Imperfekt und der Personalendung. In der a- und e-Konjugation lautet das Tempuszeichen **-ba-**, in der i-, konsonantischen und gemischten Konjugation **-eba-**.

Inf. Präs. Akt.	Präsensstamm		Tempuszeichen		Personalendung
clamare:	clama-	+	-ba-	+	-m
monere:	mone-	+	-ba-	+	-s
audire:	audi-	+	-eba-	+	-t
capere:	capi-	+	-eba-	+	-mus
regere:	reg-	+	-eba-	+	-tis
currere:	curr-	+	-eba-	+	-nt

5

Bilden Sie aus den folgenden Verben Imperfektformen, die den deutschen Übersetzungen entsprechen.

aperire · adiuvare · respondere · ducere · iacere · portare

1. *wir halfen*	____________	4. *ich warf*	____________
2. *sie öffneten*	____________	5. *ihr brachtet*	____________
3. *er führte*	____________	6. *du antwortetest*	____________

6

Sind das wirklich alles Imperfektformen? Unterstreichen Sie die „schwarzen Schafe" und bestimmen Sie deren Formen.

pugnabant · probant · veniebas · vocas · trahebamus · rapiebamus · servam · servabam · studebam · togam · paratis · parebatis

esse, sum	*sein*
Graecī, -ōrum *m*	*Griechen*
diū *Adv.*	*lange (Zeit)*
cum *Präp. (+ Abl.)*	*mit*
Trōiānī, -ōrum *m*	*Trojaner*
pūgnāre, pūgnō	*kämpfen*
saepe *Adv.*	*oft*
reprehendere, reprehendō	*tadeln, kritisieren, zurückhalten*
invenīre, inveniō	*finden*
etiam	*auch, sogar*
quaerere, quaerō	*suchen, fragen, bitten*
frāter, -tris *m*	*Bruder*
iterum *Adv.*	*wieder(um)*
iterum iterumque *Adv.*	*immer wieder*
autem *(nachgestellt)*	*aber, jedoch*
in *Präp. (+ Abl.)*	*in, an, auf, bei* (wo?)
hortus, -ī *m*	*Garten*
dormīre, dormiō	*schlafen*

neque	*und nicht, aber nicht*
neque … neque	*weder … noch*
soror, -ōris *f*	*Schwester*
clāmor, -ōris *m*	*Geschrei, Lärm*
cōnsul, -ulis *m*	*Konsul*
ōrātiō, -iōnis *f*	*Rede*
habēre, habeō	*haben, halten*
ōrātor, -ōris *m*	*Redner*
clārus, -a, -um	*berühmt, hell, klar*
dux, ducis *m/f*	*Führer/-in, Feldherr*
Gallia, -ae *f*	*Gallien*
oppūgnāre, oppūgnō	*bekämpfen, angreifen*
statua, -ae *f*	*Statue*
praeclārus, -a, -um	*großartig, sehr bekannt, sehr berühmt*
līberī, -ōrum *m*	*Kinder*
lūdere, lūdō	*spielen*
avus, -ī *m*	*Großvater*

Lerntipp

Lernen Sie bei Präpositionen gleich den entsprechenden Kasus mit, um im Text Zugehöriges zu erkennen. Zudem stehen manche Präpositionen mit verschiedenen Kasus und haben dann auch unterschiedliche Bedeutungen.

Indikativ Präsens und Imperfekt von *esse*

§ 47

Das Verb **esse** – *sein* gehört zu den unregelmäßigen Verben. Der Indikativ Präsens lautet: **sum, es, est, sumus, estis, sunt**.
Im Indikativ Imperfekt werden die Personalendungen an den Stamm **era**- gehängt, also **era-m** – *ich war*, **era-s** – *du warst* etc.

Memo

Adjektive stets in KoNGruenz

7

Bestimmen Sie die Formen von **esse**.

1. sumus: ____________
2. eras: ____________
3. est: ____________
4. sunt: ____________
5. erat: ____________
6. erant: ____________
7. estis: ____________
8. eram: ____________
9. es: ____________
10. eramus: ____________

§ 58

Memo

Die Verwendung des Imperfekts

Das Imperfekt wird für Ereignisse der Vergangenheit verwendet,

- um dauerhafte Zustände oder den Hintergrund einer Handlung (durativer Aspekt) zu beschreiben:
  Graeci diu cum Troianis pugnabant. – *Die Griechen kämpften lange mit den Trojanern.*
- um über wiederholte Handlungen, wie Sitten oder Gewohnheiten, (iterativer Aspekt) zu berichten:
  Domini servos saepe reprehendebant. – *Die Herren tadelten ihre Sklaven oft.*
- um eine versuchte, aber nicht vollendete Handlung (konativer Aspekt) zu schildern:
  Milites pontem faciebant. – *Die Soldaten versuchten, eine Brücke zu bauen.*

8

Setzen Sie die in Klammern angegebenen Verben in die jeweils passende Imperfektform. Übersetzen Sie dann in Ihrem Übungsheft.

1. Servae Cornelium ____________________ (invenire).
2. Etiam mater Cornelium diu ____________________ (quaerere).
3. Etiam Claudia fratrem iterum iterumque ____________________ (clamare).
4. Cornelius autem in horto ____________________ (esse) et ____________________ (dormire).
5. Neque servas neque matrem neque sororem ____________________ (audire).

9

Bestimmen Sie die Funktion des Imperfekts in den Sätzen aus Übung 8. Kreuzen Sie an.

	durativ	**iterativ**	**konativ**
1.	☐	☐	☐
2.	☐	☐	☐
3.	☐	☐	☐
4.	☐	☐	☐
5.	☐	☐	☐

Adjektive stets in KoNGruenz

Attribut, Prädikativum und Prädikatsnomen

Ein **Attribut** erläutert Subjekte, Objekte und Adverbialia (↑ L4) näher. Adjektive können als Attribute verwendet werden:
puella **laeta** - *das fröhliche Mädchen* puer **miser** - *der arme Junge*

Auch ein Substantiv kann die Funktion eines Attributs haben. Es steht dann im Genitiv und bezieht sich auf ein anderes Substantiv, das in jedem Kasus stehen kann.
Audimus clamorem **servorum.** - *Wir hören das Geschrei der Sklaven.*

Näher bestimmt wird in diesem Fall also **clamorem**: Was für ein Geschrei? Das der Sklaven.

Ein **Prädikativum** - Adjektiv oder Substantiv - bezeichnet, in welchem Zustand („wie?", „als was?") eine Person oder Sache eine Handlung durchführt - es stellt eine nähere Bestimmung sowohl zu dem entsprechenden Substantiv als auch zum Prädikat dar.

Puellae **laetae** clamant.
Die Mädchen rufen fröhlich („als fröhliche").
Wie rufen die Mädchen? Fröhlich.

Cicero **consul** orationem habet.
Cicero hält als Konsul eine Rede.
Als was hält Cicero eine Rede? Als Konsul.

Ein Adjektiv oder ein Substantiv kann auch die Funktion eines **Prädikatsnomen** haben. Es zählt dann zusammen mit einer Form von **esse** - auch Kopula genannt - zum Prädikat.
Puella **laeta** est. - *Das Mädchen ist fröhlich.*
Cicero **consul** est. - *Cicero ist Konsul.*

Natürlich können diese drei Satzgliedarten auch in Kombination auftreten:
Puella pulchra (Attribut) **laeta** (Prädikativum) **cantat**. -
Das hübsche Mädchen singt fröhlich.

Manchmal gibt es verschiedene Übersetzungsmöglichkeiten:
Cicero orator clarus est. - *Cicero ist ein berühmter* (Attribut) *Redner* (Prädikatsnomen).
oder: *Cicero ist als Redner* (Prädikativum) *berühmt* (Prädikatsnomen).
Welche Version die richtige ist, muss aus dem Zusammenhang entschieden werden.

KNG-Kongruenz

Ein Adjektiv, das als Attribut, Prädikativum oder Prädikatsnomen verwendet wird, steht im selben Kasus, Numerus und Genus wie das Substantiv, auf das es sich bezieht (KNG-Kongruenz).

Adjektive stets in KoNGruenz

10

Bilden Sie zu den folgenden Substantiven passende Attribute. Achtung: Einmal gibt es mehr als eine Möglichkeit!

villa ______________________ (Tullius)

opus ______________________ (clarus, -a, -um)

turrim ______________________ (altus, -a, -um)

mater ______________________ (Marcus)

labores ______________________ (magnus, -a, -um)

amicis ______________________ (bonus, -a, -um)

11

Finden Sie alle Attribute, Prädikativa und Prädikatsnomina. Unterstreichen und bestimmen Sie sie. Übersetzen Sie dann die Sätze in Ihrem Übungsheft. Achtung: Manchmal gibt es mehrere Möglichkeiten!

1. Servi miseri sunt.
2. Marcus templum magnum videt.
3. Caesar dux Galliam diu oppugnabat.
4. Statua dei monumentum praeclarum est.
5. Liberi laeti ludebant.
6. Pater Cornelii dominus severus est.

12

Auf welche lateinischen Wörter gehen die folgenden spanischen, italienischen, französischen und englischen zurück?

it. vino ______________________

fr. lire ______________________

sp. padre ______________________

it. molto ______________________

fr. aimer ______________________

e. to respond ______________________

e. monument ______________________

fr. ami ______________________

Adverbbildung

bene *Adv.*	*gut*
aut	*oder*
male *Adv.*	*schlecht*
malus, -a, -um	*schlecht*
exercitus, -ūs *m*	*Heer*
senātus, -ūs *m*	*Senat, Senatsversammlung*
manus, -ūs *f*	*Hand, Schar*
domus, -ūs *f*	*Haus*
porticus, -ūs *f*	*Säulenhalle*
tribus, -ūs *f*	*Bezirk*
cornū, -ūs *n*	*Horn, Flügel (des Heeres)*
genū, -ūs *n*	*Knie*
arcus, -ūs *m*	*Bogen*
artus, -ūs *m*	*Gelenk*
arx, arcis *f*	*Burg*
currus, -ūs *m*	*Wagen*
motus, -ūs *m*	*Bewegung*
portus, -ūs *m*	*Hafen*
aestus, -ūs *m*	*Flut, Hitze*
onus, oneris *n*	*Last*
rēs, reī *f*	*Sache*
spēs, speī *f*	*Hoffnung*
fidēs, fideī *f*	*Glaube, Treue, Vertrauen*
diēs, diēī *m*	*Tag*
f	*Termin*
meridiēs, -diēī *m*	*Mittag*
certus, -a, -um	*sicher, gewiss*
pūblicus, -a, -um	*öffentlich*
rēs pūblica *f*	*Staat*
futūrus, -a, -um	*zukünftig*
rēs futūrae *(nur Pl.) f*	*Zukunft*
secundus, -a, -um	*nächster, zweiter, günstig, glücklich*
rēs secundae *(nur Pl.) f*	*Glück*
adversus, -a, -um	*entgegen, feindlich, unglücklich*
rēs adversae *(nur Pl.) f*	*Unglück*
spēs, speī *f*	*Hoffnung*
aciēs, -iēī *f*	*Schärfe, Schlacht (-ordnung)*
faciēs, -iēī *f*	*Gesicht*
falsus, -a, -um	*falsch*
festus, -a, -um	*festlich, feierlich*
diēs festus *m*	*Feier-, Festtag*
gerere, gerō	*(aus-)führen, tragen*
hostis, -is *m*	*Feind*
impetus, -ūs *m*	*Angriff, Schwung*

Die u-Deklination

§9

Der Wortstamm dieser Substantive, von dem alle Kasus gebildet werden, endet auf **-u-**. Beinahe alle Substantive der u-Deklination auf **-us** sind **Maskulina:**
exercitus, -us *m – Heer* senatus, -us *m – Senat*

Feminina sind jedoch:
manus, -us *f – Hand, Schar* domus, -us *f – Haus*
porticus, -us *f – Säulenhalle* tribus, -us *f – Bezirk*

Die **Neutra** der u-Deklination enden im Nom. und Akk. Sg. auf **-u**, im Nom. und Akk. Pl. auf **-ua***:*
cornu, -us *n – Horn:* cornua genu, -us *n – Knie:* genua

Besondere Formen haben:

- **domus** → Abl. Sg. dom**o**, Gen. Pl. dom**orum** (auch dom**uum**), Akk. Pl. dom**os** (seltener dom**us**)
- **arcus, artus** und **tribus** → Dat./Abl. Pl. arc**ubus**, art**ubus**, trib**ubus** (statt **-ibus**, um sie von **arcibus** von **arx** und **artibus** von **ars** zu unterscheiden, bei **tribus** eher aus Gründen des Klangs)

Memo

Sprachtipp

Am Genitiv Singular können Sie die Substantive der u- von Substantiven anderer Deklinationen unterscheiden:
currus, **-us** *m – Wagen;*
dominus, **-i** *m – Herr;*
corpus, **-oris** *n – Körper*

Adverbbildung

1

Bilden Sie von den folgenden Substantiven den jeweils angegebenen Kasus.

exercitus	______	(Akk. Sg.)	arcus	______	(Abl. Sg.)
senatus	______	(Gen. Sg.)	tribus	______	(Akk. Pl.)
cornu	______	(Nom. Pl.)	currus	______	(Dat. Sg.)
manus	______	(Gen. Pl.)	genu	______	(Akk. Sg.)

2

Welche Form von **villa** entspricht welcher von **domus**? Verbinden Sie und bestimmen Sie Kasus und Numerus.

villae	domorum	______
villas	domus	______
villā	domibus	______
villarum	domos	______
villis	domum	______
villam	domo	______

3

Zu welcher Deklination gehören diese Substantive auf **-us**? Ordnen Sie sie zu und nennen Sie den Genitiv Singular sowie das Genus.

motus • **corpus** • **portus** • **hortus** • **opus** • **deus** • **aestus** • **avus** • **onus**

o-Deklination	3. Deklination	u-Deklination
______	______	______
______	______	______
______	______	______

§ 12

Memo

!

Die e-Deklination

Der Wortstamm endet bei den Substantiven der e-Deklination auf **-e-**.
Diese Substantive sind Feminina:
res, rei *f* – *Sache* spes, spei *f* – *Hoffnung*
Ausnahmen sind die Maskulina:
dies, diei *m* – *Tag* meridies, -diei *m* – *Mittag*
Aber: dies in der Bedeutung „Termin" ist Femininum:
diē certā – *zu einem bestimmten Termin*

Adverbbildung

4

Bestimmen Sie die Formen der folgenden Substantive. Achtung: Manche sind mehrdeutig.

spem ______________ aciei ______________ facie ______________

diebus ______________ fides ______________ rerum ______________

5

Verbinden Sie die Substantive mit passenden Adjektiven (und achten Sie dabei auf KNG-Kongruenz).

rem	**diei**	**spe**	**dies**	**faciebus**	**rerum**
pulchris	**falsa**	**publicam**	**secundarum**	**certae**	**festus**

6

Ergänzen Sie die richtigen Endungen. Übersetzen Sie die Sätze.

1. In foro Romano arc________ triumphi magnum videmus.
2. Claudia amicae res pulchr________ donat.
3. Servi r________ bene gerunt.
4. Aest________ meridi________ magnus est.

res

Lernen Sie folgende feste Wendungen mit **res**:
res publica – *Staat*
res futurae *(nur Pl.) – Zukunft*
res secundae *(nur Pl.) – Glück*
res adversae *(nur Pl.) – Unglück*

scrībere, scrībō, scrīpsī	*schreiben*
dēfendere, dēfendō, dēfendī	*verteidigen*
tangere, tangō, tetigī	*berühren*
condere, condō, condidī	*gründen, bauen*
revenīre, reveniō, revēnī	*zurückkehren, heimkommen*
porta, -ae *f*	*Tür, Tor*
nam	*denn, nämlich*
rēx, rēgis *m*	*König*
Trōiānus, -a, -um	*trojanisch*
uxor, -ōris *f*	*Ehefrau*
herī *Adv.*	*gestern*
vās, vāsis *n*	*Gefäß*
frangere, frangō, frēgī	*zerbrechen*
error, errōris *m*	*Irrtum, Fehler*
statim *Adv.*	*sofort*
cēlare, cēlō, cēlāvī	*verbergen*
appropinquāre, appropinquō, appropinquāvī	*sich nähern*
cōnstāns, cōnstantis	*beständig, dauerhaft*
audāx, audācis	*mutig, kühn*
hodiē *Adv.*	*heute*
valdē *Adv.*	*sehr*
vīvere, vīvō, vīxī	*leben*
in *Präp. (+ Akk.)*	*in (… hinein), nach, gegen* (Frage: wohin?)
properāre, properō, properāvī	*eilen, sich beeilen*
ferē *Adv.*	*beinahe, fast, ungefähr*
hīc *Adv.*	*hier*
ita *Adv.*	*so*
dēnique *Adv.*	*schließlich, zuletzt*
ubīque *Adv.*	*überall*

Adverbbildung

§46 §47

Memo

!

Stammformen

Um auch das Perfekt oder Plusquamperfekt eines Verbs zu erkennen, ist im Wortschatz die 1. Pers. Sg. Ind. Perf. Akt. angegeben. Dies ist die dritte Form der Stammformen, die Sie sich am besten gleich beim Vokabellernen einprägen: **amare, amo, amavi** – *lieben*

Indikativ Perfekt und Plusquamperfekt Aktiv

Für die Perfekt- und Plusquamperfektformen im Aktiv wird der Perfektstamm benötigt. Dieser wird auf unterschiedliche Weise gebildet:

amare	→ ama**v**-	v-Perfekt (viele Verben der a- und i-Konj.)
monere	→ mon**u**-	u-Perfekt (viele Verben der e-Konj.)
scribere	→ scrip**s**-	s-Perfekt
legere	→ lēg-	Dehnungsperfekt
currere	→ **cu**curr-	Reduplikationsperfekt
defendere	→ **defend**-	Stammperfekt

Beim Dehnungsperfekt verändert sich bei manchen Verben der Vokal zusätzlich durch einen Ablaut: capere → cēp-

An den jeweiligen Perfektstamm werden die Personalendungen gehängt, für den Indikativ **Perfekt** Aktiv lauten sie: **-i, -isti, -it, -imus, -istis, -erunt**
Beispiel: amavi – *ich habe geliebt*, monuisti – *du hast ermahnt*

Für den Indikativ **Plusquamerfekt** Aktiv sind es: **-eram, -eras, -erat, -eramus, -eratis, -erant** (= Indikativ Imperfekt Aktiv von **esse**!)
Beispiel: legeram – *ich hatte gelesen*, cucurreras – *du warst gelaufen*

Perfekt und Plusquamperfekt von **esse** werden nach demselben Muster vom Perfektstamm **fu-** gebildet:
fui, fuisti, fuit, fuimus, fuistis, fuerunt
fueram, fueras, fuerat, fueramus, fueratis, fuerant

Memo

Suchen Sie alle bisher gelernten Verben heraus und schlagen Sie im Vokabelverzeichnis die Perfektform nach. Falls Sie mit Karteikarten oder Vokabelheft lernen, ergänzen Sie darin die dritte Stammform. Wiederholen Sie alle Verben.

7

Um welche Art des Perfektstamms handelt es sich? Ordnen Sie zu.

studuistis • **pugnaverant** • **respondit** • **fugimus** • **dixerunt** • **aperueratis** • **legerat** • **cucurreramus** • **reprehenderat** • **cepisti** • **dedi** • **fecimus** • **misistis** • **vidi** • **audivit** • **docui** • **risit** • **paraveram** • **ieceras** • **tetigerunt** • **defendistis**

v-Perfekt	u-Perfekt	s-Perfekt	Stammperfekt

Dehnungsperfekt	Dehnungsperfekt (+ Ablaut)	Reduplikationsperfekt

Adverbbildung

8

Bestimmen Sie nun alle Formen der Übung 7. Nennen Sie auch jeweils den Infinitiv Präsens Aktiv. Schreiben Sie in Ihr Übungsheft.

Gebrauch von Perfekt und Plusquamperfekt

§ 59

Das Perfekt wird verwendet, um einmalige, vollendete Handlungen in der Vergangenheit zu beschreiben (historisches Perfekt). Die Dauer der Handlung ist dabei unwichtig. Übersetzen Sie mit Präteritum.
Romulus et Remus urbem Romam condiderunt. –
Romulus und Remus gründeten die Stadt Rom.

Memo

Das Perfekt steht auch, um ein Urteil oder eine Feststellung über ein Ereignis oder eine Handlung abzugeben (konstatierendes Perfekt). Dieses wird im Deutschen mit Perfekt wiedergegeben.
Bene fecistis. – *Das habt ihr gut gemacht.*

§ 60

Mit dem Plusquamperfekt werden, wie im Deutschen, Geschehen bezeichnet, die noch vor einer anderen Handlung in der Vergangenheit liegen.
Servus portam aperuit, nam dominus revenerat. –
Der Sklave öffnete das Tor, denn der Herr war zurückgekehrt.

Wiederholen Sie die Verwendung des Imperfekts (↑ L3, S. 24) und vergleichen Sie sie mit der des Perfekts.

Memo

9

Formulieren Sie Merksätze zum Gebrauch der Vergangenheitstempora, indem Sie den Lückentext ergänzen.

Mit dem lateinischen **Imperfekt** werden ______________ Zustände, der ______________ einer Handlung, eine sich ______________ Handlung oder ______________, aber nicht ______________ Handlungen in der Vergangenheit beschrieben. ______________ Ereignisse in der Vergangenheit, die ______________ sind, werden im **Perfekt** erzählt. Mit dem **Plusquamperfekt** werden Ereignisse beschrieben, die ______________ einer anderen Handlung ______________ geschehen sind.

10

Welches Tempus ist das richtige? Begründen Sie Ihre Wahl und übersetzen Sie.

1. Graeci cum Troianis diu pugnabant/pugnaverunt/pugnaverant. Nam Paris, filius regis Troiani, Helenam, uxorem Menelai, rapiebat/rapuit/rapuerat.
2. Heri servus vas portabat/portavit/portaverat, sed vas cadebat/cecidit/ceciderat et frangebat/fregit/fregerat. Statim errorem celabat/celavit/celaverat, sed dominus iam appropinquabat/appropinquavit/appropinquaverat et servum reprehendebat/reprehendit/reprehenderat.

Adverbbildung

§20

§21

Memo

Das Adverb

Adverbien beschreiben die Umstände einer Handlung, sie bestimmen also das Prädikat näher. Es gibt Adverbien des Ortes, der Zeit, des Grundes und vor allem der Art und Weise. Letztere stellen die größte Gruppe dar, sie werden meistens von Adjektiven abgeleitet. An den Stamm der Adjektive der a-/o-Deklination wird die Adverbendung **-e** gehängt, an den Stamm von Adjektiven der 3. Deklination **-iter**:

laetus	laet-e – *fröhlich*	pulcher	pulchr-e – *hübsch*
acer	acr-iter – *eifrig*	felix	felic-iter – *glücklich*

Bei Adjektiven auf **-ans/-ens** wird die Endung **-er** angefügt:

sapiens	sapient-er – *weise*	constans	constant-er – *beständig*

!

Unregelmäßige Formen bilden folgende Adjektive:

bonus	**bene** – *gut*	facilis	**facile** – *leicht*
difficile	**difficulter** – *schwierig*	audax	**audacter** – *mutig*

11

Bilden Sie von den folgenden Adjektiven Adverbien. Nennen Sie auch die Bedeutungen.

Adjektiv	**crudelis**	**sapiens**	**clarus**	**prudens**
Adverb				
Bedeutung				
Adjektiv	**celer**	**liber**	**infelix**	**gravis**
Adverb				
Bedeutung				

12

Welches Adverb ist richtig? Setzen Sie das passende ein und übersetzen Sie dann den ganzen Satz in Ihrem Übungsheft.

celeriter • misere • bene • audacter • saepe

1. Quintus rem ______________________ fecit.
2. Servi ______________________ ______________________ vivebant.
3. Hostes ___________ fugerunt, nam milites Romani ___________ pugnaverant.

Memo

Satzglied: Adverbiale

Das Adverbiale gibt die Umstände einer Handlung an und beantwortet die Fragen „wie?“, „wo?“, „wann?“, „wie lange?“, „warum?“, „woher?“, „wohin?“, „womit?“ usw. Im Lateinischen kann diese Satzgliedstelle z. B. durch ein Adverb oder einen Ausdruck mit Präposition besetzt sein.
Marcus hodie cum amicis in horto ludit. – *Markus spielt heute (**wann?**) mit seinen Freunden (**mit wem?**) im Garten (**wo?**).*

Krieg um Troja

dē *Präp. (+ Abl.)*	*von (… herab/her), über*
bellum, -ī *n*	*Krieg*
iuvāre, iuvō, iuvī *(+ Akk.)*	*helfen, unterstützen*
effugere, -fugiō, -fūgī *(+ Akk.)*	*entfliehen, entkommen*
dēficere, -ficiō, -fēcī *(+ Akk.)*	*fehlen, mangeln*
creāre, creō, creāvī *(+ dopp. Akk.)*	*wählen (zu)*
mors, mortis *f*	*Tod*
fortūna, -ae *f*	*Schicksal, Glück, Schicksalsgöttin*
tēlum, -ī *n*	*Wurfgeschoss*
animus, -ī *m*	*Geist, Mut*
cūrāre, cūrō, cūrāvī *(+ Akk.)*	*(be)sorgen, sich kümmern, pflegen*
neglegere, neglegō, neglēxī	*nicht beachten, vernachlässigen*
cupiditās, -ātis *f*	*(heftiges) Verlangen, Leidenschaft*
caecus, -a, -um	*blind*
reddere, reddō, reddidī *(+ dopp. Akk.)*	*zurückgeben, machen (zu)*
dūcere, dūcō, dūxī *(+ dopp. Akk.)*	*halten (für)*

dēclārāre, dēclārō, dēclārāvī *(+ dopp. Akk.)*	*verkünden, als gewählt ausrufen*
stultus, -a, -um	*dumm*
Italia, -ae *f*	*Italien*
rūs, rūris *n*	*Land* (im Ggs. zur Stadt)
Carthāgō, -inis *f*	*Karthago*
pervenīre, -veniō, -vēnī	*ankommen, gelangen*
advenīre, -veniō, -vēnī	*ankommen, gelangen*
convenīre, -veniō, -vēnī	*zusammenkommen, sich versammeln*
nuntiāre, nuntiō, nuntiāvī	*melden*
ad *Präp. (+ Akk.)*	*zu, hin, in Richtung*
forum, -ī *n*	*Marktplatz, Forum*
cūria, -ae *f*	*Senat(sversammlung), Kurie* (Versammlungshaus d. Senats)
ex/e *Präp. (+ Abl.)*	*aus … heraus*
schola, -ae *f*	*Schule*
Sicilia, -ae *f*	*Sizilien*
senātor, -ōris *m*	*Senator* (Mitglied d. Senats)

Lerntipp

Von zahlreichen Verben gibt es Ableitungen, sogenannte Komposita – Verben, die sich aus einem Präfix und dem Grundverb (Simplex) zusammensetzen:
de + facere
→ deficere
ad + venire
→ advenire

Der Akkusativ

Der Akkusativ benennt das **direkte Objekt**, er steht auf die Frage „wen oder was?".
Aeneas uxor**em** clamavit. – *Aeneas rief seine Frau. (wen?)*

Manche Verben ziehen im Lateinischen einen Akkusativ nach sich, müssen im Deutschen aber mit einem Dativobjekt oder einem präpositionalen Ausdruck wiedergegeben werden. Dazu zählen z. B.: (ad)iuvare – *helfen*, (ef)fugere – *entfliehen*, deficere – *fehlen, mangeln*
Aeneas Graec**os** effugit. – *Aeneas entkam den Griechen.*

Manche Verben stehen auch mit zwei Akkusativen, dem sogenannten **doppelten Akkusativ.** In diesem Fall tritt zum direkten Objekt ein dazu kongruentes Prädikatsnomen:
Romani Ciceronem consulem creaverunt. –
Die Römer wählten Cicero zum Konsul.

Lerntipp

Lernen Sie die Verben mit doppeltem Akkusativ als feststehende Wendungen.

De bello Troiano

Krieg um Troja

1

Ergänzen Sie die Akkusativendungen. Übersetzen Sie die Sätze.

1. Homines mort ______ non effugimus.
2. Fort ______ homin ______ fortuna adiuvat.
3. Tela animusque host ______ deficiebant.
4. Magn ______ res dei curant, parv ______ neglegunt.

2

Welcher Akkusativ ist Objekt, welcher Prädikatsnomen? Bestimmen und übersetzen Sie.

1. Cupiditas homines caecos reddit.
2. Multi homines Socratem sapientem ducunt.
3. Ciceronem consulem declaraverunt.
4. Marcus Gaium stultum vocat.

Akkusativ der Richtung

Der Akkusativ kann auch ein Ziel angeben, er steht dann auf die Frage „wohin?" – ist also Adverbiale im Satz – und heißt **Akkusativ der Richtung**. Meist steht er mit einer Präposition:
Aeneas **in Italiam** navigat. – *Aeneas fährt mit dem Schiff nach Italien.*

Ausnahmen bilden einige feststehende Ausdrücke sowie die Namen von Städten und kleineren Inseln:
Marcus **domum/rus** properat. – *Markus eilt nach Hause/aufs Land.*
Aeneas sociique **Carthaginem** venerunt. –
Aeneas und seine Gefährten kamen nach Karthago.

L ↔ D

Im Lateinischen fragt man bei den Verben per-/advenire – *ankommen, gelangen*, convenire – *zusammenkommen*, nuntiare – *melden* „wohin?", (nicht, wie im Deutschen „wo?"), es steht also der Akkusativ der Richtung:
In urb**em** advenerunt. – *Sie kamen in der Stadt an.*

3

Bilden Sie sinnvolle Sätze. Übersetzen Sie diese in Ihrem Übungsheft.

Caesar	ad forum Romanum	advenit.
Nautae	in curiam	properat.
Gaius	e schola domum	convenerunt.
Cicero	in Galliam	navigaverunt.
Horatius	in Siciliam	cucurrit.
Senatores	rus	venit.

hic, haec hoc	*dieser, diese, dieses (hier)*
ille, illa, illud	*jener, jene, jenes; der, die, das (dort)*
iste, ista, istud	*dieser, diese, dieses (da)*
tristis, -e	*traurig*
verbum, -ī *n*	*Wort, Rede*
philosophus, -ī *m*	*Philosoph*
carmen, -inis *n*	*Gedicht, Lied*
timēre, timeō, timuī	*fürchten, Angst haben*
paucī, -ae, -a	*wenige*
scelus, sceleris *n*	*Verbrechen*
committere, -mittō, -mīsī	*zusammenbringen, beginnen, begehen, anvertrauen*

Krieg um Troja

§27

§28

Memo

Demonstrativpronomina

Demonstrativpronomina verweisen oder zeigen auf etwas.
Das Pronomen **hic, haec, hoc** – *dieser, diese, dieses* bezeichnet etwas, das dem Sprecher räumlich, zeitlich oder gedanklich nahe ist.
Mit **ille, illa, illud** – *jener, jene, jenes* wird auf Dinge verwiesen, die dem Sprecher fern sind. Es bezeichnet auch oft berühmte Menschen oder Dinge.

hic vir – *dieser Mann (hier)*	ille vir – *jener Mann (dort)*
haec tempora – *die heutige Zeit*	tempora illa – *jene (damaligen) Zeiten*
ille orator – *jener berühmte Redner*	illud Platonis – *jener (berühmte) Ausspruch Platons*

Beide Pronomina können auf Vorheriges verweisen, **hic** bezeichnet dabei das zuletzt, **ille** das zuerst Genannte.
Marcus et Lucius domum veniunt. Hic gaudet, ille tristis est. – *Markus und Lucius kommen nach Hause. Dieser* (=Lucius) *freut sich, jener* (=Markus) *ist traurig.*
Auch auf im Text Folgendes kann **hic** hinweisen:
His verbis/haec dixit. – *Er sprach mit folgenden Worten/Folgendes.*

Das, was der angesprochenen Person nahe ist, wird mit dem Demonstrativum **iste, ista, istud** – *dieser* bezeichnet. Es wird – vor allem in Gerichtsreden – auch in verächtlichem Sinne verwendet.
iste liber – *dieses Buch, dein Buch da*
iste philosophus – *dieser (von dir erwähnte) Philosoph*
iste homo – *dieser verachtenswerte Mensch*

Lerntipp

Demonstrativpronomina werden adjektivisch (KNG-Kongruenz!) oder substantivisch verwendet.

4

Was passt zusammen? Verbinden Sie.

hanc	**hac**	**horum**	**hi**	**haec**	**huic**	**huius**
domui	**villam**	**oppidi**	**animalia**	**cives**	**templorum**	**re publica**

5

Bilden Sie die passenden Formen von **iste**.

________ arcuum	________ arte	________ studia	________ filias
________ clamorem	________ duces	________ vino	________ legis

Ersetzen Sie nun die Formen von **iste** durch die von **ille**.

6

Übersetzen Sie die folgenden Sätze in Ihrem Übungsheft.

1. Heri vidi Lucium Claudiumque, hic philosophus est, ille senator.
2. Illud Socratis praeclarum est.
3. Illis temporibus homines deos timuerunt, his temporibus pauci deum colunt.
4. Iste scelus illud commisit.

Vokabeln

illis/his temporibus – *in früheren/heutigen Zeiten*

Krieg um Troja

§ 45

Prägen Sie sich die Futur-I-Formen von **esse** ein.

§ 47

Futur I Aktiv

Mit dem Futur I wird Zukünftiges beschrieben. Das Lateinische ist in diesem Punkt exakter als das Deutsche, das für Ereignisse der näheren Zukunft oft nur das Präsens verwendet.
Tempuszeichen ist in der a- und e-Konjugation **-bi-**, das mit der Personalendung in der 1. Pers. Sg. und 3. Pers. Pl. zu **-bo** bzw. **-bunt** verschmilzt. In den anderen Konjugationen lautet es **-e-** (1. Pers. Sg. **-a-**) lauda**bo**, mone**bi**mus, time**bu**nt, audi**a**m, capi**e**s, reg**e**t.

7

Alles Futur? Unterstreichen Sie die Futur-I-Formen.

eram • vocabunt • properabatis • sentiam • estis • reveniebamus • videbis • rapiet • dicimus • frangemus • erunt • iaciebant • lusit

8

Bilden Sie das Futur I Aktiv in der jeweils angegebenen Person.

mittere	______________	(1. Pers. Sg.)	venire	______________	(2. Pers. Sg.)
navigare	______________	(1. Pers. Pl.)	pugnare	______________	(3. Pers. Sg.)
capere	______________	(2. Pers. Pl.)	parere	______________	(1. Pers. Sg.)

mīlēs, -itis *m*	*Soldat*
cupere, cupiō, cupīvī	*wünschen, begehren, wollen*
cōnstat	*es steht fest/ist bekannt*
gladiātor, -ōris *m*	*Gladiator*
bestia, -ae *f*	*(wildes) Tier, Raubtier*
adesse, -sum, -fuī (*+ Dat.*)	*da/anwesend sein, helfen*
crēdere, crēdō, crēdidī	*glauben, anvertrauen*
incipere, incipiō, **coepī**	*beginnen, anfangen*
decet	*es ziemt/gehört sich*
necesse est	*es ist nötig*
iam *Adv.*	*schon, bereits*
omnis, -e	*ganz, jeder, Pl. alle*
scīre, sciō, scīvī (sciī)	*wissen, verstehen, kennen*
nōn iam *Adv.*	*nicht mehr*
relinquere, relinquō, relīquī	*verlassen, zurücklassen*
lītus, -oris *n*	*Strand, Küste*
equus, -ī *m*	*Pferd*
iuvenis, -is *m*	*junger Mann*
dōnum, -ī *n*	*Geschenk*
nox, noctis *f*	*Nacht*
itaque *Adv.*	*deshalb, daher*
nēmō *m*	*niemand*
nōnnūllī, -ae, -a	*einige, manche*
dēscendere, dēscendō, dēscendī	*herabsteigen*
dolus, -ī *m*	*List*
vacuus, -a, -um	*leer*
ibī *Adv.*	*dort*
(sē) abdere, -dō, -didī	*(sich) verstecken, verbergen*
paulō post	*wenig später*
aedificium, -iī *n*	*Gebäude*
ardēre, ardeō, arsī	*brennen*
interficere, -ficiō, -fēcī	*töten*
dēnique *Adv.*	*schließlich, zuletzt*
expūgnāre, -pūgnō, -pūgnāvī	*erobern*
patria, -ae *f*	*Heimat(land)*
novus, -a, -um	*neu*
socius, -iī m	*Gefährte, Verbündeter*

Krieg um Troja

§ 67

Memo

Konstruktionen mit dem Infinitiv

Manche Verben können wie im Deutschen mit einem reinen **Infinitiv** konstruiert werden. Dazu zählen unpersönliche Ausdrücke – der Infinitiv ist dann Subjekt – sowie zahlreiche Verben – der Infinitiv bildet das Objekt des Satzes. Erweiterungen durch Objekte oder Adverbialien sind möglich.

Tempus est dormire. – *Es ist Zeit zu schlafen.*
Milites impetum in hostes facere cupiunt. – *Die Soldaten wollen einen Angriff auf die Feinde machen.*

§ 68

Eine typisch lateinische Konstruktion ist der sogenannte **Accusativus cum infinitivo** (AcI), also ein Akkusativ mit einem Infinitiv, die von einem übergeordneten Prädikat abhängen. Signalverben, die auf einen AcI verweisen können, sind Verben des Sprechens, Glaubens, Wahrnehmens und Fühlens. Übersetzt wird mit einem „dass"-Satz, in dem der Akkusativ zum Subjekt, der Infinitiv zum Prädikat wird. Auch hier sind Erweiterungen durch ein Objekt, Adverbiale oder Prädikatsnomen möglich.
Mater liberos clamare audit. – *Die Mutter hört, dass die Kinder rufen.*
Gaudeo amicam adesse. – *Ich freue mich, dass meine Freundin da ist.*

Nach unpersönlichen Ausdrücken ist der AcI Objekt:
Constat gladiatores cum bestiis pugnare. –
Es ist bekannt, dass Gladiatoren mit wilden Tieren kämpfen.

Der Infinitiv Präsens (Präsensstamm + **-re**) steht für eine gleichzeitig verlaufende Handlung, der Infinitiv Perfekt (Perfektstamm + **-isse**) für vorher geschehene Ereignisse, und zwar unabhängig vom Tempus des Prädikats.
Romani gladiatores fortes **esse** credunt/crediderunt. –
Die Römer glauben/glaubten, dass Gladiatoren tapfer seien.
Constat/Constabat Socratem philosophum **fuisse**. –
Es ist/war bekannt, dass Sokrates ein Philosoph gewesen ist.

9

AcI oder bloßer Infinitiv? Unterstreichen Sie die jeweilige Infinitivkonstruktion und bestimmen Sie die Satzglieder.

1. Discipuli non studere, sed clamare incipiunt.
2. Non decet timere.
3. Mater filium domum iam venisse gaudet.
4. Matrem adiuvare necesse est.
5. Servas omnes in hortum properavisse scimus.

10

Übersetzen Sie die Sätze aus Übung 11 in Ihrem Übungsheft. Achten Sie auf das Zeitverhältnis von Infinitiv und Prädikat.

Krieg um Troja

Der trojanische Krieg

Der Krieg um Troja entbrennt der Sage nach, als Paris, ein Sohn des trojanischen Königs Priamos, die wunderschöne Helena, die Gattin des spartanischen Königs Menelaos, entführt. Helena war Paris von Aphrodite (lat. **Venus**) versprochen worden, wenn er sich im Schönheitswettbewerb zwischen ihr und den Göttinnen Hera (lat. **Iuno**) und Athene (lat. **Minerva**) für sie entscheidet. Menelaos nimmt diese Kränkung jedoch nicht hin und zieht mit seinem Bruder Agamemnon gegen Troja in den Krieg. Troja ist gut befestigt, weshalb sich die Belagerung über zehn Jahre hinzieht, die Griechen scheinen zu verlieren. Nur durch eine List des Odysseus (lat. **Ulixes**) gelingt letztlich die Eroberung von Troja. Nur wenige Trojaner können fliehen, darunter Aeneas. Ihnen ist Italien als neues Heimatland vorbestimmt, das sie jedoch erst nach vielen Abenteuern und Irrfahrten erreichen.
Die ältesten Werke zum Thema werden dem Dichter Homer (8. Jh. v. Chr.) zugeschrieben: die *Ilias*, die den trojanischen Krieg beschreibt, sowie die *Odyssee*, die von den folgenden Irrfahrten des Odysseus bis zu seiner Rückkehr nach Ithaka erzählt. Der römische Dichter Vergil (1. Jh. v. Chr.) beschreibt in seinem Epos *Aeneis* die Irrfahrten des Aeneas nach Italien, in dem die Römer später ihren Stammvater sahen.

11

Nach langen Jahren des Kampfes scheinen die Griechen sich endlich zurückzuziehen …

Vokabeln

ligneus, -a, -um – *aus Holz*, ad suos – *zu den Seinigen/zu seinen Leuten*, Anchises, -ae *m – Anchises*, Iulus, -i *m – Julus*

Troiani Graecos non iam viderunt, itaque illi hos Troiam reliquisse putaverunt. In litore equum ligneum invenerunt. Aeneas iuvenes Troianos illum in urbem trahere vidit. Donum Graecorum omnes Troianos laetos reddidit. Nox erat, omnes dormiebant. Itaque nemo vidit nonnullos milites Graecos ex equo descendere et portas urbis aperire. Hic enim erat dolus Ulixis: Equus vacuus non fuerat, sed Graeci ibi se abdiderant. Paulo post aedificia, domus, templa ardebant. Troiani cum Graecis fortiter pugnabant, sed hi multos homines interfecerunt et feminas ceperunt. Etiam Aeneas diu pugnabat, denique domum cucurrit. Ad suos dixit: „Fugere necesse est, nam Graeci urbem Troiam iam expugnaverunt. Patriam novam inveniemus." Cum Anchisa patre et Iulo filio et sociis nonnullis Graecos effugit.

a) Lesen Sie den vorangehenden Text und bestimmen Sie zunächst alle Satzglieder.
b) Unterstreichen Sie die AcIs mit allen zugehörigen Satzteilen. Wie ist das jeweilige Zeitverhältnis zum Prädikat?
c) Suchen Sie Akkusative der Richtung und doppelte Akkusative heraus.
d) Um welche Tempora handelt es sich in den Sätzen „Nox … dormiebant." und „Equus … abdiderant."? Begründen Sie die Verwendung dieser Tempora.
e) Übersetzen Sie den ganzen Text.

Dido und Aeneas

Dīdō, -ōnis *f*	*Dido*	nocēre, noceō, nocuī	*schaden*
is, ea, id	*dieser, diese, dieser; er, sie, es*	theātrum, -ī *n*	*Theater*
aedēs, -is *f*	*Tempel*, Pl. *Haus*	exspectāre, -spectō, -spectāvī	*warten, erwarten*
cīvitās, -ātis *f*	*Gemeinde, Staat*	vērō *Adv.*	*in der Tat, wirklich; aber*
posteā *Adv.*	*später, nachher*	orbis, -is *m*	*Kreis, Kreislauf, Scheibe*
narrāre, narrō, narrāvī	*erzählen*	orbis terrārum	*Erdkreis, Welt*
nihil	*nichts*	pūtāre, pūtō, pūtāvī	*meinen, glauben*

Das Demonstrativpronomen is, ea, id

§ 29

Memo

Mit **is, ea, id** – *dieser, diese, dieses* wird auf bereits Erwähntes verwiesen.
Es kann substantivisch oder adjektivisch verwendet werden.
Aeneas e Troia fugit. **Is** postea in Italiam venit. **Eam** rem Virgilius poeta narrat. –
Aeneas floh aus Troja. Später kam dieser nach Italien. Dies erzählt der Dichter Vergil.

1

Bilden Sie Formen von **is, ea, id**, mit der jeweils angegebenen Veränderung.

is → ________ (Akk.) → ________ (n) → ________ (Pl.) → ________ (f) → ________ (Gen.) → ________ (Dat.) → ________ (Sg.) → ________ (n) → ________ (Gen.) → ________ (m) → ________ (Pl.) → ________ (Nom.)

2

Ergänzen Sie die passende Form von **is, ea, id** (mehrere Möglichkeiten).

§ 23 § 24

________ virum ________ animalia ________ aedes

________ dono ________ consulis ________ civitate

Das Personalpronomen

Personalpronomina ersetzen Personen oder Dinge.
Te/eum adiuvabo. – *Ich werde dir/ihm helfen.*

In der 1. und 2. Person stehen sie im Nominativ nur, wenn eine besondere Betonung vorliegt. Ansonsten werden sie ähnlich wie im Deutschen verwendet.
Ego domina sum, **tu** serva es! Itaque **tu** parere debes. –
Ich *bin die Herrin,* du *bist die Sklavin! Deshalb musst* du *gehorchen.*

Im Ablativ wird die Präposition **cum** – *mit* nicht vorangestellt, sondern an das Personalpronomen angehängt: **nobiscum** – *mit euch*
Zur Verwendung der Genitive **nostri/-um** und **vestri/-um** ↑ L9.

Im AcI steht bei Rückbezug auf das Subjekt des übergeordneten Satzes ein Reflexivpronomen (3. Pers.).
Socrates **se** nihil scire dixit. – *Sokrates sagte, dass er* (selbst) *nichts wisse.*
Marcus **eum** nihil scire dixit. – *Markus sagte, dass er* (jemand anderes) *nichts wisse.*

De Aenea et Didone

Dido und Aeneas

3

Ergänzen Sie in der Tabelle die fehlenden Personalpronomina.

	Sg.		Pl.	
	1. Person	**2. Person**	**1. Person**	**2. Person**
Nom.	______	tu	______	______
Gen.	mei	______	______	______
Dat.	______	______	nobis	______
Akk.	______	______	______	vos
Abl.	______	______	______	______

4

Wählen Sie die passende Form und übersetzen Sie die Sätze.

vobiscum • ei • me • eas • ego • tu • tibi • eos • se • eis • eum • sibi • mecum

1. Servae non laborant. Dominus __________ (*sie*) reprehendit.
2. Venite __________ (*mit mir*) in theatrum!
3. Discipuli tandem in scholam perveniunt. Ibi magister __________ (*sie*) exspectat.
4. __________ (*du*) vero sapienter fecisti, nam __________ (*ihm/ihr*) adfuisti.
5. Romani __________ (*sie selbst*) dominos orbis terrarum esse putaverunt.

ūnus, -a, -um	*eins*
duo, duae, duo	*zwei*
trēs, tria	*drei*
centum	*hundert*
mīlle	*tausend*
ducentī, -ae, -a	*200*
trecentī, -ae, -a	*300*
quīnque	*fünf*
passus, -ūs *m*	*Schritt*
prīmus, -a, -um	*erster*
suscipere, sucipiō, suscēpī	*auf sich nehmen, sich (einer Sache) annehmen*
annus, -ī *m*	*Jahr*
nātus, -a, -um	*geboren, geschaffen, alt*
castra, -ōrum *n*	*Lager*
abesse, absum, āfuī	*abwesend/entfernt sein, fehlen*
oppidum, -ī *n*	*Stadt*
inter *Präp. (+ Akk.)*	*zwischen, unter, während*
distāre, distō, –	*entfernt sein, auseinander liegen, verschieden sein*
littera, -ae *f*	*Buchstabe,* Pl. *Brief, Literatur, Wissenschaft*
fossa, -ae *f*	*Graben*
ante *Präp. (+ Akk.)*	*vor*
pēs, pedis *m*	*Fuß*
altus, -a, -um	*hoch, tief*

Dido und Aeneas

Die Zahlen

Die meisten Grundzahlen werden nicht dekliniert, mit Ausnahme von **unus, -a, -um** – *eins*, **duo, duae, duo** – *zwei*, **tres, tria** – *drei* sowie den Vielfachen von **centum** – *100* und **mille** – *1000*: **ducenti, -ae, -a** – *200*, **trecenti, -ae, -a** – *300*, **duo milia** – *2000*, **tria milia** – *3000*.

quinque viri – *fünf Männer* trecentae naves – *300 Schiffe*

Aber: Bei den Vielfachen von 1000 steht der gezählte Begriff meist im Genitiv: tria milia **passuum** – *3000 Schritte (ca. 4,5 km)*

Die Ordnungszahlen werden alle nach der a-/o-Deklination dekliniert.

primus, -a, -um – *erster* secundus, -a, -um – *zweiter*
filius tertius – *der dritte Sohn* horā nonā – *zur neunten Stunde*

§ 43

Memo

Die Zahl **unus, -a, -um** gehört aufgrund ihrer besonderen Deklination im Gen. und Dat. Sg. zu den sogenannten Pronominaladjektiven (↑ L11) **unius, uni**.

Der Akkusativ der Ausdehnung

Die zeitliche („wie lange?“, „wie alt?“) und räumliche Ausdehnung („wie hoch?“, „wie tief?“, „wie lang?“, „wie breit?“, „wie weit?“) werden mit dem Akkusativ ausgedrückt.

Milites **diem noctemque** magnos labores suscipiunt. – *Die Soldaten nehmen Tag und Nacht große Mühen auf sich.*

Marcus **decem annos** natus est. – *Markus ist zehn Jahre alt.*

Castra **tria milia** passuum ab urbe aberant. – *Das Lager war 3000 Schritte von der Stadt entfernt.*

Memo

5

Unterstreichen Sie die Akkusative der Richtung. Übersetzen Sie.

1. Oppida duo milia passuum inter se distabant.
2. Cornelius multos dies litteras amicae exspectabat.
3. Fossa ante arcem decem pedes alta erat.
4. Avus nonaginta annos vixit.

Maßangaben

pes = ca. 30 cm
passus = 5 pedes = 1,5 m
1000 passus = 5000 pedes = 1,5 km

valdē *Adv.*	*sehr*	in *Präp. (+ Akk.)*	*in (… hinein), nach, gegen* (Frage: wohin?)
postquam *(+ Ind. Perf.)*	*nachdem*	exilium, -iī *n*	*Exil*
dum *(+ Ind. Präs.)*	*während*	dēbēre, dēbeō, dēbuī	*müssen, sollen, schulden*
cum	*als, wenn*	dolēre, doleō, doluī	*schmerzen, wehtun, bedauern*
quia	*weil, da*	familia, -ae *f*	*Familie, Hausgemeinschaft*
quod	*weil, da*	lacrima, -ae *f*	*Träne*
quamquam	*obwohl*	fundere, fundō, fūdī	*ausgießen, vergießen, zerstreuen*
sī	*wenn*	vel	*oder*
nisī	*wenn nicht*		
sānus, -a, -um	*gesund, heil*		
sacrificāre, -ficō, -ficāvī	*Opfer darbringen, opfern*		

De Aenea et Didone

Dido und Aeneas

vel … vel	*entweder … oder*	honor/honōs, -ōris *m*	*Ehre, Ansehen, Ruhm*
mulier, -ieris *f*	*(Ehe-)Frau*	permovēre, -moveō, -mōvī	*bewegen, erschüttern, beeindrucken*
accipere, -cipiō, -cēpī	*annehmen, empfangen*	pulchritūdō, -inis *f*	*Schönheit*
multitūdō, -inis *f*	*Menge*	Mercurius, -iī *m*	*Merkur*
salūtāre, salūtō, salūtāvī	*(be)grüßen*	nuntius, -iī *m*	*Bote*
in exilium īre	*ins Exil gehen*	petere, petō, petīvī	*(auf)suchen, (er)streben, bitten, verlangen*
regīna, -ae *f*	*Königin*		
Carthāginiensis, -is *m*	*Karthager*	rēgnāre, regnō, regnāvī	*regieren*
error, -ōris *m*	*Irrtum, Irrfahrt*	rēgnum, -ī *n*	*Königreich, (Königs-) Herrschaft*
cubiculum, -ī *n*	*Schlafzimmer*		
recipere, -cipiō, -cēpi	*zurücknehmen, -ziehen*	posterī, -ōrum *m* (*nur Pl.*)	*Nachkommen*
non solum … sed etiam	*nicht nur … sondern auch*	superāre, superō, superāvī	*besiegen, übertreffen, überragen*
virtus, -ūtis *f*	*Tüchtigkeit, Tapferkeit*	dolor, -ōris *m*	*Schmerz*

§76 §77 §78 §82 Memo

Gliedsätze mit dem Indikativ

Gliedsätze können die Satzgliedstelle Adverbiale einnehmen, sie werden wie im Deutschen durch Subjunktionen eingeleitet. Ein Gliedsatz kann z. B. den Grund, die Zeit, den Gegengrund oder die Bedingung angeben, er kann also ein Kausal-, Temporal-, Konzessiv- oder Konditionalsatz sein. Zu den einleitenden Subjunktionen zählen u. a.:

postquam – *nachdem*	dum – *während*	cum – *als, wenn*
quia/quod – *weil, da*	quamquam – *obwohl*	(ni)si – *wenn (nicht)*

In Gliedsätzen richtet sich das Tempus immer nach dem des Hauptsatzes, d. h. auf das Zeitverhältnis von Haupt- und Gliedsatzhandlung kommt es an. Bei Gleichzeitigkeit steht in beiden Sätzen dasselbe Tempus, geschieht die Gliedsatzhandlung jedoch vor der des Hauptsatzes (Vorzeitigkeit), gelten folgende Regeln:

Hauptsatz	*Gliedsatz*
Präsens	Perfekt
Imperfekt oder Perfekt	Plusquamperfekt
Futur I	Futur II (Formen ↑ L9)

Discipuli, cum domum **venerunt, riserunt.** –
Als die Schüler nach Hause kamen, lachten sie. → gleichzeitig
Aeneas Troiam **reliquit,** quia Graeci urbem **expugnaverant.** –
Aeneas verließ Troja, weil die Griechen die Stadt erobert hatten. → vorzeitig
Si sanus **revenero,** deos **sacrificabo**. –
Wenn ich heil zurückkehre, werde ich den Göttern opfern. → vorzeitig

!

Unabhängig vom Hauptsatztempus folgt nach **postquam** immer Indikativ Perfekt, nach **dum** Indikativ Präsens. In der deutschen Übersetzung muss das Tempus entsprechend angepasst werden.
Postquam Remum fratrem **interfecit,** Romulus Romam urbem condidit. –
Nachdem Romulus seinen Bruder Remus ***getötet hatte,*** *gründete er die Stadt Rom.*
Dum ego multa **facio,** tu autem nihil fecisti. –
Während ich vieles ***getan habe,*** *hast du hingegen nichts gemacht.*

Dido und Aeneas

6

Unterstreichen Sie die Prädikate und bestimmen Sie das Zeitverhältnis zwischen Haupt- und Gliedsatz sowie die Art des Gliedsatzes.

1. Cicero, dum in exilium vivere debet, valde doluit.
2. Cicero, postquam Romam familiamque reliquit, lacrimas fudit.
3. Saepe tristis erat, quia multos dies litteras amicorum vel mulieris vel filii exspectabat.
4. Si litteras acceperat, gaudebat.
5. Multitudo hominum eum, cum iterum Romam revenit, salutavit.

Methoden der Satzerschließung

Je weiter Sie beim Lateinlernen fortschreiten, desto komplexer werden die Satzstrukturen, sodass Sie sich für die Übersetzung eigens Strategien zurechtlegen sollten. Hier ein paar Tipps:

1. Achten Sie beim ersten Lesen schon auf die **Satzzeichen**: Handelt es sich um einen Frage-, Aussage- oder Aufforderungssatz?
2. Umkreisen Sie **Satzkonnektoren**, also Konjunktionen wie **et** oder **sed**, die zwei Hauptsätze miteinander verbinden, sowie Subjunktionen, die einen Gliedsatz einleiten (**postquam**, **cum**). Dadurch verschaffen Sie sich einen grundsätzlichen Überblick über die Satzstruktur.
3. Gliedsätze können am Satzanfang, -ende oder mitten drin stehen. Von einem Gliedsatz kann noch ein weiterer abhängen. Um hier nicht den Überblick zu verlieren, ist es sinnvoll, einen solchen Schachtelsatz abzuschreiben und nach der **Einrückmethode** darzustellen. Das funktioniert so: Alles, was zum Hauptsatz gehört, steht am Zeilenanfang, Gliedsatz 1 – oder Gliedsatz 1. Grades – wird eingerückt, Gliedsatz 2, der vom ersten Gliedsatz abhängt – also 2. Grades ist –, wird noch ein Stück weiter eingerückt usw.:

HS	*GS 1*	*GS 2*
Cicero,		
	postquam Romam,	
		quia in exilium ire debuit,
	reliquit,	
valde doluit.		

(*Nachdem Cicero Rom verlassen hatte, da er ins Exil gehen musste, litt er sehr.*)

4. Für die Feinanalyse des Satzes beginnen Sie mit dem Prädikat, suchen Sie dann das Subjekt, die Objekte, Attribute und Adverbialia. Arbeiten Sie mit verschiedenen Farben, Unterstreichungen oder Klammern, (S), ((P)), [O], {Attr.}, [[Adv.]].

7

Erschließen Sie die Sätze aus Übung 7 und übersetzen Sie sie in Ihrem Übungsheft.

De Aenea et Didone

Dido und Aeneas

8

nocte – *nachts*, amore ardere – *in Liebe entbrennen, sich heftig verlieben*, dolore impulsus – *aus Schmerz*, mortem sibi conscivere – *Selbstmord begehen*

Nach vielen Irrfahrten und Abenteuern landen Aeneas und seine Gefährten an der Küste Karthagos – immer noch auf der Suche nach einer neuen Heimat. Von der Königin Dido, die vom Untergang Trojas schon gehört hat, werden sie freundlich als Gäste empfangen.

Dido, regina Carthaginiensium, postquam Aeneas de erroribus narravit, se in cubiculum recepit. Non solum virtus eius animum illius permovit, sed etiam pulchritudo illius animum eius. Nocte multas horas non dormiebant, quia amore ardebant.
Iuppiter, pater deorum immortalium, autem Mercurium ad Aeneam misit. Nuntius deorum haec dixit: „Carthaginem relinque! Italiam pete, quia ibi regnabis! Ascanius regnum Italiae habebit. Postea Romani, posteri Ascanii, orbem terrarum superabunt."
Aeneas, quamquam Didonem amabat, deis paruit: Clam Troiani e Carthagine fugerunt et in Italiam navigaverunt. Dido autem, cum eos urbem reliquisse audivit, dolore impulsa mortem sibi conscivit.

a) Lesen Sie den Text, unterstreichen Sie alle Gliedsätze und bestimmen Sie die Art der Gliedsätze.
b) Analysieren Sie die Sätze nach der Einrückmethode und bestimmen Sie die Satzglieder.
c) Welche Funktion hat der Kasus jeweils in den Ausdrücken **in cubiculum** und **multas horas**?
d) Welche Konstruktion liegt im Satz „cum eos urbem reliquisse audivit" vor?
e) Suchen Sie alle Formen von **is, ea, id, hic, haec, hoc** sowie **ille, illa, illud** heraus und bestimmen Sie sie.
f) Übersetzen Sie den Text.

Die römischen Götter

In vielen Erzählungen und Sagen greifen die Götter – ähnlich wie in der Aeneis – aktiv ins Geschehen ein und bestimmen das menschliche Handeln. Zu den wichtigsten in Rom verehrten Göttern gehören (in Klammern jeweils der griechische Name):

Apollo (Apollon) – Gott des Lichtes, der Sonne, Künste und Heilkunst
Diana (Artemis) – Göttin der Jagd, Beschützerin der Sklaven
Juno (Iuno, -onis, Hera) – Göttin der Fruchtbarkeit, der Geburt, Ehefrau von Jupiter
Jupiter (Iuppiter, Gen. Iovis, Zeus) – Göttervater
Mars (Ares) – Gott des Krieges
Merkur (Mercurius, Hermes) – Gott der Händler und Reisenden, Götterbote
Minerva (Athene) – Göttin der Weisheit
Neptun (Neptunus, Poseidon) – Gott des Meeres
Venus (Aphrodite) – Göttin der Liebe

Römische Badekultur

thermae, -ārum *f*	*Thermen*
īre, eō, iī	*gehen*
abīre, -eō, -iī	*weggehen*
redīre, -eō, -iī	*zurückgehen*
-ne *Fragepart.*	(Antwort offen)
num *Fragepart.*	*etwa* (Antwort nein)
nōnne *Fragepart.*	*(etwa) nicht* (Antwort ja)
(utrum/-ne) … an *Fragepart.*	*oder*
vōx, vōcis *f*	*Stimme, Laut, Äußerung*
quandō?	*wann?*
quō?	*wohin?*
unde?	*woher?*
ubī?	*wo?*
cūr?	*warum?*
quōmodo?	*wie?, auf welche Weise?*
cōnsilium, -iī *n*	*Plan, Beratung, Beschluss, Rat*
certē *Adv.*	*gewiss, sicherlich*
longus, -a, -um	*lang, weit*
dubitāre, dubitō, dubitāvī	*zweifeln, zögern*
minimē *Adv.*	*keineswegs, überhaupt nicht*
hīc *Adv.*	*hier*
manēre, maneō, mānsī	*bleiben, warten*
ubīque *Adv.*	*überall*
accurrere, -currō, -cucurrī	*herbeilaufen, -eilen*

Das Verb *ire*

§ 49

Besondere Formen hat das Verb **ire** – *gehen* im Indikativ Präsens in der 1. Pers. Sg. und 3. Pers. Pl.: **is** – *du gehst*, **imus** – *wir gehen*, aber: **eo** – *ich gehe*, **eunt** – *sie gehen*.

Das Perfekt wird vom Stamm **i-** gebildet; in der 2. Person wird **ii-** am Wortanfang zu **i-** zusammengezogen, also: **isti** – *du bist gegangen*, **istis** – *ihr seid gegangen*.

Es gibt zahlreiche Komposita, z. B. **abire** – *weggehen*, **redire** – *zurückgehen*.

Memo

1

Tragen Sie die Formen von **ire** in der richtigen Spalte ein. Achtung: Zwei schwarze Schafe haben sich eingeschlichen!

ibam • **istis** • **eunt** • **ieramus** • **ibis** • **ibi** • **eo** • **ibant** • **ierunt** • **eam** • **ieras** • **is** • **ibimus** • **ibatis** • **iit** • **ierant** • **ibunt**

Präsens	Imperfekt	Futur I	Perfekt	Plusquamperfekt

2

Trennen Sie bei den folgenden Komposita von **ire** das Präfix ab. Was könnten diese Verben bedeuten? Überprüfen Sie Ihre Übersetzung mithilfe eines Wörterbuchs.

adire	**inire**	**interire**	**exire**

Römische Badekultur

Memo

Der Fragesatz

Bei Fragesätzen unterscheidet man zwischen Satz- und Wortfragen. **Satzfragen** werden durch Fragepartikel eingeleitet, an denen die erwartete Antwort sichtbar wird: Bei **-ne** ist die Frage neutral, die Antwort ist offen. Es wird an das erste Wort im Satz angehängt und nicht übersetzt. Nach **num** – *etwa* wird eine verneinende Antwort, nach **nonne** – *(etwa) nicht* eine bejahende erwartet.
Tu**ne** clamorem audis? – *Hörst du das Geschrei?*
Nonne clamorem audis? – *Hörst du etwa das Geschrei nicht?*
Num voces audis? – *Hörst du etwa Stimmen?*

Doppelfragen, die zwei Möglichkeiten zur Wahl stellen, erkennen Sie an **utrum ... an**, **-ne ... an** oder nur **an** – *... oder ...* .
Utrum venis **an** abis?/Venis**ne an** abis?/Venis **an** abis? – *Kommst du oder gehst du weg?*

Wortfragen werden durch Interrogativadverbien und -pronomina (↑ S. 47) eingeleitet, z. B. durch **quando?** – *wann?*, **quo?** – *wohin?*, **unde?** – *woher?*, **ubi?** – *wo?*, **cur?** – *warum?*, **quomodo?** – *wie?*
Quando venietis? – *Wann werdet ihr kommen?*
Ubi est Claudia? – *Wo ist Claudia?*

3

Übersetzen Sie den Dialog. Achten Sie auf Fragepartikel.

Lucius will mit seinen Freunden Claudius und Marcus in die Thermen gehen. Diese sind jedoch noch etwas zögerlich.

Lucius: „Probatisne hoc consilium?" – Marcus: „Certe, sed thermae longe absunt." – Lucius: „Num mecum venire dubitatis?" – Claudius: „Minime, sed ..." – Lucius: „Utrum venitis mecum in thermas an hic manetis?" – Amici: „Venimus tecum."

4

Setzen Sie das passende Interrogativadverb ein und übersetzen Sie.

quando • unde • quo • cur • ubi • quomodo

Mater Sextum ubique quaerit et clamat: „Sexte, ____________ es? ____________ non respondes?" Sextus ex horto accurrit.

Mater eum interrogat: „____________ venis? ____________ isti?"
Sextus respondet: „In horto eram et dormiebam."

quis?	*wer?*
adīre, -eō, -iī	*herantreten, bitten*
quid?	*was?, warum?, wie (bitte)?*
quī?, quae?, quod?	*welcher?, welche?, welches?*
agere, agō, ēgī	*tun, handeln, treiben*
culīna, -ae *f*	*Küche*

aestās, -ātis *f*	*Sommer*
exīre, -eō, -iī	*herausgehen*
inīre, -eō, -iī	*hineingehen, beginnen*
pars, partis *f*	*Teil*
incolere, -colō, -coluī	*bewohnen*
Gallī, -ōrum *m*	*Gallier*
interīre, -eō, -iī	*zugrunde gehen, untergehen, sterben*

Das Interrogativpronomen

§35

Memo

Das Interrogativpronomen leitet eine Wortfrage ein, es kann substantivisch und adjektivisch verwendet werden. Im substantivischen Gebrauch unterscheidet man Maskulinum und Neutrum, es gibt keinen Plural.
Quis templum adit? – *Wer nähert sich dem Tempel?*
Quid ille philosophus dixit? – *Was hat jener berühmte Philosoph gesagt?*

Quid wird oft im Sinne von „warum?“ oder – vor allem als eigenständiger Satz – „wie (bitte)?“ verwendet:
Quid me vocavistis? – *Warum habt ihr mich gerufen?*
Quid? Nonne venies? – *Wie? Wirst du etwa nicht kommen?*

Adjektivisch verwendet ist es kongruent (KNG-Kongruenz!) zu seinem Bezugswort und bildet Formen in allen drei Genera sowie im Singular und Plural.
Quae puella villam intrat? – *Welches Mädchen betritt das Landhaus?*
Quod oppidum hostes oppugnaverunt? – *Welche Stadt haben die Feinde angegriffen?*

Die Präposition **cum** wird direkt an das Pronomen angehängt.
Quo**cum** (amico) ad forum isti? – *Mit wem (welchem Freund) bist du zum Forum gegangen?*

5

Ergänzen Sie die fehlenden Kasus im Deklinationsschema.
Nennen Sie auch die Bedeutungen.

	m/f	n
Nom.	quis? – *wer?*	
Gen.		
Dat.		
Akk.		
Abl.		a quo? –

Unterscheiden Sie:

Quis senator est? – *Welcher Senator ist das? (= Wie heißt der Senator?)*
Qui senator est? – *Was ist das für ein Senator?*
Quis kann also auch adjektivisch verwendet werden und fragt dann nach dem Namen, während **qui** sowohl nach Beschaffenheit oder Charakter als auch nach dem Namen fragen kann.

6

Deklinieren Sie die folgenden Wortpaare. Schreiben Sie in Ihr Übungsheft.

qui vir • quae ars • quod animal

7

Übersetzen Sie die folgenden Fragen.

1. Quid agis, Quinte?
2. Quis Romam condidit?
3. Quos deos Romani coluerunt?
4. Quae opera Hercules fecit?
5. Quid? Num me irridetis?
6. Quis consul est?

Römische Badekultur

§32 §83

Memo

Relativpronomen und Relativsatz

Das Relativpronomen leitet einen Relativsatz ein, der eine Ergänzung zum Subjekt, Objekt oder Adverbiale ist. Es richtet sich in Numerus und Genus nach seinem Bezugswort, im Kasus nach seiner Funktion im Relativsatz. Relativsätze haben meist die Funktion eines Attributes.
Curia, in **qua** senatores conveniunt, in foro est. –
Die Kurie, in der sich die Senatoren versammeln, befindet sich auf dem Forum.
Iuppiter, **cuius** templum hic videtis, pater deorum est. –
Jupiter, dessen Tempel ihr hier seht, ist der Vater der Götter.

Lerntipp

Die Formen des Relativpronomens haben Sie eigentlich schon gelernt, denn sie sind mit denen des adjektivisch verwendeten Interrogativpronomens identisch.

8

Verbinden Sie die Relativpronomina mit ihrer Formenbestimmung.

quibus	**quae**	**qui**	**cuius**	**quam**	**quos**	**quo**
Gen. Sg. m	Abl. Sg. n	Dat. Pl. f	Akk. Pl. m	Nom. Sg. m	Akk. Pl. n	Akk. Sg. f

9

Setzen Sie das Relativpronomen im richtigen Kasus ein. Übersetzen Sie.

1. Liberi cucurrerunt in culinam, in ____________ servae cibos parabant.
2. Templum Iovis, ________________________ sacrificabimus, inimus.
3. Gallia divisa est in tres partes, ____________ unam incolunt Belgae.
4. Bello Troiano, ____________ Graeci cum Troianis gesserunt, multi homines interierunt.

Vokabeln

ruri – *auf dem Land*, aestate – *im Sommer*, divisa est – *er/sie/es ist aufgeteilt*, bello Troiano – *während des trojanischen Krieges*

discere, discō, didicī	*lernen, erfahren*
cōnsulere, cōnsulō, cōnsuluī (+ *Dat.*)	*sorgen für*
(+ *Akk.*)	*befragen*
providēre, -videō, -vīdī (+ *Dat.*)	*sorgen für*
(+ *Akk.*)	*vorhersehen*
timēre, timeō, timuī (+ *Dat.*)	*sich Sorgen machen um*
(+ *Akk.*)	*fürchten*
parcere, parcō, pepercī (+ *Dat.*)	*jem./etw. schonen*
invidēre, -videō, vīdī (+ *Dat. d. Pers./ Gen. d. Sache*)	*jem. um etw. beneiden*
divitiae, -ārum *f* (*nur Pl.*)	*Reichtum*
innocēns, -ntis	*unschuldig, rechtschaffen*
iūdex, -icis *m*	*Richter*
persuādēre, -suādeō, -suāsī (+ *Dat.*)	*überzeugen, überreden*
rēs novae *f* (*nur Pl.*)	*Umsturz*
undīque *Adv.*	*von überallher*
varius, -a, -um	*verschieden(artig),*
suprā *Präp.* (+ *Akk.*)	*über, auf*
habitāre, habitō, habitāvī	*wohnen*
prōpōnere, -pōnō, -posuī	*darlegen, vortragen, vorstellen*
genus, -eris *n*	*Geschlecht, Art*
labōrāre, labōrō, labōrāvī	*sich anstrengen, arbeiten, leiden (an)*
plānus, -a, -um	*flach, eben, klar*

tot *indekl.*	*so viel(e)*
adicere, -iciō, -iēcī	*hinzufügen*
suus, -a, -um	*sein, ihr*
placēre, placeō, placuī	*gefallen*
ita *Adv.*	*so*
sonus, -ī *m*	*Laut, Ton, Geräusch, Klang*
salīre, saliō, saluī	*springen*
praetereā *Adv.*	*außerdem*
exclāmātiō, -iōnis *f*	*Ausruf*
vendere, vendō, vendidī	*verkaufen*
mēns, mentis *f*	*Geist*
ergō	*also, folglich*
diūtius *Adv.*	*länger*
torquēre, torqueō, torsī	*drehen, werfen, quälen*
tam *Adv.*	*so*
remedium, -iī *n*	*Heilmittel*
adversus *Präp.* (+ *Akk.*)	*gegen*
Sīrēnēs, -um *f*	*Sirenen*
auris, -is *f*	*Ohr*
locus, -ī *m*	*Ort, Stelle*
valē(te)!	*leb(t) wohl!* (Grußformel im Brief)

Odysseus

Die Sirenen lockten mit süßem Gesang Schiffer an ihre Felsen, an denen sie dann mit ihren Schiffen zerschellten. Odysseus überlebte, indem er sich an den Mast binden ließ, während seine Leute ihre Ohren mit Bienenwachs verstopften.

Dativ

Der Dativ kann in einem Satz die Funktion eines Objekts haben (↑ L2) und nach intransitiven Verben stehen. Er kann aber auch Adverbiale sein und auf die Frage „wofür?", „für wen?" stehen. In dieser Funktion heißt er **Dativus commodi**, Dativ des Vorteils.
Liberi **patri** (= Objekt) non parent. – *Die Kinder gehorchen dem Vater nicht.*
Non **magistris** (= Adv., Dat. commodi) discimus. – *Wir lernen nicht für die Lehrer.*

Einige Verben können sowohl mit einem Dativus commodi als auch mit einem Akkusativobjekt konstruiert werden, sie haben dann jeweils unterschiedliche Bedeutungen.

	+ Dat. commodi	*+ Akk.*
consulere	*sorgen für*	*befragen*
providere	*vorsorgen für*	*vorhersehen*
timere	*besorgt sein für*	*fürchten*
cavere	*sorgen für, achtgeben auf*	*sich hüten vor*

10

Setzen Sie die Wörter in Klammern in den Dativ und übersetzen Sie.

Cum Graeci Troiam expugnaverunt, neque _______________ (homines) neque _______________ (templa) pepercerunt.

Socrates se innocentem esse _______________ (iudices) non persuasit.

Catilina _______________ (novae res) semper studebat.

Catilina

Lucius Sergius Catilina (108–62 v. Chr.) hatte sich mehrfach vergeblich um das Konsulat beworben. Er plante einen politischen Umsturz, den Cicero 63 v. Chr. vereiteln konnte. Seine Reden gegen Catilina (↑ L16) sind berühmt.

11

Akkusativ oder Dativ? Streichen Sie die falsche Form und übersetzen Sie.

Consules **cives/civibus** provident.
Milites etiam **pericula/periculis** mortis non timent.
Romani deos immortales **homines/hominibus** consulere putaverunt.
Aeneas, qui **res futuras/rebus futuris** providere cupivit, **oraculum/oraculo** consuluit.

Römische Badekultur

Römische Thermen

Öffentliche Bäder gehörten zum römischen Alltag. Dorthin ging man nicht nur, um sich zu baden, sondern man konnte in den Gärten und Hallen auch Sport treiben. Daran angeschlossen waren oft auch Bibliotheken und Museen sowie Imbisslokale und Verkaufsstände.
Typische – oft prächtig mit Marmor verkleidete und mit Mosaiken und Statuen ausgestattete – Räume einer Therme waren:

- *Umkleideraum* (apodyterium)
- *Sportplatz* (palaestra)
- *Schwitzbad* (sudatorium)
- *Heißbad* (caldarium)
- *Warmbad* (tepidarium)
- *Kaltbad* (frigidarium)
- *Schwimmbad* (natatio)

Geheizt wurde im Hypokaust-System: Unter den Fußböden, die auf Ziegelsteinpfeilern errichtet waren, strömte heiße Luft aus zentralen Brennkammern in die Zwischenräume und erwärmte so den Boden und die darüberliegenden Räume. Gut erhaltene Beispiele sind die Caracalla- und Diokletiansthermen in Rom oder die Kaisertherme in Trier.

12

a) Lesen Sie den Text und unterstreichen Sie alle Subjunktionen und Relativpronomina. Welche Gliedsatzarten können Sie entdecken?
b) Bestimmen Sie die Formen der Relativpronomina.
c) Können Sie Satz- und/oder Wortfragen entdecken?
d) Stellen Sie den Text bis „… vendere cupiunt, audio." nach der Einrückmethode dar. Übersetzen Sie anschließend den ganzen Text.

Der Philosoph Seneca berichtet in einem Brief an seinen Freund Lucilius über den unglaublichen Lärm, der in den Bädern herrscht.

Seneca Lucilio suo salutem.
Undique me varius clamor circumsonat, quia supra balneum habito. Propone nunc tibi omnia genera vocum: Cum viri corpus exercent, cum laborant, gemitus audio. Audio crepitum manus unctoris, quae, prout plana pervenit aut concava, ita sonum mutat.
Adice nunc etiam illum, cui vox sua in balneo placet, adice nunc eos, qui in piscinam cum ingenti sono saliunt. Praeterea varias exclamationes et botularii et crustularii et eorum, qui res suas vendere cupiunt, audio. „Num ferreus aut surdus es?", me interrogabis, „Quomodo mens inter tot clamores tam varios constat? Tibi certe non invideo."
Quid ergo? Mene diutius torquere debeo? Minime. Ulixes tam facile remedium etiam adversus Sirenes invenit, etiam ego id inveniebo. Auribus parcam et ex eo loco exibo.
Vale.

(nach Seneca, Epistulae morales 56)

Vokabeln

salutem (dicere) – *grüßen (Anfangsformel eines Briefes),* circumsonare – *rings ertönen, umtönen, -rauschen,* balneum, -i *n* – *Bad(eanstalt),* gemitus, -us *m* – *Stöhnen, Ächzen,* crepitus, -us *m* – *Klatschen, Knarren,* unctor, -oris *m* – *Masseur,* prout …, ita – *je nachdem (ob) …, so/entsprechend,* concavus, -a, -um – *hohl,* piscina, -ae *f* – *Schwimmbecken,* botularius, -ii *m* – *Wurstmacher,* crustularius, -ii *m* – *Zuckerbäcker,* ferreus, -a, -um – *aus Eisen,* surdus, -a, -um – *taub,* constare – *hier: ruhig bleiben*

Sklaven im alten Rom

quod sī	*wenn also/aber*	cūra, -ae *f*	*Sorge, Pflege*
quō factō	*hierauf, darauf(-hin)*	praesidium, -iī *n*	*Schutz, Schutztruppe, (Wach-)Posten*
quārē	*daher, deshalb*		
quā dē causā	*daher, deshalb*	victōria, -ae *f*	*Sieg*
iubēre, iubeō, iussī *(+ Akk.)*	*befehlen, anordnen*	auxilium, -iī *n*	*Hilfe*
		cor, cordis *n*	*Herz*
clam *Adv.*	*heimlich*	odium, -iī *n*	*Hass*
āvolāre, āvolō, āvolāvī	*davonfliegen, enteilen*	dīligentia, -ae *f*	*Sorgfalt, Aufmerksamkeit*
solvere, solvō, solvī	*(auf)lösen, losbinden, bezahlen*	sālus, -ūtis *f*	*Gesundheit, Rettung; Gruß* (im Brief)
ūsus, -ūs *m*	*Nutzen, Gebrauch*	magis *Adv.*	*eher, mehr, lieber*

Der relative Satzanschluss

§ 84

Memo

Im Lateinischen kann ein Hauptsatz mit einem Relativpronomen beginnen. Das Bezugswort steht im Satz davor. Durch diesen sehr häufig verwendeten **relativen Satzanschluss** entsteht eine engere Anbindung an den vorangehenden Satz. Im Deutschen ist das Relativ- durch ein Demonstrativpronomen wiederzugeben.

Aeneas Troiam reliquit. **Quam** Graeci deleverant. –
Aeneas verließ Troja. Dieses hatten die Griechen zerstört.

Das Relativpronomen kann sich aber auch auf den gesamten Inhalt des vorhergehenden Satzes beziehen. In diesem Fall sind folgende, fast schon formelhafte relative Satzanschlüsse sehr häufig:

quod si – *wenn also/aber* quo facto – *hierauf, darauf(-hin)*
quare – *daher, deshalb* qua de causa – *daher, deshalb*

Caesar oppidum Gallicum expugnavit. **Quo facto** Italiam petivit. –
Caesar eroberte eine gallische Stadt. Daraufhin ging er nach Italien.

1

Sitzen die Formen des Relativpronomens? Dann zeigen Sie, was Sie können. Nehmen Sie jeweils die in Klammern angegebenen Veränderungen vor.

qui (Nom. Sg. m) → ____________ (Dat.) → ____________ (Pl.)

→ ____________ (Gen.) → ____________ (f) → ____________ (Akk.)

→ ____________ (n) → ____________ (Sg.) → ____________ (Gen.)

→ ____________ (Abl.) → ____________ (f) → ____________ (Nom.)

→ ____________ (m)

2

Vokabeln

mortem sibi consciscere – *Selbstmord begehen*, naves solvere – *in See stechen*

Verbinden Sie die zusammengehörenden Sätze und übersetzen Sie diese.

1. Vergilius de erroribus Aeneae narravit.
2. Mercurius dixit: „Pete Italiam, Aeneas!"
3. Dei Aeneam e Carthagine exire iusserunt.
4. Aeneas Didonem clam reliquit.

a. Quae, quia eum valde amabat, sibi mortem conscivit.
b. Quo facto avolavit.
c. Qui e Graecis effugerat.
d. Quare statim naves solvit.

Memo

Dativus finalis und possessivus

Der Dativ kann einen Zweck ausdrücken („wozu?"); er heißt in dieser Funktion **Dativus finalis**. Häufig steht er als Prädikatsnomen mit dem Verb **esse**, das dann die Bedeutung *gereichen zu, dienen zu* hat. Im Deutschen müssen Sie allerdings oft Umschreibungen finden:
usui esse (→ *zum Nutzen dienen)* → *nützlich sein*
curae esse (→ *zur Sorge gereichen)* → *sich sorgen um, am Herzen liegen*
Hoc **magno usui** est. – *Das ist **von großem Nutzen/sehr nützlich**.*

Der Dativus finalis steht als Adverbiale bei den Verben **venire** – *kommen*, **mittere** – *schicken*, **relinquere** – *zurücklassen*.
Caesar milites **praesidio** reliquit. – *Caesar ließ Soldaten **als/zum Schutz** zurück.*

!

Oft wird der Dativus finalis mit einem Dativus commodi (↑ L7) kombiniert, nämlich um zum Ausdruck zu bringen, „wem" etwas beispielsweise zugute kommt bzw. schadet.
Hoc **tibi** usui est. – *Das ist für dich nützlich/nützt dir.*
Caesar milites **civibus** praesidio reliquit. – *Caesar ließ Soldaten als Schutz für die Bürger zurück.*

Auch zur Angabe des Besitzers wird der Dativ verwendet: **Dativus possessivus.**
Er betont den Besitz (im Gegensatz zum Gen. possessivus ↑ L 10). Formen von esse werden hier mit *besitzen, haben, gehören* übersetzt.
Mihi multi libri sunt. – *Ich habe/besitze/Mir gehören viele Bücher.*
Villa **Cornelio** est. – *Cornelius besitzt ein Landhaus.*

3

Bilden Sie sinnvolle Sätze und übersetzen Sie. Um welche Dativfunktionen handelt es sich jeweils?

victoria	omnibus	auxilio venerunt
isti	nobis	honori est
milites	Caesari	cordi erat
virtus	civibus	odio sunt

4

Unterstreichen Sie alle Dative und bestimmen Sie deren Funktion. Übersetzen Sie die Sätze.

1. Magna domus patri est.
2. Diligentia discipulorum magistro semper magnae curae erat.
3. Illi poetae nomen est Quintus Horatius Flaccus.
4. Multis Romanis erant servi.
5. Haec res consuli magis cordi est.

velle, volō, voluī	*wollen*
nōlle, nōlō, nōluī	*nicht wollen*
mālle, mālō, māluī	*lieber wollen*
optāre, optō, optāvī	*wünschen*
apportāre, -portō, -portavi	*herbeibringen, -tragen*
officium, -iī *n*	*Pflicht, Dienst*
noster, nostra, nostrum	*unser*
meus, -a, -um	*mein*

tuus, -a, -um	*dein*
vester, vestra, vestrum	*euer*
mōs, mōris *m*	*Sitte, Brauch;* Pl. *Charakter*
arma, -ōrum *n* *(nur Pl.)*	*Waffen*
cēna, -ae *f*	*Essen, (Haupt-) Mahlzeit*

Personennamen

Der Name eines römischen Bürgers bestand aus drei Teilen: Vorname (**praenomen**, z. B. Gaius, Gnaeus, Lucius), Familienname (**nomen gentile**, z. B. Cornelius, Iulius) und Beiname (**cognomen**, z. B. Naso – *langnasig*, Flaccus – *großohrig*, Crassus – *dick*). Verwendet wurde oft nur ein Namensbestandteil, also z. B. Horatius statt Quintus Horatius Flaccus.

velle, nolle, malle

§ 50

velle – *wollen*, **nolle** (← ne- + velle) – *nicht wollen* und **malle** (← ma-(gis) + velle) – *lieber wollen* bilden unregelmäßige Formen, die Sie aufgrund ihrer Ähnlichkeit am besten zusammen lernen. Im **Indikativ Präsens** haben sie folgende Formen:
velle: volo, vis, vult, volumus, vultis, volunt
nolle: nolo, non vis, non vult, nolumus, non vultis, nolunt
malle: malo, mavis, mavult, malumus, mavultis, malunt

Memo

Futur I und **Indikativ Imperfekt** werden regelmäßig von den Stämmen **vol-**, **nol-** bzw. **mal-** gebildet:
volam – *ich werde wollen*, noles – *du wirst nicht wollen*, malent – *sie werden lieber wollen* bzw. volebam – *ich wollte*, nolebamus – *wir wollten nicht*, malebant – *sie wollten lieber*

Von den Perfektstämmen **volu-**, **nolu-** und **malu-** werden **Perfekt** und **Plusquamperfekt** gebildet:
volui – *ich habe gewollt*, nolueram – *ich hatte nicht gewollt*, malueratis – *ihr hattet lieber gewollt*

!

Mit dem Imperativ von **nolle** + Infinitiv Präsens kann eine Aufforderung bzw. ein Befehl verneint werden.
Noli venire! – *Komm nicht!* **Nolite** hoc facere! – *Tut das nicht!*

5

Ersetzen Sie die Formen von **optare**, **non optare** bzw. **magis optare** durch die von **velle**, **nolle** bzw. **malle**.

optabis	______	optavistis	______
magis optatis	______	magis optaveram	______
non optabant	______	magis optabit	______
non optamus	______	non optat	______

6

Verneinen Sie die folgenden Imperative.

Dic!	______	Tacete, liberi!	______
Vinum apportate, servae!	______	Officia neglege, Marce!	______
		Romam venite!	______

§ 26

Memo

Das Possessivpronomen

Possessivpronomina zeigen den Besitzer an, es gibt sie für alle Personen. Sie werden nach der a-/o-Deklination dekliniert und stehen in KNG-Kongruenz zu ihrem Bezugswort:

domus nostra – *unser Haus*
liber meus – *mein Buch*
nomen tuum – *dein Name*
statuae vestrae – *eure Statuen*

In der 3. Person wird wie bei den Personalpronomina (↑ L6) unterschieden zwischen reflexiven – auf das Subjekt des Satzes rückbezüglichen – und nicht reflexiven Pronomina. Ist also der Besitzer im selben Satz Subjekt, so stehen Formen von **suus, -a, -um** – *sein, ihr* (Singular und Plural!).
Gaius amicos **suos** videre mavult. – *Gaius will lieber seine* (= eigenen) *Freunde sehen.*
Ist jedoch eine andere Person gemeint stehen die nicht reflexiven Formen, die den Genitiven von **is, ea, id** (= **eius, eorum, earum**) entsprechen.
Gaius amicos **eius** videt. – *Gaius sieht seine/dessen Freunde.*

!

Possessivpronomina können fehlen, wenn sie unbetont sind und das Besitzverhältnis aus dem Zusammenhang eindeutig erschlossen werden kann (z. B. bei Verwandtschaftsbezeichnungen oder Körperteilen). Im Deutschen müssen Sie es allerdings hinzufügen.
Quintus matrem quaerit. – *Quintus sucht **seine** Mutter.*

7

Was passt zusammen? Bilden Sie Wortpaare.

1. equo	2. urbe	3. pugnis	4. domuum	5. mores	6. gentem
a. tuarum	b. vestris	c. sui	d. nostra	e. meam	f. suo

Sklaven im alten Rom

8

Ersetzen Sie das Wort in Klammern durch ein passendes Possessivpronomen (die Formen von **is** können Sie in L6 wiederholen). Übersetzen Sie dann die Sätze.

Gladiatores armis ______________ (gladiatorum) pugnabant.

Milites oppidum ______________ (hostium) oppugnant.

Lucius dicit: „Pater ______________ (Lucii) dives est."

Dido de erroribus ______________ (Troianorum) audivit.

Liberi, tempore ______________ (liberorum) reditis, nam servae cenam iam paraverunt.

Incolae ad Caesarem dicunt: „Oppidum ______________ (incolarum) defendemus!"

Lerntipp

Manchmal hat das Possessivpronomen die Bedeutung *passend, günstig, richtig*: suo (meo, tuo) iure – *mit gutem Recht*, suo (meo, tuo) tempore – *zur rechten Zeit*

mūtāre, mūtō, mūtāvī	*wechseln, ändern,* Pass. *sich ändern*
contemnere, -temnō, -tempsī	*verachten, gering-schätzen*
movēre, moveō, mōvī	*bewegen*
iūdicāre, iūdicō, iūdicāvī	*(be)urteilen, schätzen, entscheiden*
pūnīre, pūniō, pūnīvī	*bestrafen, rächen*
admittere, -mittō, -mīsī	*zu-, einlassen; ge-statten; hinzuziehen*
admovēre, -moveō, -mōvī	*heranbringen, -ziehen*
cōnspicere, -spiciō, -spexī	*erblicken*
merx, mercis *f*	*Ware*
mercātor, -ōris m	*Kaufmann*
fulmen, -inis *n*	*Blitz*
sollicitāre, sollicitō, sollicitāvī	*beunruhigen, erregen, aufhetzen*
oleum, -ī *n*	*Öl*
terrēre, terreō, terruī	*erschrecken*
libenter *Adv.*	*willig, gern, mit Vergnügen*
cōgnōscere, cōg-nōscō, cōgnōvī	*erkennen, kennen-lernen, erfahren*
familiāris, -e	*zum Haus/zur Familie gehörig, vertraut, freundschaftlich*
prūdentia, -ae *f*	*Klugheit, Einsicht*
cēnāre, cēnō, cēnāvī	*speisen, essen*
circumstāre, -stō, -stetī	*umringen, um … herum stehen*
licet *(+ Dat.)*	*es ist (jemandem) erlaubt*
tōtus, -a, -um *(Gen. -īus, Dat. -ī)*	*ganz, voll,* Pl. *alle*
perstāre, -stō, -stetī	*stehen (bleiben); beharren*
cōgitāre, cōgitō, cōgitāvī	*denken, überlegen*
aequus, -a, -um	*flach; günstig; gerecht; gleich*
spīrāre, spīrō, spīrāvī	*wehen, atmen, leben*
morī, morior	*sterben*
tolerāre, tolerō, tolerāvī	*ertragen, erdulden*
clēmēns, -entis	*mild, sanft(mütig)*
sermo, -ōnis *m*	*Gespräch, Äußerung, Gerede*
mēnsa, -ae *f*	*Tisch, Tafel*
cāsus, -ūs *m*	*Fall, Zufall*
aestimāre, aestimō, aestimāvī	*schätzen, bewerten, glauben, meinen*
dīgnus, -a, -um	*würdig, wert*
rēctus, -a, -um	*gerade, richtig*
verbera, -um *n* *(nur Pl.)*	*Prügel, Schläge*
morārī, moror	*verweilen, sich auf-halten; aufhalten, hindern*

Etiam servi homines sunt

Sklaven im alten Rom

§ 45

Memo

Das Passiv im Indikativ Präsens, Imperfekt und Futur I

Neben den aktiven Verbformen gibt es wie im Deutschen auch passive. Die Personalendungen für das Passiv sind im Präsens, Imperfekt und Futur I identisch; im Präsens werden sie (mit oder ohne Bindevokal wie im Aktiv) an den Präsensstamm angehängt:

lauda-tur – *er/sie/es wird gelobt* mone-ris – *du wirst ermahnt*
audi-or – *ich werde gehört* rapi-mini – *ihr werdet geraubt*

Das Tempuszeichen für das **Imperfekt**, das zwischen Stamm und Endungen steht, lautet in der a- und e-Konjugation **-ba-**, in allen anderen **-eba-**:

voca**ba**ris – *du wurdest gerufen* del**eba**tur – *er/sie/es wurde zerstört*
audi**eba**r – *ich wurde gehört* capi**eba**ntur – *sie wurden gefasst*

Das **Futur I** erkennen Sie in der a- und e- Konjugation am Tempuszeichen **-b-**, in den anderen Konjugationen an **-e-** (Ausnahme 1. Pers. Sg. **-a-**):

ama**b**eris – *du wirst geliebt werden* audi**e**mini – *ihr werdet gehört werden*
capi**e**ris – *du wirst gefasst werden* reg**a**r – *ich werde gelenkt werden*

Der **Infinitiv** Präsens Passiv endet in der a-, e- und i-Konjugation auf **-ri**, in der gemischten und konsonantischen Konjugationauf **-i**:

laudari – *gelobt werden* audiri – *gehört werden*
capi – *gefasst werden* regi – *gelenkt werden*

§ 53

Manche Verben haben nur passive Formen, aber eine aktive Bedeutung. Sie werden Deponentien genannt:

morari – *(sich) aufhalten* mori – *sterben*

9

Bedeutung im Passiv

Einige Verben haben im Passiv neben der passiven Bedeutung auch eine andere:
mutari – *sich ändern*
videri – *scheinen*
frangi – *zerbrechen*

Ergänzen Sie die Endungen der in Klammern angegebenen Formen im Präsens Passiv.

apport________ (1. Pers. Sg.)	geri________ (1. Pers. Pl.)
rapi________ (3. Pers. Pl.)	muta________ (Infinitiv)
contemni________ (2. Pers. Pl.)	dele________ (3. Pers. Sg.)
vide________ (2. Pers. Sg.)	ama________ (2. Pers. Pl.)
audi________ (1. Pers. Sg.)	quaer________ (Infinitiv)

10

Wandeln Sie die aktiven Futur-I-Formen in passive um.

salutabitis	________	rapies	________
movebis	________	solvet	________
iudicabunt	________	puniam	________
agent	________	capiemus	________

Sklaven im alten Rom

11

Unterstreichen Sie die Formen im Imperfekt Passiv. Bestimmen Sie alle Formen und übersetzen Sie sie.

relinquebaris • vocabamur • accipientur • admittor • mutaberis • ducuntur • admovebimini • ponebatur • deletur • conspiciebar • exspectabamini

Der „Täter" im Passiv

Mit dem Passiv wird – im Unterschied zum Aktiv – nicht die handelnde Person, sondern die Handlung selbst betont. Die eigentlich handelnde Person oder Handlungsursache ist oft gar nicht genannt. Wenn doch, so steht die Person mit **a/ab** im Ablativ, die Ursache im reinen Ablativ (ohne Präposition).

Merces **a servis** apportantur. –
Die Waren werden von Sklaven herbeigetragen.
Iuppiter **amore** capitur. –
Jupiter wird von Liebe erfasst/verliebt sich.

12

Wer oder was handelt hier eigentlich? Wählen Sie aus der Liste das passende Wort aus, setzen es in den Ablativ (mit oder ohne a/ab!) und übersetzen Sie.

verba • amici • domina • pueri • mercator • fulmina

Saepe Marcus nocte ______ sollicitabatur.

Servae ________ reprehendebantur.

Statua ________ frangitur.

Oleum ________ e Sicilia portabitur.

________ diu quaerebaris.

Discipuli ________ magistri terrentur.

13

a) Suchen Sie alle Possessivpronomina heraus und bestimmen Sie ihre Formen.
b) Schreiben Sie alle Adverbien heraus.
c) Gibt es Sätze mit relativem Anschluss? Bestimmen Sie die Formen der Relativpronomina.
d) Um welche Kasusfunktionen handelt es sich in „multis dominis odio est"?
e) Unterstreichen Sie alle AcIs. Sind sie vor- oder gleichzeitig?
f) Stellen Sie alle Sätze mit Gliedsätzen nach der Einrückmethode dar und übersetzen Sie den ganzen Text.
g) Informieren Sie sich (Lexikon der Antike, Internet) über Leben und Werk von Seneca.

Ablativus temporis

Mit dem Ablativ der Zeit – dem Ablativus temporis – kann ein Zeitpunkt ausgedrückt sein: nocte tota – *während der ganzen Nacht*, aestate – *im Sommer*, anno decimo – *im zehnten Jahr*

Etiam servi homines sunt

Sklaven im alten Rom

Vokabeln

salutem (dicere) – *grüßen*, eruditio, -onis *f* – *Bildung*, labrum ,-i *n* – *Lippe*, virga, -ae *f* – *Rute*, murmur, -uris *n* – *Gemurmel, Geräusch*, tussis, -is *f* – *Husten*, sternutamentum, -i *n* – *Niesen*, singultus, -us *m* – *Schluckauf*, ieiunus, -a, -um – *nüchtern, hungrig*, mutus, -a, -um – *stumm*, convictus, -us *m* – *Zusammenleben, Tischgesellschaft*, ministerium, -ii *n* – *Dienst*, assignare – *zuweisen*

Seneca Lucilio suo salutem.
Libenter ex iis, qui a te venerant, cognovi familiariter te cum servis tuis vivere: Hoc prudentiam tuam, hoc eruditionem decet, quia etiam servi homines sunt.
Multis dominis autem odio est cum servis suis cenare. Qui saepe dominum, dum cenat, circumstant. At eis infelicibus movere labra non licet; virga murmur omne, etiam tussis, sternumenta, singultus puniuntur. Nocte tota ieiuni mutique perstant.
Cogita istum, quem servum tuum vocas, aeque spirare, aeque vivere, aeque mori! Noli contemnere nunc hominem, qui adversam fortunam tolerat! Quae enim facile mutatur. Qua de causa vive cum servo clementer et in sermonem illum admitte et in consilium et in convictum.
Quid ergo? Omnes servi admovebuntur mensae meae? Minime. Nam non ministeriis, quae casus assignat, illos aestimabo, sed moribus. Cena itaque cum eis, qui digni sunt.
Iudico etiam te recte facere, quod timeri a servis tuis non vis, quod eos non verberibus, sed verbis punis. Diutius te morari nolo.
Vale.

(nach Seneca, Epistulae morales 47)

Die Rolle der Sklaven in Rom

Sklaven galten nicht als Menschen, sondern als Sachen (**res**). Sie waren Besitz eines anderen, freien Menschen, der über ihn nach Belieben verfügen konnte: Der Sklave selbst hatte keine Rechte. Durch folgende Umstände konnte man in Sklaverei geraten: Kriegsgefangenschaft oder Gefangennahme durch Piraten, Zahlungsunfähigkeit, als Strafe bei bestimmten Verbrechen, durch die Geburt als Sohn oder Tochter von Sklaven.

Sklaven waren ein wichtiger Wirtschaftsfaktor, sie waren in den verschiedensten Bereichen tätig: in Landwirtschaft, Haushalt, Kindererziehung, Handwerksbetriebe, Verwaltung, Bibliotheken, Thermen sowie als Gladiatoren usw.
Sklaven konnten sich durch Zahlung einer Summe bei ihrem Herrn freikaufen, oder ihr Herr ließ sie aus Dankbarkeit frei (**manumissio**). Das volle römische Bürgerrecht erwerben konnten jedoch erst die Kinder von Freigelassenen (**liberti**).
Im 1. Jh. n. Chr. forderte der Philosoph Seneca eine menschenwürdige Behandlung von Sklaven, da – nach Ansicht der Stoiker (↑ L18) – alle Menschen prinzipiell gleich seien und nur das Schicksal den einen zum Sklaven und den anderen zum Herrn mache. Dabei ging es Seneca jedoch mehr um die innere Freiheit, die Unabhängigkeit von äußeren Gegebenheiten, als um die Abschaffung der Sklaverei.

Die Anfänge Roms

ab urbe conditā	*seit Gründung der Stadt (Rom)*	ēducāre, ēducō, ēducāvī	*erziehen*, Pass. *aufwachsen*
cōnficere, -ficiō, -fēcī	*erledigen, fertig machen, beenden*	appellāre, appellō, appellāvī	*(be)nennen*
sinere, sinō, sivī	*(zu)lassen, erlauben*	ubī *(+ Ind.)*	*sobald*
trādere, trādō, trādidī	*übergeben, überliefern*	posse, possum, potuī	*können*
praebēre, praebeō, praebuī	*geben, hinhalten*	prōdesse, prōsum, prōfuī	*nützen*

Jahresangabe

Mit **ab urbe condita** wurden seit Augustus Jahreszahlen angegeben, ausgehend von dem – wohl fiktiven – Datum der Gründung Roms 753 v. Chr. Vorher hatte man nach den Amtsjahren der Konsuln gezählt, deren Namen in heute noch erhaltenen Jahreslisten verzeichnet wurden, z. B.: **Mario consule et Catulo** – *als Marius und Catulus Konsuln waren (= 102 v. Chr.).*

Das Futur II Aktiv

§ 46

Memo

Das Futur II Aktiv wird gebildet, indem die Futur-II-Endungen an den Perfektstamm angehängt werden. Diese Endungen sehen aus wie das Futur I von **esse** (Ausnahme: 3. Pers. Pl. **-erint**).

laudav-	**-ero**	*ich werde gelobt haben*
cep-	**-eris**	*du wirst gefasst haben*
fug-	**-erit**	*er/sie/es wird geflohen sein*
fu-	**-erimus**	*wir werden gewesen sein*
i-	**-eritis**	*ihr werdet gegangen sein*
volu-	**-erint**	*sie werden gewollt haben*

Mit dem Futur II wird im Lateinischen eine zukünftige Handlung ausgedrückt, die noch vor einer anderen, ebenfalls in der Zukunft liegenden, geschieht. Es steht also oft in Gliedsätzen (↑ L6). Im Deutschen ist dieses Zeitverhältnis ungenauer, übersetzen Sie deswegen das Futur II mit einem Präsens oder Perfekt.
Si servae tempore suo omnes labores **confecerint**, a domina laudabuntur. – *Wenn die Sklavinnen alle Arbeiten zur rechten Zeit erledigt haben (werden), werden sie von ihrer Herrin gelobt.*

1

Bei welchen Formen handelt es sich um Futur II? Kreuzen Sie an.

☐ fuistis	☐ dederit	☐ manebunt	☐ siveritis
☐ cupivero	☐ tradiderint	☐ gessimus	☐ invideris
☐ praebuerunt	☐ fecero	☐ educavi	☐ reddiderimus

Die Anfänge Roms

2

Bilden Sie von den in Klammern angegebenen Verben die passende Futur-II-Form. Übersetzen Sie die Sätze.

Ubi carmina Horatii ______________ (legere, nos), delectabimur operibus Virgilii.

Gaudebo, si Cornelius dona mihi ______________ (portare).

Ubi domum ______________ (advenire, vos), parentes salutabitis.

Lucilius valde dolebit, nisi Seneca ei epistulas ______________ (scribere).

§ 48

Memo

Die Verben posse und prodesse

Beide Verben sind Komposita von **esse**: Aus **pot- + esse** wurde **posse** – *können*. An den Präsensstamm **pot-** werden die Formen von **esse** gehängt, vor Konsonanten wird im Präsens der Stammauslaut jedoch angepasst: po**s-sum** – *ich kann*, pot-es – *du kannst*, po**s-sumus** – *wir können*
Futur I und Imperfekt werden nach diesem Prinzip von demselben Stamm gebildet: pot-ero – *ich werde können*, pot-eras – *du konntest*
An den Perfektstamm **potu-** werden die Endungen von Perfekt, Plusquamperfekt und Futur II gehängt: potui – *ich habe gekonnt*, potueramus – *wir hatten gekonnt*, potueritis – *ihr werdet gekonnt haben*

§ 47

Aus **pro- + esse** entstand **prodesse** – *nützen*. Vor Vokalen endet der Präsensstamm auf **-d**, lautet dann also **prod-**, vor Konsonanten bleibt er unverändert: pro-sum – *ich nütze*, pro**d-es** – *du nützt*, pro**d-est** – *er/sie/es nützt*, pro-sunt – *sie nützen*
Enstprechend auch die Formen des Imperfekts und Futur I: prod-eram – *ich nützte*, prod-eris – *du wirst nützen*
Perfekt, Plusquamperfekt und Futur II werden vom Perfektstamm **profu-** gebildet: profui – *ich habe genützt*, profueras – *du hattest genützt*, profuerint – *sie werden genützt haben*

3

Ordnen Sie die Formen von **posse** dem richtigen Tempus zu. Legen Sie dazu in Ihrem Übungsheft eine Tabelle (Präsens, Imperfekt etc.) an. Bestimmen Sie auch Person und Numerus.

potuistis • **possum** • **potero** • **potuero** • **potestis** • **potuerint** • **potuerant** • **possunt** • **potueratis** • **poterat** • **potui** • **poteris** • **poteramus** • **potuerimus** • **poteras** • **potuerunt** • **poterint** • **potueram**

Die Anfänge Roms

4

Bilden Sie die angegebenen Formen von **prodesse**.

prosum → ______________ (3. Pers.) → ______________ (Futur I)

→ ______________ (Pl.) → ______________ (Perf.) → ______________ (2. Pers.)

→ ______________ (Futur II) → ______________ (1. Pers.) → ______________

(Plusquamperf.) → ______________ (Sg.) → ______________ (Imperf.)

→ ______________ (3. Pers.) → ______________ (Präs.) → ______________ (Pl.)

illūdere, -lūdō, -lūsī, -lūsum	*verspotten, verhöhnen, täuschen*
cōnstituere, -stituō, -stituī, -stitūtum	*festsetzen, beschließen*
victor, -ōris *m*	*Sieger*
suī, -ōrum *m*	*die Seinen/Ihren*
Alba Longa, -ae *f*	*Alba Longa* (heute: Castelgandolfo)
ēripere, -ripiō, -ripuī, -reptum	*entreißen*
vīta, -ae *f*	*Leben(sweise)*
virgō, -inis *f*	*Jungfrau, Mädchen*
Vestālis, -is *f*	*Vestalin*
cōgere, cōgō, coēgī, coāctum	*zwingen, (ver-) sammeln*
nōmen, -inis *n*	*Name*

Substantivierte Possessiva

Possessivpronomina können substantiviert werden:
mei, -orum *m* – *die Meinen, Meinigen,*
sua, -orum *n* – *das Seine/Ihre, sein/ihr Hab und Gut*

Partizipien und Infinitiv Futur

§ 70

Memo

Partizipien sind sogenannte Verbaladjektive, sie haben sowohl Aspekte eines Verbs (sie können z. B. Objekte haben, ↑ L12) als auch eines Adjektivs (sie werden dekliniert).
Das **Partizip Perfekt Passiv** (PPP) wird bei vielen Verben – vor allem bei denen mit v-Perfekt – mit dem Präsensstamm + **-tus, -a, -um** (= Supinstamm) gebildet. Es wird nach der a-/o-Deklination dekliniert.

ama-re → ama-tus, -a, -um – *geliebt*
dele-re → dele-tus, -a, -um – *zerstört*
audi-re → audi-tus, -a, -um – *gehört*

Leider ist es nicht immer so einfach, denn oft verändert sich der Verbalstamm.
Da hilft nur eins: Lernen!

docere → doctus, -a, -um – *gelehrt*
movere → motus, -a, -um – *bewegt*
mittere → missus, -a, -um – *geschickt*

Für das **Partizip Futur Aktiv** (PFA) wird an denselben Stamm die Endung **-turus, -tura, -turum** gehängt. Es wird ebenfalls nach der a-/o-Deklination dekliniert. Mit dem PFA wird ausgedrückt, dass man etwas in unmittelbarer Zukunft tun wird oder die Absicht hat, etwas zu tun.

specta-turus, -a, -um – *einer, der ansehen wird/will*
mo-turus, -a, -um – *einer, der bewegen wird/will*
fu-turus, -a, -um – *einer, der sein wird/will*

Die Anfänge Roms

§ 66

Aus einer Akkusativform des PFA + **esse** wird der **Infinitiv Futur Aktiv** gebildet:
laudaturum, -am, -um, -os, -as, -a esse – *(in Zukunft) loben*

Der **Infinitiv Futur Passiv** ist unveränderlich, er besteht aus dem PPP auf **-tum** und dem Infinitiv Präsens Passiv von **ire**: **laudatum iri** – *(in Zukunft) gelobt werden*
Zur Verwendung der Partizipien ↑ L12.
Zur Verwendung des Infinitivs Futur ↑ s. u. Weiteres zum AcI.

Memo

Suchen Sie aus dem Vokabelverzeichnis die PPPs der Verben heraus, die Sie bisher gelernt haben, und tragen Sie sie in Ihrem Vokabelheft oder auf Ihren Karteikarten ein. Wiederholen Sie alle Verben.

Stammformen

Das PPP steht an vierter Stelle in der Stammformenreihe. Lernen Sie es am besten gleich mit den Vokabeln mit: monere, moneo, monui, **monitum** – *ermahnen*

5

Von welchen Verben stammen die folgenden PPPs? Bestimmen Sie auch die Formen und nennen Sie die Bedeutung im Infinitiv Präsens.

responsum	______	tracta	______
acceptis	______	illuso	______
actas	______	conditam	______
scriptae	______	constituti	______

6

Bilden Sie von diesen PPPs die entsprechende Form des PFA. Nennen Sie den Infinitiv Präsens Aktiv und die Bedeutung.

lusos • **auditus** • **risorum** • **rapto** • **pugnatos** • **optatis** • **monita**

§ 62

Memo

Weiteres zum AcI

Ein AcI kann nicht nur vorzeitig (Infinitiv Perfekt) und gleichzeitig (Infinitiv Präsens), sondern auch nachzeitig sein, also im Vergleich zur Hauptverb-Handlung in der Zukunft liegen. In diesem Fall steht Infinitiv Futur, im Aktiv auch manchmal ohne **esse**.
Caesar se Gallos **victurum (esse) putavit.** – *Caesar glaubte, dass er die Gallier besiegen werde.*
Spero amicos **venturos (esse).** – *Ich hoffe, dass meine Freunde kommen (werden).*

!

Der Infinitiv Futur Aktiv von **esse**, **futurum esse**, wird im AcI oft zu **fore** abgekürzt.
Milites se victores **fore (= futuros esse) sperabant.** – *Die Soldaten hofften, dass sie Sieger sein werden.*

§ 85

Ein AcI kann mit einem Relativsatz so verknüpft sein, dass das Relativpronomen Satzglied des AcI ist. Dies wird **relative Verschränkung** oder verschränkter Relativsatz genannt:
Socrates, quem *(Relativpronomen = Subjektsakkusativ)* philosophum esse *(Infinitiv)* constat, damnatur.

Im Deutschen muss diese Konstruktion umschrieben werden. Folgende Übersetzungsmöglichkeiten gibt es:

- mit einem Relativsatz:
  Sokrates, ***von dem bekannt ist, dass er*** *Philosoph ist, wird verurteilt.*
- mit einem Einschub:
  Sokrates, der – ***wie bekannt ist*** *– Philosoph ist, wird verurteilt.*
- mit einem Adverb:
  Sokrates, der ***bekanntermaßen*** *Philosoph ist, wird verurteilt.*
- mit einem präpositionalen Ausdruck:
  Sokrates, der ***nach allgemeinem Wissen*** *Philosoph ist, wird verurteilt.*

7

Unterstreichen Sie den AcI. Bestimmen Sie das Zeitverhältnis und übersetzen Sie.

Romulus et Remus se urbem novam condituros esse dixerunt.
Seneca Lucilium epistulam scripsisse gaudet.
Aeneas ex urbe cum suis fugere voluit, quia Graecos Troianos victuros putavit.
Socrates se nihil scire dixit.
Romani orbem terrarum a se superatum iri crediderunt.
Constat gladiatores in circo cum bestiis pugnavisse.

8

Übersetzen Sie die Sätze mit relativer Verschränkung auf verschiedene Weise.

1. Ascanius, quem filium Aeneae fuisse scimus, Albam Longam urbem condidit.
2. Posteri Ascanii erant fratres Amulius et Numitor, quem regem fuisse constat. Sed Amulius regnum fratri eripuit.
3. Amulius, quem regem crudelem fuisse putamus, filiam Numitoris, Rheam Silviam, vitam virginis Vestalis agere coegit.
4. Ea tamen habuit filios duos, quorum Martem patrem fuisse constat. Quibus nomina erant Romulus et Remus.

Vestalinnen

Vestalinnen waren Priesterinnen der Vesta, der Göttin des (Herd-)Feuers, die in Rom im Vesta-Tempel ein ewiges Feuer unterhielten. Ging das Feuer aus, so galt das als großes Unglück und die Verantwortliche wurde hart bestraft. Für den Dienst als Vestalinnen wurden Mädchen aus vornehmen Familien im Alter von 6–10 Jahren ausgewählt, sie blieben 30 Jahre im Dienst und durften erst danach heiraten. Brach eine Vestalin das Keuschheitsgelübde, wurde sie lebendig begraben.

Die Anfänge Roms

vetāre, vetō, vetuī, vetitum	*verbieten, verhindern*
negāre, negō, negāvī, negātum	*leugnen, verneinen, verweigern*
pōns, pontis *m*	*Brücke*
super *Präp.*	*über (… hinaus),*
(+ Akk.)	*auf* (wohin?)
(+ Abl.)	*auf, über* (wo?)
rīpa, -ae *f*	*Ufer*
effundere, -fundō, -fūdī, -fūsum	*vergießen,* Pass. *auch (heraus)strömen*
proximus, -a, -um	*nächster*
pāstor, -ōris *m*	*Hirte*
loca, -ōrum *n*	*Gegend*
exponere, -ponō, -posuī, -positum	*aussetzen, -stellen, preisgeben*
certāre, certō, certāvī, certātum	*streiten, kämpfen, wetteifern*
ambō, -ae, -ō	*beide*
deinde *Adv.*	*dann, darauf*
auspicium, -iī *n*	*Vogelschau*
prīmum *Adv.*	*zuerst*
augurium, -iī *n*	*Zeichendeutung; (Wahr-)Zeichen*
duplex, -icis	*doppelt*
numerus, -ī *m*	*Zahl*
ostendere, ostendō, ostendī, -	*zeigen, erklären*
fāma, -ae *f*	*Sage, Gerücht, Überlieferung*
mūrus, -ī *m*	*Mauer*
trānsilire, -siliō, -siluī, -	*(hin)überspringen, überschreiten*
inde *Adv.*	*von dort, darauf, deshalb*
īrātus, -a, -um	*erzürnt*
perīre, -eō, -iī, -itum	*zugrundegehen, sterben*
moenia, -ium *n* *(nur Pl.)*	*(Stadt-)Mauern*

§ 69

Memo

Der Nominativus cum infinitivo

Der Nominativus cum infinitivo (NcI) ist wie der AcI eine satzwertige Konstruktion, die jedoch von einem übergeordneten **passiven** Prädikat abhängig ist. Oder anders gesagt: Der NcI ist ein AcI, der ins Passiv gesetzt wurde. Das Zeitverhältnis wird vom Infinitiv angegeben.
Romulus *(Nominativ)* **Romam condidisse** *(Infinitiv)* **dicitur.**

Das persönlich konstruierte lateinische Passiv kann jedoch im Deutschen meist nicht nachgeahmt werden. Es muss mit einem unpersönlichen Subjekt wiedergegeben werden:
Man sagt, dass Romulus Rom gegründet hat.
Oder: *Romulus hat, wie man sagt, Rom gegründet.*
Oder: *Romulus soll Rom gegründet haben.*

Häufig steht der NcI nach Verben des Veranlassens und Verbietens:

iubeor – *man befiehlt, dass ich*	sinor – *man lässt zu, dass ich*
vetaris – *man verbietet, dass du*	cogitur – *er/sie/es muss*

Aeneas Carthaginem relinquere iubetur. – *Man befiehlt Aeneas, Karthago zu verlassen.*

Ebenso nach folgenden Verben:

putatur – *man glaubt, dass er/sie*	dicitur – *man sagt, dass er/sie*
negamur – *man leugnet, dass wir*	audiuntur – *man hört, dass sie*
traduntur – *es wird überliefert, dass sie*	videor – *ich scheine/es scheint, dass ich*

Romulus et Remus filii Martis fuisse traduntur. – *Es wird überliefert, dass Romulus und Remus die Söhne von Mars waren.*

9

Wandeln Sie die folgenden AcI-Konstruktionen in NcIs um.

Gaium stultum esse putant.
Iubent milites pontem facere.
Dicunt Homerum caecum fuisse.
Sinunt me iter in Siciliam facere.
Vident te felicem esse.

§ 46

Das Passiv im Perfekt, Plusquamperfekt und Futur II

In allen drei Tempora wird das Passiv mit dem PPP und Formen von **esse** gebildet:
Perfekt: laudatus, -a, -um sum – *ich bin gelobt worden*
Plusquamperfekt: moniti, -ae, -a eramus – *wir waren ermahnt worden*
Futur II: captus, -a, -um eris – *du wirst gefasst werden*
Der Infinitiv Perfekt Passiv lautet: laudatum esse – *gelobt worden sein*

Memo

Das PPP steht in KNG-Kongruenz zu seinem Bezugswort! Als Bestandteil des Prädikats steht es also im Nominativ, als Teil des Infinitiv Perfekt Passiv aber im Akkusativ.

Multi hostes capt**i** sunt. – *Viele Feinde wurden gefangen genommen.*

Constat multos hostes capt**os** esse. – *Es ist bekannt, dass viele Feinde gefangen worden sind.*

Das Perfekt, Plusquamperfekt und Futur II der Deponentien wird ebenso gebildet, einziger Unterschied: die aktive Bedeutung!
hortatus, -a, -um sum/eram/ero – *ich habe ermahnt/hatte ermahnt/werde ermahnt haben*

10

Setzen Sie die folgenden Verbformen ins Passiv. Übersetzen Sie die passiven Formen.

iecit	______	egerunt	______
rexeris	______	clamaveratis	______
duxero	______	defenderant	______
misisti	______	petiveritis	______
tetigeram	______	interfecisse	______

11

a) Suchen Sie alle Passivformen heraus und bestimmen Sie sie.
b) Unterstreichen Sie alle AcIs, auch die in relativer Verschränkung, sowie auch alle NcIs. Bestimmen Sie das Zeitverhältnis.
c) Stellen Sie die Sätze mit Gliedsätzen nach der Einrückmethode dar. Übersetzen Sie den ganzen Text.
d) Informieren Sie sich über den Geschichtsschreiber Livius (Internet/Lexikon der Antike).

Amulius, Albae Longae rex, quem crudelem fuisse constat, filios Rheae Silviae in Tiberim mitti iussit. Sed Tiberis, quia super ripas effusus erat, adiri non poterat: Pueri in proxima alluvie expositi sunt. Tum lupa eos servavisse traditur. Dum pueris mammas praebet, pastor, cui nomen Faustulus fuisse constat, eos invenit. Fratres cum pastoribus vivebant.
Postea Amulius a Romulo Remoque interfectus est, Numitor autem a multitudine hominum rex salutatus est. Romulus Remusque autem in iis locis, ubi expositi educatique erant, urbem condere voluerunt. Inter se certaverunt, quia ambo regnare cupiverunt. Deinde auspicio controversiam componere constituerunt. Primum Remo augurium venisse traditur, sex vultures. Postquam duplex numerus Romulo se ostendit, alii Remum, alii Romulum regem salutaverunt. Fama est Remum fratrem illusisse et novos muros transiluisse; inde Remus ab irato Romulo interfectus est, quem haec verba dixisse scimus: „Sic omnes perituros esse constat, qui transilient moenia mea!" Ita urbs conditoris nomine Roma appellata est.

(nach Livius, Ab urbe condita I, 4–7)

Vokabeln

Tiberis, -is *m* – *Tiber*, alluvies, -iei *f* – *(durch Überschwemmung entstandene) Lache*, lupa, -ae *f* – *Wölfin* (Tier des Mars), mamma, -ae *f* – *Zitze*, controversiam componere – *Streit beenden*, vultur, -uris *m* – *Geier*, conditor, -oris *m* – *Gründer*, nomine – *nach dem Namen*

Lateinkenntnisse

Wenn Sie bis hierher durchgehalten haben,
ist die Prüfung auf „Lateinkenntnisse" kein Problem mehr.
Herzlichen Glückwunsch!

Theater-, Gladiatoren- und Zirkusspiele

lūdus, -ī *m*	*Spiel; Elementarschule;* Pl. *öffentl. Spiele, Schauspiele*
eāmus!	*lasst uns gehen!*
parvus, -a, -um	*klein*
superbus, -a, -um	*hochmütig, stolz*
rārus, -a, -um	*selten*
īgnāvus, -a, -um	*untätig, faul, feige*
cēterī, -ae, -a	*die übrigen*
Orpheus, -eī *m*	*Orpheus* (myth. Sänger aus Thrakien)
natūra, -ae *f*	*Natur, Beschaffenheit*
apud *Präp. (+ Akk.)*	*bei, nahe*
Helvetiī, -ōrum *m*	*Helvetier* (heute: Schweiz)
nōbilis, -e	*adelig, berühmt, vornehm*
honestus, -a, -um	*angesehen, ehrenhaft*
similis, -e	*ähnlich*
frūmentum, -ī *n*	*Getreide*
comparāre, -parō, -parāvī, -parātum	*bereiten, beschaffen; vergleichen*
prior, prius	*erster, früherer*
prius *Adv.*	*früher, zuerst*

Die Komparation des Adjektivs

§16 §17

Für den **Komparativ** des Adjektivs wird an den Adjektivstamm (= Genitiv Singular ohne Endung) die Endung **-ior** (Maskulinum und Femininum) bzw. **-ius** (Neutrum) gehängt. Der Komparativ wird nach der 3. Deklination (konsonantische Stämme) dekliniert.
dign-ior, dign-ius – *würdiger* felic-ior, felic-ius – *glücklicher*

Memo

Der Vergleichsgegenstand kann mit **quam** – *als* angeschlossen werden. Ist dieser jedoch nicht erwähnt, ist der Komparativ mit *zu/ziemlich* zu übersetzen.
Roma pulchrior **quam** Alba Longa est. – *Rom ist schöner als Alba Longa.*
Gaius stultior est. – *Gaius ist* ***ziemlich/zu dumm.***

Ebenfalls mit dem Adjektivstamm + **-issimus**, **-issima**, **-issimum** wird der **Superlativ** gebildet, der nach der a-/o-Deklination dekliniert wird.
long-issimus, -a, -um – *längster* prudent-issimus, -a, -um – *klügster*

!

Ausnahmen bilden Adjektive auf **-er** und einige auf **-lis**. Hier wird an den Nom. Sg. m **-rimus** bzw. an den Stamm **-limus** angehängt:
acerrimus, -a, -um – *schärfster* facillimus, -a, -um – *leichtester*

Der Superlativ drückt nicht nur die Höchststufe, sondern manchmal auch einen höheren Grad (Elativ) aus.
Er ist dann mit *sehr, überaus, äußerst* zu übersetzen.
Roma pulcherrima omnium urbium est. – *Rom ist die schönste aller Städte.*
Cicero praeclarissimus erat. – *Cicero war sehr/überaus berühmt/hochberühmt.*

! §18

Unregelmäßige Formen haben:

bonus – *gut*	melior, -ius – *besser*	optimus, -a, -um – *bester*
malus – *schlecht*	peior, -ius – *schlechter*	pessimus, -a, -um – *schlechtester*
magnus – *groß*	maior, -ius – *größer*	maximus, -a, -um – *größter*
parvus – *klein*	minor, -us – *kleiner*	minimus, -a, -um – *kleinster*
multi – *viele*	plures, -ra – *mehrere*	plurimi, -ae, -a – *die meisten*

Theater-, Gladiatoren- und Zirkusspiele

1

Bilden Sie von den folgenden Adjektiven die entsprechende Form im Komparativ und Superlativ. Achtung: Manchmal gibt es mehr als eine Möglichkeit.

Positiv	**Komparativ**	**Superlativ**
fortis		
ingentem		
difficilibus		
miseras		
altorum		
proba		
superbos		
rari		

2

Bestimmen Sie die Formen der Komparative bzw. Superlative.
Übersetzen Sie dann die folgenden Sätze.

Lerntipp

Auch PPPs können gesteigert werden: **amatissimus** – *überaus geliebt*

Quinte, ignavior es quam ceteri!
Orpheo natura nihil melius quam vocem dedit.
Apud Helvetios nobilissimus fuit Orgetorix.
In foro Romano sunt templa plurima.
Mors hominis amatissimi est crudelissima.
Viri honestissimi eas res iudicant.

§22

Memo

Die Komparation des Adverbs

Für den Komparativ des Adverbs wird das Neutrum auf **-ius** verwendet, für den Superlativ werden die Endungen **-issime**, **-lime** bzw. **-rime** an den Stamm angehängt.

breviter – *kurz*	brevius – *kürzer*	brevissime – *am kürzesten*
similiter – *ähnlich*	similius – *ähnlicher*	simillime – *am ähnlichsten*
misere – *elend*	miserius – *elender*	miserrime – *am elendsten*

Die unregelmäßigen Steigerungsformen sind von den unregelmäßigen Formen des Adjektivs abzuleiten.

male – *schlecht*	peius – *schlechter*	pessime – *am schlechtsten*

Für die Übersetzung gelten dieselben Regeln wie beim Adjektiv.

3

Ordnen Sie jedem Verb ein passendes Adverb zu. Übersetzen Sie die Ausdrücke.

1) fortius	2) saepius	4) optime	3) celerrime
a) vivere	b) ire	c) pugnare	d) scribere

4

Bestimmen Sie die Formen der Adverbien und übersetzen Sie.

1. Claudia prudentius agit quam Atticus.
2. Gladiator, quamquam fortissime pugnaverat, interfectus est.
3. Caesar frumentum quam celerrime comparavit.
4. Seneca duas epistulas accepit. Respondebit priori prius.

Lerntipp

Quam beim Superlativ kann auch die Bedeutung *möglichst* haben: quam celerrime – *möglichst schnell,* quam paucissimis verbis – *mit möglichst wenigen Worten*

timor, -ōris *m*	*Furcht, Angst*	plēnus, -a, -um (*+ Gen.*)	*voll (von/mit)*
amor, -ōris *m*	*Liebe*	studiōsus, -a, -um (*+ Gen.*)	*bemüht (um), bedacht (auf); eifrig, sorgfältig*
cupidus, -a, -um (*+ Gen.*)	*begierig (nach)*	vicīnus, -ī *m*	*Nachbar*
avidus, -a, -um (*+ Gen.*)	*begierig (nach); habsüchtig, gierig*	metus, -ūs *m*	*Furcht*
potēns, -entis (*+ Gen.*)	*(einer Sache/Person) mächtig; stark*	sapientia, -ae *f*	*Weisheit*
memor, -oris (*+ Gen.*)	*denkend (an), in Erinnerung (an)*	iniūria, -ae *f*	*Unrecht, Rechtsverletzung*
immemor, -oris (*+ Gen.*)	*nicht denkend (an), ohne Rücksicht (auf)*	expetere, -petō, -petīvī, -petītum	*(er)streben, fordern, verlangen*
		sōl, sōlis *m*	*Sonne*
		paulum *Adv.*	*ein wenig*

Funktionen des Genitivs und des Ablativs

Der Genitiv bezeichnet einen Zugehörigkeitsbereich und beantwortet die Frage „wessen?". Er hat meist die Satzgliedfunktion Attribut.
Die Person, die handelt oder etwas empfindet, steht im **Genitivus subiectivus**:
timor patris – *die Furcht des Vaters*

Die Sache oder Person, auf die sich eine Handlung richtet, steht im **Genitivus obiectivus**:
timor patris – *die Furcht **vor** dem Vater,*
spes salutis – *die Hoffnung **auf** Rettung*

Er steht auch bei folgenden Adjektiven:

cupidus/avidus – *begierig*	potens – *mächtig*
(im)memor – *(nicht) denkend*	particeps – *teilhabend*
plenus – *voll*	studiosus – *bemüht*

cupidus regni – *begierig nach der Königsherrschaft*

Der **Genitivus possessivus** bezeichnet den Eigentümer. Im Unterschied zum Dativus possessivus (↑ L8) wird der Besitzer betont.
Haec domus avi est. – *Dieses Haus gehört **meinem Großvater*** (und nicht einer anderen Person).

In Verbindung mit **esse** steht er häufig. Der Ausdruck ist dann mit *es ist Aufgabe/Pflicht/Zeichen von* zu übersetzen.
prudentiae est – *es ist ein Zeichen von Klugheit*
senatorum est – *es ist Aufgabe der Senatoren*

Theater-, Gladiatoren- und Zirkusspiele

Der Ablativ ist der Kasus mit den meisten Funktionen (↑ L8). Beim Komparativ kann der Vergleichspunkt auch im **Ablativus comparationis** (ohne **quam**!) stehen.
Gaius prudentior **Lucio** est. – *Gaius ist klüger als Lucius.*
Das Maß, „um wie viel" sich etwas unterscheidet, gibt der **Ablativus mensurae** an.
Lucius **multo** stultior Gaio est. – *Lucius ist viel* (wörtl. *um vieles*) *dümmer als Gaius.*

5

Übersetzen Sie die Ausdrücke als Genitivus subiectivus und obiectivus.

invidia vicinorum • **cura matris** • **timor Gallorum** • **amor avi**

6

Unterstreichen Sie die Genitive und bestimmen Sie deren Funktion.
Übersetzen Sie die Sätze.

1. Consulum est rem publicam regere.
2. Metus mortis sapientiae non est.
3. Caesar pro veteribus Helvetiorum iniuriis populi Romani poenam expetivit.
4. Gladiatoris est fortissime pugnare.
5. Catilina rerum novarum cupidus erat.

7

Ersetzen Sie die mit **quam** angeschlossenen Substantive durch einen Ablativus comparationis. Unterstreichen Sie alle Ablativi mensurae und übersetzen Sie dann die Sätze.

1. Hic gladiator multo fortius ________________ (quam ille) pugnat.
2. Nihil ________________ (quam virtus) melius est.
3. Sol multis partibus maior est ________________ (quam terra).
4. Potesne paulo clarius dicere ________________ (quam iste)?

Vokabeln

multae partes – *hier: ein Vielfaches*

§ 45

Memo

Der Konjunktiv Präsens und Imperfekt

Neben Indikativ und Imperativ gibt es als weiteren Modus (Aussageweise) des Verbs den Konjunktiv.
Für die Bildung des **Konjunktiv Präsens** wird in allen Konjugationen ein **-a-** an den Stamm angefügt (Ausnahme a-Konjugation: **-a-** → **-e-**).

Aktiv	**Passiv**
laud-e-m – *ich möge loben*	laud-e-r – *ich möge gelobt werden*
mone-a-s – *du mögest ermahnen*	mone-a-ris – *du mögest ermahnt werden*
audi-a-t – *er/sie/es möge hören*	audi-a-tur – *er/sie/es möge gehört werden*
reg-a-mus – *wir mögen lenken*	reg-a-mur – *wir mögen gelenkt werden*
capi-a-tis – *ihr mögt fassen*	capi-a-mini – *ihr mögt gefasst werden*

Theater-, Gladiatoren- und Zirkusspiele

Die unregelmäßigen Verben:

sim – *ich möge sein*	eam – *ich möge gehen*
sis – *du mögest sein*	eas – *du mögest gehen*
velim – *du mögest wollen*	possim – *ich möge können*
velis – *du mögest wollen*	possis – *du mögest können*

Entsprechend: nolim – *ich möge nicht wollen*, malim – *ich möge lieber wollen*

Der **Konjunktiv Imperfekt** bildet sich aus dem Infinitiv Präsens Aktiv und den jeweiligen aktiven bzw. passiven Personalendungen.

laudare-m – *ich würde loben*	monere-r – *ich würde ermahnt werden*
audire-t – *er/sie/es würde hören*	regere-tur – *er/sie/es würde gelenkt werden*
capere-nt – *sie würden fassen*	laudare-ntur – *sie würden gelobt werden*
esse-m – *ich wäre*	ire-s – *du gingest*
velle-t – *er/sie/es würde wollen*	posse-tis – *ihr könntet*

Es gibt keinen Konjunktiv des Futurs.

!

Lerntipp

Die Personalendungen im Konjunktiv entsprechen denen des jeweiligen Tempus im Indikativ.

8

Unterstreichen Sie alle Konjunktive und bestimmen Sie deren Form. Nennen Sie auch den Infinitiv und die Verbbedeutung.

dubitabam • **esses** • **erit** • **eant** • **clamemus** • **aperiant** • **certant** • **committeretis** • **volam** • **venies** • **diceres** • **nolis** • **terrebo** • **ponat** • **haberem** • **invidemus** • **iremus**

9

Setzen Sie die folgenden Verbformen in den Konjunktiv.

1. amatur ____________	6. raperis ____________
2. parabat ____________	7. dormiebam ____________
3. erant ____________	8. faciebantur ____________
4. non vis ____________	9. it ____________
5. terremini ____________	10. es ____________

laniāre, laniō, laniāvī, laniātum	*zerreißen, zerfleischen*
vīsere, vīsō, vīsī, vīsum	*besichtigen, genau anschauen; besuchen*
mīrārī, mīror, mīrātus sum	*sich wundern; bewundern*
laetārī, laetor, laetātus sum	*sich freuen*
sine *Präp. (+ Abl.)*	*ohne*
valēre, valeō, valuī, –	*stark sein; gesund/wohlauf sein; vermögen*
īnfirmitās, -ātis *f*	*Schwäche, Kraftlosigkeit*
omnīnō *Adv.*	*im Ganzen, im Allgemeinen, völlig*
causā *Postpos. (+ Gen.)*	*wegen*

Theater-, Gladiatoren- und Zirkusspiele

Semideponentien

Verben, die eine aktive Grundform, aber ein passives Perfekt (mit aktiver Bedeutung!) haben, werden Semideponentien genannt: solere, soleo, solitus sum – *gewohnt sein*, gaudere, gaudeo, gavisus sum – *sich freuen*

scaena, -ae *f*	*Bühne, Schauplatz*	populāris, -e	*Volks-, das Volk betreffend*
dēcēdere, -cēdō, -cessī, -cessum	*weggehen, ab-, zurücktreten*	admīrātiō, -ōnis *f*	*Bewunderung*
alius, -a, -ud *(Gen. alterius, Dat. alterī)*	*ein anderer*	reliquus, -a, -um	*übrig (geblieben)*
aliī … aliī	*die einen … die anderen*	māgnificus, -a, -um	*großartig, glänzend*
spectāculum, -ī *n*	*Schauspiel, Anblick, Tribüne*	imbēcillus, -a, -um	*schwach, kraftlos*
tollere, tollō, **sustulī, sublātum**	*aufheben, in die Höhe heben; entfernen, wegnehmen*	valēns, -entis	*kräftig, stark, gesund*
dēlectātiō, -ōnis *f*	*Vergnügen, Lust*	vēnābulum, -ī *n*	*(Jagd-)Spieß*
mūlus, -ī *m*	*Maultier*	extrēmus, -a, -um	*letzter, äußerster, entferntester*
		vulgus, -ī *n*	*Volk*
		solēre, soleō, **solitus sum**	*gewohnt sein, pflegen*
		per *Präp. (+ Akk.)*	*durch, hindurch, während, wegen*

§ 45

Memo

Der Konjunktiv Perfekt und Plusquamperfekt

Die Formen des **Konjunktiv Perfekt Aktiv** sehen bis auf die 1. Pers. Sg. aus wie das Futur II Aktiv, sie bestehen aus dem Perfektstamm + **-eri-** + Personalendung:

laudaver**im** – *ich möge gelobt haben* monueris – *du mögest ermahnt haben*
tetigerimus – *wir mögen berührt haben* cucurrerint – *sie mögen gelaufen sein*

Für den **Konjunktiv Plusquamperfekt Aktiv** werden die Personalendungen an den Infinitiv Perfekt Aktiv gehängt.

laudavisse-m – *ich hätte gelobt* monuisse-s – *du hättest ermahnt*
defendisse-t – *er hätte verteidigt* cucurrisse-nt – *sie wären gelaufen*

Der **Konjunktiv Perfekt Passiv** wird aus dem PPP + **sim, sis** etc., der **Konjunktiv Plusquamperfekt Passiv** aus dem PPP + **essem, esses** etc. gebildet:

laudatus, -a, -um sim – *ich möge gelobt worden sein*
capti, -ae, -a sitis – *ihr mögt gefasst worden sein*
auditus, -a, -um esses – *du wärest gehört worden*
moniti, -ae, -a essent – *sie wären gemahnt worden*

10

Bilden Sie von den folgenden Verben die angegebenen Konjunktivformen.

1. laniare ____________________ (3. Sg. Konj. Plusquamperf. Aktiv)
2. visere: ____________________ (1. Pl. Konj. Plusquamperf. Passiv)
3. mirari: ____________________ (2. Sg. Konj. Perf.)
4. redire: ____________________ (1. Sg. Konj. Perf. Aktiv)
5. scribere: ____________________ (3. Sg. Konj. Plusquamperf. Passiv)
6. laetari: ____________________ (2. Pl. Konj. Perf.)
7. velle: ____________________ (3. Sg. Konj. Perf. Aktiv)

Theater-, Gladiatoren- und Zirkusspiele

Der Konjunktiv im Hauptsatz

§ 63

Memo

Der Konj. Präsens kann als Modus der Aufforderung verwendet werden. Die Aufforderung an die 1. Pers. Pl. wird **Hortativ**, die an die 3. Pers. **Iussiv** genannt.

Eamus! – *Lasst uns gehen!*
Dicat! – *Er/sie soll sprechen!*
Nihil dicamus! – *Lasst uns nichts sagen!*
Ne eant! – *Sie sollen nicht gehen!*

Imperative können statt mit **noli(te)** auch mit **ne** + Konj. Perfekt verneint werden, der in dieser Funktion **Prohibitiv** genannt wird.

Ne veneritis! – *Kommt nicht!*
Ne dubitaveris! – *Zweifle nicht!*

In Fragen drückt der Konjunktiv der 1. Pers. als **Deliberativ** ein Abwägen, Überlegen oder Zweifeln aus. Für die Gegenwart steht Konj. Präsens, für die Vergangenheit Konj. Imperfekt.

Quid faciam? – *Was soll ich tun?*
Quid facerem? – *Was hätte ich tun sollen?*

Als **Irrealis** bezeichnen Konj. Imperfekt (Gegenwart) bzw. Plusquamperfekt (Vergangenheit), dass eine Tatsache oder Handlung nicht wirklich ist.

De ea re dubitarem/dubitavissem. – *Daran würde ich zweifeln/hätte ich gezweifelt.*

11

Übersetzen Sie die folgenden Sätze. Wie lautet die jeweilige Konjunktivfunktion?

1. Hoc eis non narravissem.
2. Nihil scripseris!
3. Ne eum exspectemus!
4. Sine te non valerem.
5. Omnia dicant!
6. Ne ad ludos veneritis!

Öffentliche Spiele

Zu Ehren der Götter fanden in Rom Spiele aller Art statt, und zwar zur Zeit Ciceros an 65 Tagen im Jahr: **Theaterspiele** (Trägodien, Komödien, Possen, *ludi scaenici)*, die zunächst auf Holzbühnen, ab 55 v. Chr. in halbrund gebauten Theatergebäuden aufgeführt wurden, **Gladiatorenspiele** (Kämpfe zwischen Gladiatoren oder Gladiatoren und wilden Tieren auf Leben und Tod, *ludi gladiatorii)*, die in Amphitheatern (das berühmteste: das Kolosseum) abgehalten wurden, und **Zirkusspiele** *(ludi circenses)*, die im Circus Maximus stattfanden und zu denen sportliche Wettkämpfe, Wagenrennen, Tierhetzen und Naumachien (Seeschlachten) zählten. Diese wurden von den Ädilen ausgerichtet, in der Kaiserzeit unter großem Aufwand von den Kaisern. Die Schauspieler waren entweder Sklaven oder Freigelassene, die Gladiatoren waren oft Sklaven, Kriegsgefangene oder verurteilte Verbrecher, zur Zeit Ciceros verdingten sich aber auch viele freie Bürger als Gladiatoren. Sie wurden in Gladiatorenschulen ausgebildet, waren gut versorgt und mussten etwa zwei- bis dreimal pro Jahr kämpfen – wenn sie es denn überlebten. Sie verdienten an ihren Kämpfen und konnten sich dadurch irgendwann freikaufen.

12

a) Suchen Sie alle Steigerungsformen heraus und bestimmen Sie sie.
b) Unterstreichen Sie die Genitive und nennen Sie deren Funktion.
c) Welche Konjunktivfunktion liegt im Satz „Quid tibi ego alia narrem?" vor, welche in „sed tibi non placuissent" und „delectationi tibi non fuissent"?
d) „Admiratio … multo maior quam delectatio nostra erat." Wodurch könnte man den unterstrichenen Ausdruck ersetzen? Welche Funktion haben die Ablative hier?
e) Stellen Sie die Sätze mit Gliedsätzen nach der Einrückmethode dar. Übersetzen Sie den ganzen Text.

Scripta est Romae a. u. c. 699
M. Cicero s. d. M. Mario.
Si dolor corporis aut infirmitas valetudinis tuae prohibuit te ad ludos venisse, fortunae magis est quam sapientiae tuae. Si autem haec, quae ceteri mirantur, contemnis et, quamquam valuisti, venire tamen noluisti, laetor et te valuisse et sapientem esse.
Omnino, si quaeris, ludi optimi erant, sed tibi non placuissent: Nam primum honoris causa in scaenam redierant ii, qui iam de ea decesserant: Delicias vero tuas, nostrum Aesopum, etiam vox defecit. Quid tibi ego alia narrem? Apparatissimum enim spectaculum tollebat omnem hilaritatem! Quam enim delectationem habent sescenti muli in „Clytaemnestra"? Qui popularem admirationem habuerunt, delectationi autem tibi non fuissent.
Reliquae sunt venationes per dies quinque, magnificae – nemo negat –, sed quae delectatio potest polito homini esse, cum aut homo imbecillus a valentissima bestia laniatur aut praeclarior bestia venabulo transverberatur? Extremus elephantorum dies fuit, in quo admiratio vulgi multo maior quam delectatio nostra erat.
Haec ad te pluribus verbis scripsi, quam soleo. Spero te tamen ad ludos venturum esse nosque visurum esse neque per epistulas meas relicturum esse spem delectationis tuae.

(nach Cicero, Epistulae ad familiares VII, 1)

Vokabeln

Romae – *in Rom*, a. u. c. 699 = ab urbe condita 699 *(55 v. Chr.)*, s. d. = salutem dicit, valetudo, -inis *f* – *Gesundheit* – deliciae, -arum *f* – *Liebling*, Aesopus, -i *m* – Äsop (Schauspieler), apparatus, -a, -um – *ausgestattet*, hilaritas, -atis *f* – *Fröhlichkeit, Heiterkeit*, Clytaemnestra – *Klytämnestra* (Titel einer Tragödie), venatio, -onis *f* – *Jagd*, politus, -a, -um – *gebildet*, transverberare – *durchbohren, -stoßen*, elephantus, -i *m* – *Elefant*, spem relinquere – *die Hoffnung fahren lassen*

Die Punischen Kriege

Hannibal, -alis *m*	*Hannibal* (karthag. Feldherr)
aliquis, -quid *(subst.)*	*irgendjemand, -etwas*
aliquī, -qua, -quod *(adjekt.)*	*irgendein*
nē *(Subj. + Konj.)*	*dass nicht, damit nicht*
quisquam, quidquam/quicquam	*irgendeiner, jemand, irgendetwas*
ūllus, -a, -um *(Gen. ūllīus, Dat. ūllī)*	*irgendein*
fuga, -ae *f*	*Flucht*
quīdam, quaedam, quiddam *(subst.)*	*ein bestimmter, ein (gewisser), jemand*
quīdam, quaedam, quoddam *(adjekt.)*	*ein bestimmter, ein (gewisser)*
perniciēs, -ēī *f*	*Verderben, Vernichtung*
nepōs, -ōtis *m*	*Enkel; Nachkomme*

mora, -ae *f*	*Aufschub, Aufenthalt, Verzögerung*
sōlus, -a, -um *(Gen. sōlīus, Dat. sōlī)*	*allein, einzig*
nūllus, -a, -um *(Gen. nūllīus, Dat. nūllī)*	*kein*
uter, utra, utrum *(Gen. utrīus, Dat. utrī)*	*welcher (von beiden)*
uterque, utraque, utrumque *(Gen. utrīusque, Dat. utrīque)*	*jeder (von beiden)*
neuter, -tra, -trum *(Gen. neutrīus, Dat. neutrī)*	*keiner (von beiden)*
alter, altera, alterum *(Gen. alterīus, Dat. alterī)*	*der eine, der andere (von beiden)*

Indefinitpronomina

§36 §37 §38 Memo

Das substantivisch verwendete Indefinitpronomen **aliquis, -quid** – *irgendjemand, -etwas* und das adjektivische **aliqui, -qua, -quod** – *irgendeiner* verweisen auf eine oder mehrere Personen, über die nichts Näheres bekannt ist.
Hoc **aliquis dixit.** – *Das hat irgendjemand gesagt.*
Hoc **aliqui philosophus dixit.** – *Das hat irgendein Philosoph gesagt.*

!

Bei **si** – *wenn*, **nisi** – *wenn nicht*, **ne** – *dass/damit nicht* und der Fragepartikel **num** steht das Pronomen meist ohne **ali-**.
Si **quos amicos habes, te adiuvabunt.** – *Wenn du irgendwelche Freunde hast, werden sie dir helfen.*

In verneinten Sätzen – oft auch nur mit verneintem Sinn – steht das substantivische **quisquam, quidquam/quicquam** bzw. das adjektivische **ullus, -a, -um** – *(auch nur) irgendjemand* bzw. *irgendein*.
Nolo **quemquam venturum esse.** – *Ich will nicht, dass (auch nur) irgendeiner kommt.*
Num **ullam fugam cogitavisti?** – *Hast du etwa irgendeine Flucht(möglichkeit) überlegt?*

Lerntipp

Die Formen können Sie leicht vom Interrogativpronomen (↑ L7) ableiten. Machen Sie sich klar, welcher Wortbestandteil dabei jeweils unverändert bleibt (**ali**-quis, quis-**quam**, qui-**dam**).

Das substantivische **quidam, quaedam, quiddam** und das adjektivische **quidam, quaedam, quoddam** – *ein gewisser/bestimmter* werden verwendet, wenn man über eine Person oder Sache nichts Genaueres sagen will oder kann.
Romanus **quidam** hoc scripsit. – *Das hat ein (gewisser) Römer geschrieben.*

!

Im Plural bedeutet **quidam** oft *manche, einige*.
poetae quidam – *manche Dichter*

Hannibal ad portas!

Die Punischen Kriege

1

Deklinieren Sie die folgenden Wortpaare in Ihrem Übungsheft.

aliqui vir • **aliqua res** • **aliquod officium**

2

Bilden Sie zu den Substantiven die passenden Formen von **quidam**.

______________ deos	______________ gente
______________ iudicem	______________ militibus
______________ oppidi	______________ scelus
______________ artes	______________ homini

3

Setzen Sie das passende Indefinitpronomen ein und übersetzen Sie.

quodam • **quis** • **quidam** • **quemquam** • **ullam** • **quid** • **ullā**

______________ imperatores rei publicae perniciei fuerunt.

Non audio ______________ vocem. Num ______________ auditis?

Si ______________ mihi epistulam scripserit, etiam ad eum scribam.

Roma a nepote Numitoris ______________ condita est.

Sine ______________ mora amici Sexto auxilio venerunt.

Vicinus negat se ______________ vidisse.

§ 41

Memo

Pronominaladjektive

Unter dem Begriff Pronominaladjektive sind Adjektive zusammengefasst, die im Genitiv und Dativ Singular wie ein Pronomen (-**ius** bzw. -**i**), in den restlichen Kasus jedoch wie ein Adjektiv der a-/o-Deklination dekliniert werden. Dazu zählen:

unus, -a, -um – *ein*
totus, -a, -um – *ganz*
nullus, -a, -um – *kein*
solus, -a, -um – *allein, einzig*
ullus, -a, -um – *irgendein*
uter, utra, utrum – *welcher (von beiden)*
uterque, utraque, utrumque – *jeder (von beiden)*
neuter, -tra, -trum – *keiner (von beiden)*
alter, altera, alterum – *der eine, der andere (von beiden)*
alius, -a, -u**d** (Gen. alterius, Dat. alteri!) – *ein anderer (von mehreren)*

Romani domini **totius** orbis terrarum esse voluerunt. – *Die Römer wollten Herren des ganzen Erdkreises sein.*

4

Übersetzen Sie die folgenden Sätze.

1. Audiatur etiam altera pars!
2. Milites hostes non vicerunt, quia alios consilium, alios animus, alios occasio defuit.
3. Quodam die duos amicos vidi nominaque eorum clamavi. Uterque me salutavit.
4. Philosophi nulla re terrentur.
5. Catilina toti rei publicae damno erat.

ferre, ferō, tūlī, lātum	*tragen, bringen*	afferre, afferō, attūlī, allātum	*herbeitragen, -bringen; melden*
fierī, fīō, factus sum	*werden, geschehen; gemacht werden, entstehen*	efferre, efferō, extūlī, ēlātum	*hinausbringen, -tragen; emporheben; hinausführen*
pāx, pācis *f*	*Frieden*	ingenium, -iī *n*	*Begabung, Talent*
Poenī, -ōrum *m*	*Punier, Karthager*	emere, emō, ēmī, ēmptum	*kaufen*
auferre, auferō, abstūlī, ablātum	*wegbringen, rauben*	Belgae, -ārum *m*	*Belgier*
īnferre, īnferō, intūlī, illātum	*hineintragen; angreifen; zufügen*	propter *Präp. (+ Akk.)*	*wegen*
ignis, -is *m*	*Feuer*	gravitās, -ātis *f*	*Schwere, Gewicht*
tēctum, -ī *n*	*Dach, Haus*	aptus, -a, -um	*passend, geeignet; ausgerüstet*

Die Verben ferre und fieri

§ 51

Memo

Das Verb **ferre** – *tragen, bringen* hat vor allem im Indikativ Präsens unregelmäßige Formen:
- im Aktiv: fero, **fers, fert,** ferimus, **fertis,** ferunt
- im Passiv: feror, **ferris, fertur,** ferimur, ferimini, feruntur

Der Konjunktiv Präsens ist regelmäßig: **feram, feras** etc. bzw. **ferar, feraris** etc. Imperfekt und Futur I werden regelmäßig vom Stamm **fer-** gebildet, Perfekt, Plusquamperfekt und Futur II im Aktiv vom Stamm **tul-**, im Passiv mit dem PPP **latus, -a, -um**: ferebam – *ich trug*, ferar – *ich werde getragen werden*, tulistis – *ihr habt getragen*, tulerant – *sie hatten getragen*, tulissem – *ich hätte getragen*, latus, -a, -um sum – *ich wurde getragen*, lati, -ae, -a erunt – *sie werden getragen worden sein* etc.

§ 52

Das Verb **fieri** – *werden, geschehen* hat einen **passiven** Infinitiv Präsens, doch werden Präsens, Imperfekt und Futur I mit **aktiven** Endungen vom Stamm **fi-** nach der i-Konjugation gebildet: fio – *ich werde*, fit – *es geschieht*, fiebant – *sie wurden/geschahen* Perfekt, Plusquamperfekt und Futur II sind dem **Passiv** von facere entlehnt: factum est/erat – *es ist/war geschehen*

!

Fieri kann das Passiv von **facere** ersetzen, es ist dann mit *gemacht werden, entstehen* zu übersetzen.
Ex amico inimicus factus est. – *Aus einem Freund wurde ein Feind.*
Aber: Pax cum Poenis non facta est. – *Mit den Karthagern wurde kein Frieden geschlossen.*

Die Punischen Kriege

Komposita von *ferre*

Von **ferre** gibt es zahlreiche Komposita, z. B.: afferre (← ad- + ferre) – *herbeitragen*, auferre (← ab- + ferre) – *wegtragen*, inferre – *hineintragen*, efferre (← ex- + ferre) – *hinaustragen*

5

Nehmen Sie die jeweils angegebenen Veränderungen vor. Bilden Sie anschließend auch die entsprechenden Formen von **ferre** im Aktiv und Passiv.

fio → __________ (3. Pers.) → __________ (Pl.) → __________ (Konj.) → __________ (Imperf.) → __________ (2. Pers.) → __________ (Ind.) → __________ (Fut. I) → __________ (1. Pers.) → __________ (Sg.) → __________ (Perf.) → __________ (2. Pers.) → __________ (Plusquamperf.) → __________ (Konj.) → __________ (Pl.) → __________ (Perf.)

6

Übersetzen Sie die folgenden Sätze.

1. Fit clamor maximus.
2. Impetus a militibus factus est.
3. Hostibus spes salutis aufertur.
4. Nero ignem tectis Romae intulisse dicitur.

Memo

Weitere Funktionen des Genitivs

Der **Genitivus partitivus** bezeichnet die Gesamtheit, von der ein bestimmter Teil genannt ist, bezeichnet.
Quid **novi?** – *Was gibt es Neues/an Neuem?*

!

Als Gen. partitivi des Personalpronomens der 1. und 2. Pers. Pl. (↑ L6) werden die Formen **nostrum** und **vestrum** verwendet, die anderen Genitivformen **nostri** und **vestri** als Gen. obiectivi (↑ L10).
Uterque **nostrum** te adiuvabit. – *Jeder von uns (beiden) wird dir helfen.*

Der **Genitivus qualitatis** gibt eine Eigenschaft an, besonders Maß, Art und Rang. Er steht immer mit einem adjektivischen Attribut.
Cicero vir **magni ingenii** erat. – *Cicero war ein Mann von großer Begabung.*
Cornelius puer **decem annorum** est. – *Cornelius ist ein zehnjähriger Junge.*

Der **Genitivus pretii** steht auf die Frage nach dem Preis, Wert oder der Bedeutung („wie viel?“, „wie hoch?“).
aliquid **magni/parvi** ducere/aestimare/putare – *etwas hoch/gering schätzen*
aliquid **pluris/minoris** (quam) emere/vendere – *etwas teurer/billiger kaufen/verkaufen (als)*

Die Punischen Kriege

7

Unterstreichen Sie die Genitive und bestimmen Sie deren Funktion.
Übersetzen Sie anschließend die Sätze.

1. Quis vestrum nescit Socratem philosophum fuisse?
2. Servarum est cibos parare.
3. Mercator statuas non pluris vendidit quam ceteri.
4. Fortissimi omnium Gallorum Belgae sunt.
5. Milites propter gravitatem armorum ad huius generis hostem non apti erant.

Dēlos, -ī *f*	*Delos* (Insel)
humus, -ī *f*	*Erde, (Erd-)Boden*
Sardinia, -ae *f*	*Sardinien*
vultus, -ūs *m*	*Gesicht*
vīcus, -ī *m*	*Dorf*
māgnitūdō, -inis *f*	*Größe*
ager, agrī *m*	*Acker, Feld*
Hispānia, -ae *f*	*Spanien*
adventus, -ūs *m*	*Ankunft*
convertere, -vertō, -vertī, -versum	*verändern, (um-) wenden*
convertere in sē	*die Aufmerksamkeit auf sich ziehen*
vigor, -ōris *m*	*Frische, Kraft, Lebhaftigkeit*
custōdia, -ae *f*	*Wache, Wachposten; Haft, Gefängnis*
proelium, -iī *n*	*Schlacht, Kampf*
excēdere, -cēdō, -cessī, -cessum	*herausgehen, weggehen, verlassen*
vitium, -iī *n*	*Fehler, Laster*
aequāre, aequō, aequāvī, -ī aequātum	*gleichmachen, -kommen, ausgleichen*
iūsiūrandum, -ī *n*	*Eid, Schwur*
religiō, -ōnis *f*	*(Aber-)Glaube, Verehrung, Frömmigkeit*
cum *(historicum)* (+ *Konj.*)	*nachdem, als*
cum *(causale)* (+ *Konj.*)	*da, weil*
cum *(concessivum)* (+ *Konj.*)	*obwohl*
proficīscī, proficīscor, profectus sum	*aufbrechen, sich aufmachen*
dum (+ *Ind.*)	*solange*
anima, -ae *f*	*Seele, Leben*
cum *(iterativum)* (+ *Ind.*)	*jedesmal wenn*
sequī, sequor, secūtus sum (+ *Akk.*)	*(jem.) folgen*
attentus, -a, -um	*aufmerksam, gespannt*
circā *(Adv.)*	*ringsum, umher*
documentum, -ī *n*	*Beweis; Beispiel*
audācia, -ae *f*	*Kühnheit, Wagemut*
aliēnus, -a, -um	*fremd*
hostīlis, -e	*feindlich*
procul *(Adv.)*	*von fern, weit weg*
usquam *(Adv.)*	*irgendwo*
vix *(Adv.)*	*kaum, (nur) mit Mühe*
cum *(explicativum)* (+ *Ind./Konj.*)	*indem, dadurch dass*
sedēre, sedeō, sēdī, sessum	*sitzen; ruhig/untätig liegen*
pecūnia, -ae *f*	*Geld, Vermögen*
quamdiū?	*wie lange?*
prō *Präp.* (+ *Abl.*)	*vor; für*
via, -ae *f*	*Weg, Straße; Reise*

Die Punischen Kriege

Memo

Weitere Funktionen des Ablativs

Mit dem Ablativ werden die näheren Umstände (Satzglied: Adverbiale) ausgedrückt, unter denen eine Handlung stattfindet. Kennengelernt haben Sie bisher die Ablativi temporis (↑ L8), comparationis und mensurae (↑ L10). Als **Ablativus locativus** oder **loci** steht er auch auf die Frage „wo?", meist mit der Präposition in – *in, auf*.

in Sicilia – *auf Sizilien* in urbe – *in der Stadt*

Bei Namen von Orten und kleineren Inseln finden Sie ihn jedoch ohne Präposition. Achtung: Die Namen der o-Deklination auf **-us** haben dann den Ausgang **-i**.

Carthagine – *in Karthago* Del**i** – *auf Delos*

Sonderformen:

Rom**ae** – *in Rom* dom**i** – *zuhause*

rur**i** – *auf dem Land* hum**i** – *auf dem Boden/der Erde*

Der **Ablativus separativus** bezeichnet die Herkunft oder den Ausgangspunkt, er steht auf die Frage „woher?", „von wo?", meist mit den Präpositionen a(b) – *von ...weg*, de – *von ... herab*, e(x) – *aus ... heraus*.

e Sardinia – *aus Sardinien* ab Italia – *von Italien*

Bei Namen von Orten und kleineren Inseln steht er ohne Präposition.

Corintho – *von Korinth* Delo – *von Delos*

Roma – *von Rom* domo – *von zuhause*

rure – *vom Land* humo – *vom Boden, von Grund auf*

Eigenschaften können nicht nur im Genitiv (↑ S. 78), sondern auch im Ablativ ausgedrückt werden: Der **Ablativus qualitatis** bezeichnet meist geistige, körperliche Eigenschaften sowie äußere Merkmale.

Gaius est **vultu laeto.** – *Gaius hat ein fröhliches Gesicht.*

Vicus erat oppidi **magnitudine**. – *Das Dorf war von der Größe einer Stadt/so groß wie eine Stadt.*

Preisangaben werden auch im **Ablativus pretii** (↑ S. 78) genannt.

Agricola agrum **magno** vendidit. – *Der Bauer verkaufte einen Acker teuer.*

Bei Verben des Wertens steht pro + Ablativ.

pro nihilo putare/habere – *für nichts erachten*

nihil

Die Deklination von **nihil** lautet: nihil, nullius rei, nulli rei, nihil, nulla re

Die Form **nihili** wird nur als Gen. pretii, der Ablativ **nihilo** nur in bestimmten Wendungen gebraucht.

8

Welche Funktion hat der Ablativ? Bestimmen und übersetzen Sie.

Hannibal in Hispaniam missus est et primo adventu statim omnem exercitum in se convertit.

Vultus Hannibalis vigore magno erat.

Saepe nocte inter custodias humi dormivit.

Princeps in proelium ibat, ultimus e proelio excedebat.

Has viri virtutes autem ingentia vitia aequabant: Deorum metum, iusiurandum, religionem pro nihilo putabat.

Info

So beschreibt Livius (*Ab urbe cond.* XXI, 4) Hannibals Charakter.

Der Konjunktiv im Gliedsatz

§ 64

Memo

Der Konjunktiv drückt im Gliedsatz oft nur aus, dass es sich um einen untergeordneten Satz handelt. Zu den häufigsten Gliedsätzen mit Konjunktiv zählen die Adverbialsätze (↑ auch L6). Eine der wichtigsten Subjunktionen stellt **cum** dar, das mit Indikativ oder Konjunktiv stehen kann – mit entsprechend unterschiedlichen Bedeutungen.

Subjunktion	*Modus*	*Bedeutung*
cum *(historicum)*	Konj.	*nachdem, als*
cum *(causale)*	Konj.	*da, weil*
cum *(concessivum)*	Konj.	*obwohl*

Im lateinischen Satzgefüge wird die Zeitengebung streng geregelt (sogenannte **Consecutio temporum**), dabei ist, wie bei den indikativischen Gliedsätzen, das Zeitverhältnis entscheidend.

HS	*GS*
Präsens, Futur I und II	gleichzeitig: Konjunktiv Präsens vorzeitig: Konjunktiv Perfekt
Imperfekt, Perfekt, Plusquamperfekt	gleichzeitig: Konjunktiv Imperfekt vorzeitig: Konjunktiv Plusquamperfekt

Multi Galli ad Caesarem **veniunt**, cum Helvetii **victi sint**. –
Viele Gallier kommen zu Caesar, nachdem die Helvetier besiegt (worden) sind.
Multi Galli ad Caesarem **venerunt**, cum Helvetii **victi essent**. –
Viele Gallier kamen zu Caesar, nachdem die Helvetier besiegt (worden) waren.

!

Da es im Lateinischen keinen Konjunktiv Futur gibt, wird dieser meist durch den entsprechenden Konjunktiv der Gleichzeitigkeit ersetzt (Ausnahmen ↑ L14).

Modalsätze

Modalsätze geben die Art und Weise einer Handlung an (Subjunktion: **cum** [+ Ind./Konj.] – *indem, dadurch dass*). Cum tacent, clamant. – *Indem sie schweigen, schreien sie.*

9

Übersetzen Sie die folgenden Temporalsätze.

Cum Caesari id nuntiatum esset, ab urbe profectus est.
Dum anima erit, spes erit.
Cum Helvetii fugiebant, Caesar eos sequebatur.
Audite attente, dum dico!

Lerntipp

Lernen Sie bei den Subjunktionen auch gleich den darauffolgenden Modus mit. Legen Sie für **cum** eine Übersichtstabelle an.

10

a) Um welche Gliedsatzart handelt es sich? Bestimmen Sie auch das Zeitverhältnis und übersetzen Sie.
b) Wandeln Sie die Gliedsätze in indikativische um: Wie muss nun die Subjunktion heißen und wie das Tempus verändert werden?

Milites, cum eos animus deficiat, tamen impetum faciunt.
Hannibal cum dux declaratus esset, bellum incipi iussit.
Domina servas increpuit, cum non laborarent.
Gladiator cum fortiter pugnavisset, vicit.

11

a) Suchen Sie alle Genitive und Ablative heraus und bestimmen Sie deren Funktion.
b) Bestimmen Sie alle Gliedsätze: Art und Zeitverhältnis.
c) Übersetzen Sie den Text.

216 v. Chr. – Hannibal hat sein Heer von Spanien über die Alpen bis nach Cannae (Mittelitalien) geführt, wo er die Römer weiterhin bedroht. Der ehemalige Konsul Fabius plädiert gegen einen Kampf mit den Karthagern.

In Italia bellum gerimus, in sede ac solo nostro; omnia circa plena civium ac sociorum aliquorum sunt, qui nos iuvant iuvabuntque. Cum ad nos arma, viros, equos, commeatus attulissent, iam fidei documentum in adversis rebus nostris dederunt. Meliores, prudentiores, constantiores nos tempus facit.
Hannibal, dux magna audacia, contra in aliena, in hostili est terra, procul ab domo, ab patria; neque illi terra neque mari est pax. Nullae eum urbes accipiunt, nulla moenia; nihil usquam sui videt. Partem vix tertiam exercitus eius habet, quem Hiberum flumen traiecit; nec his paucis iam victus suppeditat.
Superabimus, cum sedeamus, autem eum, cum senescat in dies, cum non commeatus, non supplementum, non pecuniam habeat. Quamdiu pro moenibus castelli cuiusdam Apuliae inopis sedet? Haec una salutis est via, L. Paule. Proelium cum Carthaginiensibus nihili puto.

(nach Livius, Ab urbe condita XXII, 39)

Vokabeln

solum, -i *n* – *Boden*, commeatus, -us *m* – *Lebensmittel*, contra *Adv.* – *dagegen*, Hiberus, -i *m* – *Ebro* (Fluss), victus, -us *m* – *Lebensunterhalt, Nahrung*, suppeditare – *vorhanden sein, ausreichen*, senescere – *schwächer werden*, in dies – *von Tag zu Tag*, supplementum, -i *m* – *Verstärkung*, castellum, -i *n* – *Kastell*, Apulia, -ae *f* – *Apulien*, inops, -is – *machtlos; arm*

Hannibal und der 2. Punische Krieg

Hannibal (247–183 v. Chr.) war ein bedeutender karthagischer Feldherr und erbitterter Feind der Römer. Im 2. Punischen Krieg zog er – samt Elefanten – nach der Eroberung Spaniens über die Alpen nach Italien und schlug die Römer in mehreren Schlachten, u. a. 216 v. Chr. bei Cannae. Er umging Rom, was man ihm schon in der Antike als Fehler auslegte; Hannibals Ziel war jedoch wohl nicht die Vernichtung Roms, sondern die Zerschlagung des Bündnissystems. 212 unternahm er nur einen Scheinagriff auf Rom (woher der viel zitierte Ausspruch „Hannibal ad portas" stammen soll).

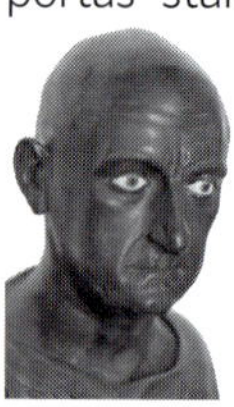

Nach jahrelangem Kleinkrieg wurde er nach Karthago zurückberufen, da der römische Feldherr Publius Cornelius Scipio – später Africanus genannt – in Afrika gelandet war. Dort erlitt Hannibal eine Niederlage, es kam zum Friedensschluss mit den Römern. Auf römischen Druck hin verlor er seine militärische Stellung. Er wandte sich der Innenpolitik zu und sorgte dort für viele Reformen. Seine innenpolitischen Gegner jedoch trieben ihn 195 ins Exil. Dort nahm er sich 183 das Leben, um einer Auslieferung an Rom zu entkommen.

Die Eroberung Galliens

Rhēnus, -ī *m*	*Rhein*
transīre, -eō, -iī, -itum	*(hin)übergehen, überschreiten*
quisque, quidque *(subst.)*	*jeder (einzelne)*
quisque, quaeque, quodque *(adj.)*	*jeder (einzelne)*
nōscere, nōscō, nōvī, nōtum	*erkennen, kennenlernen*
cēnsēre, cēnseō, cēnsuī, cēnsum	*zählen, schätzen; meinen, denken*
laedere, laedō, laesī, laesum	*verletzen, beschädigen; beleidigen*
violāre, violō, violāvī, violātum	*verletzen, entehren; beleidigen*
accēdere, -cēdō, -cessī, -cessum	*herantreten, sich nähern, dazukommen*
argentum, -ī *n*	*Silber(geschirr)*
contemplārī, contemplor, contemplātus est	*betrachten, anschauen*
unusquisque, unumquidque *(subst.)*	*jeder (einzelne)*
umquam *(Adv.)*	*jemals*
flagrāns, -antis	*brennend, glühend, leidenschaftlich*
ipse, ipsa, ipsum *(Gen. ipsīus, Dat. ipsī)*	*selbst*
rādīx, -īcis *f*	*Wurzel; der unterste Teil*
mōns, montis *m*	*Berg*
īdem, eadem, idem	*derselbe, der gleiche*
postulāre, postulō, postulāvī, postulātum	*fordern*
dēsinere, -sinō, -siī, -situm	*aufhören, ablassen*
praetor, -ōris *m*	*Prätor*
antīquus, -a, -um	*alt, altertümlich*
spoliāre, spoliō, spoliāvī, spoliātum *(+ Abl.)*	*berauben (von), plündern*

Weitere Indefinitpronomina

§ 39

Memo

Im Unterschied zu **omnis**, das kollektiv *alle, jeden* meint, bezeichnet das substantivische **quisque, quidque** bzw. das adjektivische **quisque, quaeque, quodque** den Einzelnen von mehreren, bedeutet also *jeder (einzelne)*. Die Formen entsprechen dem Interrogativpronomen + **-que**.
Suum **quisque ingenium noscat!** – *Ein jeder soll seine Begabung erkennen!*
Quinto **quoque anno Sicilia tota censetur.** – *Alle vier Jahre (in jedem fünften Jahr) wird ganz Sizilien geschätzt.*

!

Steht **quisque** bei einem Superlativ, ist es mit *gerade* zu übersetzen.
optimus **quisque** – *gerade die besten, alle besten*

§ 40

Das meist substantivisch verwendete **nemo** – *niemand* hat in einigen Kasus Formen des adjektivischen nullus (↑ L11): nemo, **nullius, nemini/nulli, neminem, nullo**
Ille **nemini odio fuit.** – *Jener wurde von niemandem gehasst.*

1

Deklinieren Sie die folgenden Wortpaare in Ihrem Übungsheft.

quisque annus • **quaeque ars** • **quodque ingenium**

unusquisque

Manchmal wird **quisque** durch **unus-** verstärkt, das ebenfalls dekliniert wird: **unusquisque**, **uniuscuiusque** etc.

2

Bestimmen Sie die Formen der Indefinitpronomina und übersetzen Sie die Sätze.

Suum cuique!
Ille neminem laesit, nullius aures violavit.
Quidam orator tertio quoque verbo orationis suae Ciceronem appellabat.
Verres accessit ad argentum; contemplari unumquidque coepit.
In nullo umquam flagrantius studium vidi.

§ 31

Memo

!

§ 30

Weitere Demonstrativpronomina

Das Pronomen **ipse, ipsa, ipsum** – *selbst* wird adjektivisch und substantivisch verwendet, es steht zur Hervorhebung einer Person oder zur Betonung eines Gegensatzes.
Rex ipse venit. – *Der König kam selbst/persönlich./Der König selbst kam* (und kein anderer).

Oft ist im Deutschen eine Umschreibung nötig.
ipsa spes – *schon die Hoffnung, die bloße Hoffnung*
ipsos decem dies – *genau/gerade/ganze zehn Tage lang*
sub ipsis radicibus montis – *unmittelbar am Fuße des Berges*

Idem, eadem, idem – *derselbe, der gleiche* (**is, ea, id + -dem**) drückt die Gleichheit oder Ähnlichkeit zweier Personen oder Dinge aus. Der zweite Teil des Vergleichs wird mit **atque/ac** – *wie* oder einem Relativpronomen angeschlossen.
Dei non **eosdem** cibos atque homines edunt. – *Götter essen nicht dieselben Speisen wie Menschen.*
Idem, qui semper eras, es. – *Du bist derselbe, der du immer (schon) warst.*

Es kann aber auch betonen, dass eine Person zwei Eigenschaften zugleich besitzt. Übersetzen Sie dann mit *zugleich, auch, ebenfalls.*
Cicero orator fuit **idemque philosophus**. – *Cicero war Redner und **zugleich*** (wörtl. *und derselbe war*) *ein Philosoph.*

Auch zur Verstärkung eines Demonstrativpronomens wird **idem** verwendet.
Hoc **eodem** die quidam Galli ad Caesarem venerunt. – *An **eben** diesem Tag kamen einige Gallier zu Caesar.*

3

Suchen Sie passende Übersetzungen für **ipse**.

Caesar ipse in Galliam pervenit.
Milites sub ipso monte castra posuerunt.
Aeneas patrem filiumque ipsius servavit.
Exercitus Romanus iam ipsos quinque dies pugnabat.

Die Eroberung Galliens

4

Setzen Sie die erforderliche Form von **idem** ein und übersetzen Sie.

Senatores hoc ________ (Akk. Sg. n) postulare non desinebant.

Virtus ________ (Nom. Sg. f) in hominibus ac deis est.

________ (Nom. Sg. m) iste praetor monumenta antiquissima spoliavit.

Ille philosophus ________ (Akk. Pl. n) sensit, quae Pythagoras docuerat.

gladius, -iī *m*	*Schwert*
ūtī, ūtor, ūsus sum *(+ Abl.)*	*(be)nutzen, verwenden*
fruī, fruor, frūctus/ fruitus sum *(+ Abl.)*	*gebrauchen, genießen*
fungī, fungor, fūnctus sum *(+ Abl.)*	*ausüben, verwalten; erleiden*
potīrī, potior, potītus sum *(+ Abl.)*	*sich bemächtigen, erlangen, erreichen*
commodum, -ī *n*	*Bequemlichkeit, Vorteil, Nutzen*
cōpia, -ae *f*	*Menge, Vorrat;* Pl. *Truppen*
fessus, -a, -um	*erschöpft, müde*
miseria, -ae *f*	*Elend, Armut*
impellere, -pellō, -pulī, -pulsum	*antreiben, veranlassen*

perterrēre, -terreō, -terruī, -territum	*einschüchtern, sehr erschrecken*
īra, -ae *f*	*Zorn*
incendere, -cendō, -cendī, -cēnsum	*entflammen, in Brand stecken*
occīdere, -cīdō, -cīdī, -cīsum	*töten, niederschlagen*
dēlictum, -ī *n*	*Fehler, Vergehen*
oportet	*es ist nötig, man soll/muss*
afficere, -ficiō, -fēcī, -fectum *(+ Abl.)*	*versehen (mit etwas)*
asper, aspera, asperum	*rau, hart; streng*
mentīrī, mentior, mentītus sum	*lügen, täuschen, (er)dichten*
efficere, -ficiō, -fēcī, -fectum	*heraus-, hervorbringen; zustande bringen, bewirken*

Cursus honorum

Der **cursus honorum** war in der Republik die gesetzlich festgelegte Ämterfolge, zu der in erster Linie Angehörige der **nobilitas** Zugang hatten: 1. Quästor, 2. Volkstribun oder Ädil, 3. Prätor, 4. Konsul, 5. Zensor. Aus anderen Schichten Stammende (z. B. Cicero) wurden als **homines novi** bezeichnet.

Memo

Ablativus instrumentalis, sociativus und causae

Der **Ablativus instrumentalis** bezeichnet das Mittel, womit oder wodurch etwas geschieht. Er steht immer ohne Präposition.
Gladiis pugnabatur. – *Es wurde mit Schwertern gekämpft.*
Er steht auch bei folgenden Deponentien:
uti – *nutzen* frui – *genießen*
fungi – *ausüben, verwalten* potiri – *sich bemächtigen*
Omnibus commodis fruitur. – *Er/Sie genießt alle Bequemlichkeiten.*

Mit der Präposition cum – mit oder ohne Präposition steht der **Ablativus sociativus** (oder comitativus) auf die Frage „mit wem?".
Caesar **(cum) omnibus copiis proficiscitur.** – *Caesar bricht mit allen Truppen auf.*

Den Grund oder die Ursache einer Handlung („warum?") drückt der **Ablativus causae** aus.
Milites fessi **pugna erant.** – *Die Soldaten waren erschöpft von der Schlacht.*

Die Eroberung Galliens

Der Abl. causae steht auch bei Verben der Trauer und der Freude:
Doleo **vestra miseria**. – Euer Unglück schmerzt mich.

Häufig steht bei einem Ablativus causae ein PPP, das in der Regel nicht übersetzt werden muss.

spe impulsus – *in der Hoffnung*
timore perterritus – *aus Furcht*
metu coactus – *aus Furcht*
ira incensus – *aus Zorn*

afficere

Das Verb **afficere** kann mit sehr unterschiedlichen Wörtern im Ablativ verbunden werden; es muss frei übersetzt werden: aliquem poena/gloria/honore/exilio afficere – *jemanden bestrafen/rühmen/ehren/verbannen*

5

Unterstreichen Sie die Ablative. Welche Funktion haben Sie jeweils? Übersetzen Sie.

Milites spe victoriae impulsi impetum faciunt.
Ille gladiator multos gladio occidit.
Delicto dolere, virtute gaudere oportet.
Servus poena affectus est.
Caesar ipse cum exercitu in castra pervenit.

§ 82

Memo

Potentiale und irreale Konditionalsätze

Konditionalsätze können nicht nur eine wirkliche Bedingung – durch den Indikativ (Realis) ausgedrückt (↑ L6) –, sondern auch eine mögliche oder eine irreale Bedingung bezeichnen. Die Möglichkeit wird durch den **Potentialis** (Konjunktiv Präsens oder Perfekt) angezeigt, der sowohl im **si**-Satz als auch im Hauptsatz steht. Übersetzt wird er mit *dürfte/könnte wohl.*
Si omnia narrare **velim, dies me deficiant.** – *Wenn ich alles erzählen würde, dürften Tage mir wohl nicht genügen.*

Unmögliche bzw. irreale Bedingungen werden mit dem **Irrealis** der Gegenwart (Konjunktiv Imperfekt) bzw. der Vergangenheit (Konjunktiv Plusquamperfekt) ausgedrückt.
Si **scriberem** ipse, longior epistula **esset**.
Wenn ich selbst schreiben würde, wäre der Brief länger.
Si **scripsissem** ipse, longior epistula **fuisset**.
Wenn ich selbst geschrieben hätte, wäre der Brief länger gewesen.

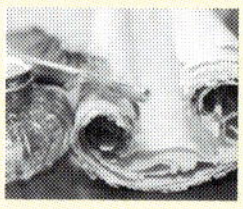

6

Potentialis, Irrealis oder Realis? Bestimmen und übersetzen Sie.

	Funktion
1. Vita misera esset, si sine amicis ageretur.	______
2. Si vis amari, ama!	______
3. Si quis hanc viam asperam esse neget, mentiatur.	______
4. Gladiator nisi fortius pugnavisset, non vicisset.	______
5. Sapientia non expeteretur, si nihil efficeret.	______

Die Eroberung Galliens

vērus, -a, -um	*wahr, wirklich, echt*
cis *Präp. (+ Akk.)*	*diesseits; binnen*
minuere, minuō, minuī, minūtum	*zerkleinern, verringern*
cupīdō, -inis *f*	*Begierde, Verlangen, Leidenschaft*
beneficium, -iī *n*	*Wohltat, Gefälligkeit*
dīligere, -ligō, -lēxī, -lēctum	*hochachten, schätzen, lieben*
orīrī, orior, ortus sum	*entstehen, beginnen; aufgehen, sich zeigen*
flēre, fleō, flēvī, flētum	*weinen*
remittere, -mittō, -mīsī, -missum	*zurückschicken; nachlassen, vermindern*
prōgredī, -gredior, -gressus sum	*vorwärts schreiten, fortfahren; vorrücken*
perturbāre, -turbō, -turbāvī, -turbātum	*völlig verwirren, aus der Fassung bringen*
consultāre, consultō, consultāvī, consultātum	*befragen; beratschlagen, beraten*
legātus, -ī *m*	*Gesandter*
adorīrī, -orior, -ortus sum	*angreifen; angehen*
complūrēs, -plūra	*mehrere, ziemlich viele*
contrā *Präp. (+ Akk.)*	*gegenüber, gegen*
statuere, statuō, statuī, statūtum	*hin-, aufstellen; glauben; beschließen*
intellegere, -legō, -lēxī, -lēctum	*verstehen, erkennen*
audēre, audeō, **ausus sum** *(Semidep.)*	*wagen*
quod	*dass*
trāns *Präp. (+ Akk.)*	*über; jenseits*
finis, -is *m*	*Grenze; Ende; Ziel; Pl. Gebiet*
coniungere, -iungō, -iunxī, -iunctum	*verbinden, vereinigen, anfügen*
imperium, -iī *n*	*Befehl; Macht; Reich, Herrschaft*
finīre, finiō, finīvī, finītum	*begrenzen, einschränken; beenden*
postulāre, postulō, postulāvī, postulātum	*fordern, verlangen*
iniūstus, -a, -um	*ungerecht, widerrechtlich*
amicitia, -ae *f*	*Freundschaft*
premere, premō, pressī, pressum	*(unter)drücken, bedrängen*
pollicērī, polliceor, pollicitus sum	*versprechen*
satis *Adv.*	*genug*
tūtus, -a, -um	*sicher*
arbitrārī, arbitror, arbitrātus sum	*glauben, meinen*
trādūcere, -dūcō, -dūxī, -ductum	*hinüberführen, -bringen; hinüberziehen*

Partizip Präsens Aktiv und attributives Partizip

§70

Das Partizip Präsens Aktiv (PPA) wird mit dem Präsensstamm + **-ns**, **-ntis** gebildet und nach der 3. Deklination dekliniert (Abl. Sg. -e, Nom./Akk. Pl. n -ia, Gen. Pl. -ium). In der I-, gemischten und konsonantischen Konjugation wird zusätzlich ein Bindevokal **-e-** eingefügt.

Memo

lauda-ns, lauda-ntis – *lobend*
mone-ns, mone-ntis – *ermahnend*
audi-e-ns, audi-e-ntis – *hörend*
capi-e-ns, capi-e-ntis – *fassend*
reg-e-ns, reg-e-ntis – *lenkend*
i-e-ns, **e-u-ntis** – *gehend*

Auch Deponentien bilden ein Partizip Präsens **Aktiv**.

!

hortans, -antis – *ermahnend*
proficiens, -entis – *aufbrechend*

Das PPA – wie auch das PPP (↑ L9) – kann **attributiv** (KNG-Kongruenz!) verwendet werden, es ersetzt dann einen Relativsatz. Das PPA steht für die Gleichzeitigkeit, das PPP für die Vorzeitigkeit. Übersetzen Sie entweder mit einem Relativsatz oder, soweit möglich, ebenfalls mit einem Partizip.

§72

Hominibus verum **dicentibus (= qui verum dicunt)** facile cedo. –
Ich gebe den Menschen, die die Wahrheit sagen, leicht nach.
Caesar **superatis hostibus (= qui superati erant)** pepercit. –
Caesar schonte die besiegten Feinde.

Die Eroberung Galliens

7

Bestimmen Sie die Formen der PPAs. Nennen Sie das Verb im Infinitiv Präsens und dessen Bedeutung.

videnti · superantium · volentes · scribentibus · euntem · recipientia · ferens · mirantis

8

Übersetzen Sie die folgenden Sätze mit attributivem Partizip. Achten Sie auf das Zeitverhältnis.

Vokabeln

colere – hier: *wohnen*

Mihi odio est genus hominum officia neglegentium.
Germanis cis Rhenum colentibus metus minuitur.
Habetis consulem ex plurimis periculis ad salutem rei publicae servatum.
Senatus Carthaginiensium Hannibalem cupidine regni flagrantem ad exercitum in Hispania pugnantem misit.

§71

Memo

Participium coniunctum und Ablativus absolutus

Viel häufiger als die attributive ist die **adverbiale** Verwendung des Partizips. Es ersetzt dann einen Adverbialsatz (Temporal-, Kausal-, Konzessivsatz etc.). Bezieht sich das Partizip auf ein Satzglied wie z. B. Subjekt oder Objekt (KNG-Kongruenz!), spricht man von einem **Participium coniunctum** (verbundenen Partizip, PC).
Im Deutschen übersetzen Sie das PC zunächst am besten mit einem Adverbialsatz, das PC wird zum Prädikat, das Bezugswort zum gedachten Subjekt. Achten Sie dabei auf ein sinnvolles logisches bzw. gedankliches Verhältnis zwischen Partizip- und Prädikathandlung. Für die Übersetzung ist ebenfalls das Zeitverhältnis zu beachten, das PPA steht für eine gleichzeitig ablaufende, das PPP für eine vorzeitige Handlung.

Cenanti mihi epistula tua reddita est. – *Dein Brief wurde mir gebracht, **während** ich speiste.* → temporal, PPA → gleichzeitig

Civitates magnis beneficiis **affectae** Pompeium diligebant. – *Die Gemeinden liebten Pompeius, **da** sie (von ihm) große Wohltaten bekommen hatten.* → kausal, PPP → vorzeitig

Bezieht sich das Partizip jedoch auf ein Substantiv im Ablativ, der keine Satzgliedfunktion hat, nennt man die Partizipkonstruktion **Ablativus absolutus** („losgelöster" Ablativ). Er steht wie das PC für einen Adverbialsatz. Bei der Übersetzung wird das Substantiv im Ablativ zum Subjekt des Gliedsatzes, das Partizip zum Prädikat. Das zeitliche wie gedankliche Verhältnis ist ebenfalls zu berücksichtigen.
Caesar oppidum **paucis defendentibus** expugnare non potuit. – *Caesar konnte die Stadt nicht erobern, **obwohl** nur wenige (sie) verteidigten.* → konzessiv, PPA → gleichzeitig
His rebus confectis Caesar in Galliam revenit. – ***Nachdem** diese Dinge erledigt waren, kam Caesar nach Gallien zurück.* → temporal, PPP → vorzeitig

PC und Abl. abs. können auch übersetzt werden mit:
- einem Aktivsatz (nur bei gleichem „Täter"):
  His rebus cognitis profectus est. – *Nachdem **er** diese Dinge erfahren hatte, brach **er** auf.*
- einem präpositionalen Ausdruck:
  PC: Hoc sperans proficiscitur. – ***In dieser Hoffnung** bricht er auf.*
  Abl. abs.: Oriente sole proficiscitur. – *Er bricht **bei Sonnenaufgang** auf.*
- einem beigeordneten Satz:
  PC: Marcus flens clamavit. – *Markus weinte **und** schrie **dabei** laut.*
  Abl. abs.: Militibus expositis naves remittebantur. – *Die Soldaten wurden an Land gesetzt **und dann** die Schiffe zurückgeschickt.*

9

Übersetzen Sie schrittweise:

1. Klammern Sie zunächst die PC-Konstruktion aus und übersetzen Sie den restlichen Satz (P, S, O etc.).
2. Übersetzen Sie dann die PC-Konstruktion.
3. Welches logische und zeitliche Verhältnis liegen vor?
4. Übersetzen Sie nun den ganzen Satz.

Scribenti Caesari hoc nuntiatum est.
Caesar progressus milia passuum sex aciem instruxit.
Hoc eodem die duces hostium perturbati de reliquis rebus consultabant.
Ubii ad Caesarem legatos mittentes auxilium petunt.

Vokabeln

aciem instruere – *das Heer in Schlachtordnung aufstellen*, Ubii, -orum *m* – *Ubier* (germ. Volk am rechten Rheinufer)

10

Gehen Sie bei der Übersetzung der Sätze mit Abl. abs. wie in Übung 9 vor.

Treveri magnis coactis peditatus equitatus copiis Romanos adoriri parabant.
Positis castris auxilia Germanorum exspectare constituerunt.
Romani autem hostium consilio cognito cum compluribus cohortibus magnoque equitatu contra hostem profecti sunt.
Treveris Germanos exspectantibus Romani impetum tulerunt.

Vokabeln

Treveri, -orum *m* – *Treverer* (Volk zwischen Maas und Mosel), peditatus, -us *m* – *Infanterie*, equitatus, -us *m* – *Reiterei*, auxilia, -orum *n* – *Hilfstruppen*, cohors, cohortis *f* – *Kohorte*

11

a) Welche Ablativfunktionen kommen im Text vor?
b) „Quarum haec fuit gravissima" – Wie heißt die Konstruktion und wie müssen Sie sie übersetzen?
c) Bestimmen Sie die Formen aller Indefinitpronomen und von ipse.
d) „Si Caesar … non aequum existimet, se … iniustum sit." – Um welche Art von Konditionalsatz handelt es sich?
e) Suchen Sie **cum**-Sätze heraus. Welche Funktion hat die Subjunktion jeweils?
f) Stellen Sie die Sätze mit Gliedsätzen nach der Einrückmethode dar und übersetzen Sie. Gehen Sie die Sätze mit PC/Abl. abs. ggf. in mehreren Schritten an.

Caesar Rhenum transiit

Die Eroberung Galliens

Abl. abs. ohne Partizip

Anstatt eines Partizips kann beim Abl. abs. auch ein Prädikatsnomen stehen. Lernen Sie als feste Wendungen: me invito – *gegen meinen Willen*, Caesare duce – *unter Caesars Führung*, Cicerone consule – *unter dem Konsulat Ciceros*, Hannibale vivo – *zu Lebzeiten Hannibals*

Die Eroberung Galliens machte die Germanen zu direkten Nachbarn des römischen Reiches, was zu ständigen Konflikten führte: Immer wieder kam es zu Übergriffen der Germanen. 55 v. Chr. unternahm Caesar eine Strafexpedition gegen die Germanen, wobei er in spektakulärer Weise eine Rheinbrücke in nur zehn Tagen errichten ließ. Trotz einer weiteren Strafexpedition 53 kam es nicht zu einer ständigen rechtsrheinischen Präsenz der Römer, der Rhein blieb letztlich die Grenze.

Germanico bello confecto multis de causis Caesar statuit Rhenum transire. Quarum haec fuit gravissima: Cum videret Germanos tam facile in Galliam venisse, eos timere voluit, cum intellegerent et posse et audere populi Romani exercitum Rhenum transire.
Accessit etiam, quod pars equitatus hostium se trans Rhenum in fines Sugambrorum receperat seque cum iis coniunxerat. Ibi castra sub ipso monte posuerunt. Ad eos Caesar nuntios misit. Hostes haec dixerunt: „Populi Romani imperium Rhenus finit. Si Caesar se invito Germanos in Galliam transire non aequum existimet, se sui quicquam esse imperii trans Rhenum esse postulare etiam iniustum sit."
Ubii autem legatis ad Caesarem missis, cum uni ex Transrhenanis metu coacti cum Romanis amicitiam fecissent et obsides dedissent, auxilium petiverunt, quod graviter ab Suebis premebantur. Se navium magnam copiam exercitui Romano missuros esse pollicebantur.
Sed Caesar neque satis tutum esse navibus transire arbitrabatur neque suae neque populi Romani dignitatis esse statuebat. Itaque hoc eodem die pontem facere constitit. Diebus ipsis decem omni opere effecto Caesar ipse exercitum trans Rhenum traduxit. *(nach Caesar, De Bello Gallico IV, 16)*

Vokabeln

Germanicus, -a, -um – *germanisch*, equitatus, -us *m* – *Reiterei*, Sugambri, -orum *m* – *Sugambrer* (germ. Volk zwischen Ruhr und Lippe), Ubii, -orum *m* – *Ubier* (germ. Volk am rechten Rheinufer), Transrhenani, -orum *m* – *Stämme, die jenseits des Rheins wohnen*, obses, -idis *m* – *Geisel*, Suebi, -orum *m* – *Sueben* (germ. Volk, heute: Süddeutschland), non suae dignitatis esse – *unter seiner Würde sein*

Gaius Iulius Caesar

Caesar (13.7.100 – 15.3.44 v. Chr.) stammt aus der alten patrizischen Familie der Iulii. Er bekleidet mehrere hohe Ämter. 58–51 v. Chr. erobert Caesar ganz Gallien und unternimmt zwei Feldzüge nach Germanien und zwei Expeditionen nach Britannien.

Über diesen Krieg schreibt er im knappen, präzisen Stil eines amtlichen Tätigkeitsberichtes: **Commentarii de bello Gallico.** Schließlich wird Caesar erster Mann im Staat. 44 v. Chr. fällt er einer Verschwörung zum Opfer und wird von Brutus und Senatsangehörigen ermordet.

Kaiser Augustus

loquī, loquor, locūtus sum	*sprechen*
philosophia, -ae *f*	*Philosophie*
beātus, -a, -um	*glücklich, reich*
occāsiō, -ōnis *f*	*Gelegenheit, günstiger Zeitpunkt*
facultās, -ātis *f*	*Möglichkeit, Fähigkeit*
perficere, -ficiō, -fēcī, -fectum	*aus-, durchführen; voll-, beenden*
initium, -iī *n*	*Anfang; Eingang*
redūcere, -dūcō, -dūxī, -ductum	*zurückführen, -ziehen*
ineptus, -a, -um	*unbrauchbar, unpassend, albern*
cūrāre, cūrō, cūrāvī, cūrātum *(+ Gerundiv)*	*lassen*
spatium, -iī *n*	*Raum, Strecke, Zeit(raum)*
vulnus, -eris *n*	*Wunde*
sānāre, sānō, sānāvī, sānātum	*gesund machen, heilen*
miserārī, miseror, miserātus sum	*bemitleiden, bedauern*
irrīdēre, -rideō, -rīsī, -rīsum	*verlachen, verspotten*
excitāre, -citō, -citāvī, -citātum	*erregen, ermuntern, wecken*
sūmere, sūmō, sūmpsī, sūmptum	*nehmen*

Das Gerundium

§ 73

Für die Deklination des Infinitivs (das Singen, des Singens etc.) hat das Lateinische eine eigene Form: das **Gerundium** (deswegen Verbalsubstantiv genannt). Es wird mit dem Präsensstamm (und zusätzlichem Bindevokal **-e-** in der i-, gemischten und konsonantischen Konjugation), **-nd-** und den Kasusendungen (o-Deklination, nur Sg.) gebildet. Auch Deponentien bilden Gerundia mit aktiver Bedeutung.

Memo

lauda-nd-i – *des Lobens*	mone-nd-i – *des Ermahnens*
audi-e-nd-o – *durch das Hören*	capi-e-ndo – *durch das Fassen*
ad reg-e-ndum – *zum Lenken*	ad loquendum – *zum Sprechen*

Docendo discimus. – *Durch Lehren lernen wir.*
Occasio **loquendi** mihi datur. – *Ich bekomme Gelegenheit zu sprechen.*

!

Der Dativ des Gerundiums kommt so gut wie nicht vor; im Akkusativ steht es immer mit Präposition, als Akkusativobjekt wird der Infinitiv verwendet. Das Gerundium kann durch Objekte und Adverbien erweitert werden.

Philosophia ad **beate vivendum** ducit. – *Die Philosophie führt zu einem glücklichen Leben.*
Aber: Beate **vivere** volo. – *Ich will glücklich leben.*

1

Bilden Sie von den angegebenen Verben das Gerundium im Genitiv und übersetzen Sie die Ausdrücke.

ars ______________________________ (amare)

occasio ______________________________ (fugere)

spes ______________________________ (vincere)

studium ______________________________ (scribere)

facultas rem ______________________________ (perficere)

Kaiser Augustus

2

Übersetzen Sie die Sätze mit Gerundium.

Cum hostes flumen transeundi initium non facerent, Caesar suos ad castra reduxit.
Quid est ineptius quam de dicendo dicere?
Graecis est occasio Troiam expugnandi.
Servus consilium nocte fugiendi cepit.

§ 74

Memo

Das Gerundivum

Das **Gerundivum** wird wie das Gerundium gebildet, jedoch wie ein Adjektiv der a-/o-Deklination dekliniert (Verbaladjektiv). Es hat passive Bedeutung und kann – wie ein Adjektiv – attributiv, prädikativ oder als Prädikatsnomen verwendet werden. Das Gerundivum richtet sich nach seinem Bezugswort (KNG-Kongruenz, ↑ L3). Als Attribut kann das Gerundiv im Deutschen mit einem Adjektiv auf *-lich, -wert, -würdig* übersetzt werden:
Catilina homo **contemnendus** est. – *Catilina ist ein verachtenswerter* (wörtl. *ein zu verachtender*) *Mensch.*

Statt eines Gerundiums + Objekt kann auch ein attributives Gerundivum stehen.
Übersetzen Sie es mit einem Infinitiv oder präpositionalen Ausdruck.
Marcus consilium **relinquendae Italiae** (= Italiam relinquendi) capit. –
*Markus fasst den Plan, Italien **zu verlassen**.*
Multi cives **in oppido expugnando** (= in oppidum expugnando) fame perierunt. –
*Viele Bürger verhungerten **bei der Belagerung** der Stadt.*

Als Prädikativ drückt das Gerundivum einen Zweck aus, es steht dann besonders bei folgenden Verben: **dare** – *geben*, **tradere** – *übergeben*, **mittere** – *schicken*, **curare** – *lassen*
Librum tibi do **legendum**. – *Ich gebe dir das Buch zum Lesen* (wörtl. *als ein zu lesendes*).

Als Prädikatsnomen mit einer Form von **esse** drückt es eine Notwendigkeit aus:
Liber **legendus** est. – *Das Buch muss gelesen werden* (wörtl. *ist ein zu lesendes*).
!
Beim Gerundiv als Prädikatsnomen steht die Person, die etwas tun muss, im **Dativus auctoris**.
Liber **tibi** legendus est. – *Du musst das Buch lesen.*

3

Ergänzen Sie die passende Gerundivendung und übersetzen Sie.

spatium consilii habe____________ occasio armorum capi____________

ad libertatem serva____________ in bello ger____________

Deponentien + Ablativ

Deponentien, die sonst mit dem Ablativ stehen, werden in Gerundivkonstruktionen wie transitive Verben behandelt:
de utenda pecunia – *über die Verwendung des Geldes*

4

Gerundivum oder Gerundium? Bestimmen Sie die Form, bei den Gerundiva auch die Satzfunktion, und übersetzen Sie.

Vulnera sananda sunt.
Aliis miserandus, aliis irridendus videtur.
Libri Ciceronis ad legendi studium excitant.
Romanis spes potiendorum castrorum erat.
Caesar pontem faciendum curavit.
Sumamus spatium ad cogitandum!

Kaiser Augustus

explicāre, -plicō, -plicāvī, -plicātum	*auseinanderlegen, ausbreiten; erklären*
iūs, iūris *n*	*Recht*
condiciō, -ōnis *f*	*Bedingung, Lage; Verabredung*
ratiō, -ōnis *f*	*Grund, Vernunft; Art und Weise; Berechnung*
vīs *f*	*Gewalt, Kraft, Menge;* Pl. *Streitkräfte*
pār, paris	*gleich, entsprechend*
minor/māior natu	*jünger/älter* (wörtl. *kleiner/größer bezüglich der Geburt*)
posterus, -a, -um	*(darauf)folgender, kommend*
incrēdibilis, -e	*unglaublich*
celeritās, -ātis *f*	*Schnelligkeit*
ēgredī, ēgredior, ēgressus sum	*herausgehen, verlassen*
damnāre, damnō, damnāvī, damnātum	*verurteilen*
ut *(+ Konj.)*	*(so) dass; damit*
adeō *(Adv.)*	*so (sehr)*
tālis, -e	*derartig, ein solcher, so (beschaffen)*
tantus, -a, -um	*so groß, so viel*
renovāre, -novō, -novāvī, -novātum	*erneuern, wiederherstellen; erholen*
perdere, perdō, perdidī, perditum	*verlieren, verschwenden; zugrunde richten*
restituere, -stituō, -stituī, -stitūtum	*wiederherstellen*
status, -ūs *m*	*Stellung, Stand; Zustand; Lage*
modus, -ī *m*	*Art und Weise; Maß*
quīn *(+ Konj.)*	*dass nicht*
ēloquī, ēloquor, ēlocūtus sum	*aussprechen; vorbringen, -tragen*
dubium, -iī *n*	*Zweifel*
callidus, -a, -um	*schlau*
impendēre, -pendeō, –	*überhängen; bevorstehen, drohen*
prohibēre, -hibeō, -hibuī, -hibitum	*verhindern, abhalten*
āra, -ae *f*	*Altar*
cavēre, caveō, cāvī, cautum *(+ Akk.)*	*sich hüten, sich in acht nehmen, Vorsorge treffen*
ita … ut	*so … wie*
ut … ita	*sowohl … als auch, zwar … aber*
ut (primum) *(+ Ind.)*	*sobald (als)*

Ablativus modi und Ablativus limitationis

Memo

Zur Bezeichnung der näheren Umstände einer Handlung („wie?", „unter welchen Umständen?") steht der **Ablativus modi** – mit oder ohne **cum** – *mit*.
Cornelius id **summa (cum) diligentia** explicat. – *Cornelius erklärt dies mit größter Sorgfalt.*

Folgende Substantive im Ablativus modi sind feststehende Wendungen:

iure – *zu Recht*	iniuria – *zu Unrecht*
ea condicione – *unter dieser Bedingung*	hac ratione – *auf diese Weise*
casu – *zufällig*	vi – *gewaltsam*

Der **Ablativus limitationis** gibt an, in welcher Beziehung eine Aussage Gültigkeit hat („in welcher Hinsicht?").
Lucius Cornelio **virtute** par est. – *Lucius ist genauso tugendhaft wie Cornelius* (wörtl. *ist Cornelius an Tugend gleich*).
Claudia minor **natu** quam Silvia est. – *Claudia ist jünger als Silvia* (wörtl. *kleiner bezüglich der Geburt*).

vis

Das Substantiv vis hat im Sg. nur die Kasus Akk. (vim) und Abl. (vi), im Pl. wird es nach der 3. Dekl. (i-Stämme) dekliniert: vires, virium, viribus etc.

Kaiser Augustus

5

Setzen Sie die Wörter in Klammern in den Ablativ. Bestimmen Sie die Funktion der Ablative und übersetzen Sie.

Vokabeln

crassitudo, -inis *f* – *Dicke*

Postero die hostes ad fugiendum ________________ (vis) coacti sunt.

Pacem incredibili ________________ (celeritas) confecit.

Omnes maiores ________________ (natus) ex oppido egressi sunt.

Socrates ________________ (iniuria) damnatus est.

Caesar murum duxit sedecim pedum ________________ (crassitudo).

§79 §80

Memo

Konsekutiv- und Finalsätze

Eine weitere wichtige Subjunktion (↑ L11) – mit fast so vielen Bedeutungen wie **cum** – ist **ut**, sie kann auch **Konsekutivsätze** einleiten. Diese bezeichnen eine Folge oder Wirkung und stehen immer mit dem Konjunktiv. Verneint werden sie mit **ut non/nemo/numquam** – *dass nicht/niemand/niemals* etc. Im Hauptsatz finden sich oft auf den Konsekutivsatz hinweisendes **ita/tam/adeo** – *so*, **talis** – *so beschaffen* oder **tantus** – *so groß*.
Ita factum est, **ut** Galli belli renovandi consilium caperent. – *So geschah es, dass die Gallier sich entschlossen, den Krieg wiederaufzunehmen.*
Verres Siciliam ita perdidit, **ut** ea restitui in antiquum statum **nullo** modo posset. – *Verres hat Sizilien so zugrunde gerichtet, dass es auf keine Weise wieder in den alten Zustand gebracht werden konnte.*

!

Statt **ut non** steht manchmal auch **quin** – *dass nicht*.
Facere non possum, **quin** nomen eloquar. – *Ich muss den Namen unbedingt nennen* (wörtl. *Ich kann es nicht machen, dass ich den Namen nicht ausspreche*).

quin

Nach verneinten Ausdrücken des Zweifelns bedeutet quin *dass:* non dubitare, quin – *nicht zweifeln, dass,* non est dubium, quin – *es besteht kein Zweifel, dass*

Finalsätze drücken einen Zweck oder eine Absicht aus und werden mit **ut** – *damit* bzw. **ne** – *damit nicht* eingeleitet. Das Prädikat des Finalsatzes steht immer im Konjunktiv.
Galli legatos ad Caesarem mittunt, **ut** de pace agant. – *Die Gallier schicken Gesandte zu Caesar, damit sie über den Frieden verhandeln.*

Auch auf Verben des Bittens, Wünschens und Befehlens folgt ein Finalsatz.
Hoc te primum rogo, ne animum demittas. – *Ich bitte dich als erstes darum, dass du nicht den Mut verlierst/nicht den Mut zu verlieren.*
Postulavit, ut obsides redderet. – *Er forderte, dass er die Geiseln zurückgebe/von ihm, die Geiseln zurückzugeben.*

!

Nach Verben des Fürchtens und Hinderns wird der Finalsatz mit **ne** – *dass* bzw. **ne non** (seltener **ut**) – *dass nicht* eingeleitet.
Caesar timuit, **ne (non)** hostes impetum facerent. – *Caesar fürchtete,* ***dass*** *die Feinde* ***(nicht)*** *angriffen.*
Dolore impedior, **ne** plura scribam. – *Der Schmerz hindert mich, dass ich mehr schreibe/mehr zu schreiben.*

Kaiser Augustus

6

Übersetzen Sie die folgenden Konsekutivsätze.

Hannibal ita educatus est, ut numquam amicus populi Romani esse vellet.
Ulixes tam callidus erat, ut Graecos servaret.
Tanta vis virtutis est, ut eam in hoste etiam diligamus.
Mons altus impendebat, ut pauci iter prohibere possent.
Hercules tam fortis erat, quin vinci posset.

7

Ist der Sinn verneint oder nicht? Übersetzen Sie die Finalsätze entsprechend.

Caesar postulavit, ne Ariovistus Haeduis bellum inferret.
Hamilcar, pater Hannibalis, filium ad aram duxit, ut iuraret se numquam amicum populi Romani futurum esse.
Te moneo, ut caveas.
Ea milites omnes, ne acciderent, timebant.
Timeo, ne non amici veniant.

8

Ut ist nicht gleich **ut** – übersetzen Sie.

Marcus tam attentus est, ut iure laudetur.
Ita sensit, ut locutus est.
Ut laboravistis, ita nihil effecistis.
Caesar, ut primum id audivit, profectus est.

ēiusmodī *Adv.*	*derartig, solch, so beschaffen*
perīculum, -ī *n*	*Gefahr*
admīrārī, -mīror, -mīrātus sum	*bewundern*
illūstris, -e	*berühmt, bekannt; hell, deutlich*
ēvenīre, -veniō, -vēnī, -ventum	*geschehen, sich ereignen*
accidere, -cidō, -cidī	*geschehen, sich ereignen*
provincia, -ae *f*	*Provinz, Verwaltungsbereich*
liberāre, liberō, liberāvī, liberātum	*befreien*
administrāre, -ministrō, -ministrāvī, -ministrātum	*leiten; ausführen, verwalten*
restāre, -stō, -stitī, –	*zurückbleiben; bevorstehen; Widerstand leisten*
acerbus, -a, -um	*herb, rau, hart*
precēs, -um *f (nur Pl.)*	*Bitten; Gebete*
exōrāre, -ōrō, -ōrāvī, -ōrātum	*erbitten, erflehen; (durch Bitten) erweichen/bewegen*
māgnopere *Adv.*	*nachdrücklich, sehr*
contendere, -tendō, tendī, -tentum	*zusammenstellen; kämpfen; sich anstrengen, sich bemühen; eilen*
potestās, -ātis *f*	*Macht*
reputāre, -putō, -putāvī, -putātum	*bedenken, überlegen*

Kaiser Augustus

prīvātus, -ī *m*	*Privatmann, Mann ohne Amt*	excolere, -colō, -coluī, -cultum	*schmücken, verfeinern, verschönern*
retinēre, -tineō, -tinuī, -tentum	*zurück-, festhalten, behalten*	exstruere, -struō, -strūxī, -strūctum	*aufschichten; errichten, aufbauen*
paenitet *(Akk. d. Pers./ Gen. d. Sache)*	*es reut, ärgert, missfällt*	vel *Adv.*	*auch, besonders*
ornāre, ornō, ornāvī, ornātum	*schmücken*	praecipuus, -a, -um	*hervorragend, außerordentlich, besonders*

§ 83

Memo

Relativsätze mit dem Konjunktiv

Relativsätze (↑ L7) enthalten ergänzende Informationen zum Bezugswort. Steht ein Relativsatz im Konjunktiv, so bedeutet das, dass er einen zusätzlichen Sinn, einen sogenannten Nebensinn hat. Der Konjunktiv zeigt an, dass die Handlung des Relativsatzes in einem bestimmten logischen Verhältnis (kausal, konsekutiv, final oder konzessiv) zur Hauptsatzhandlung steht. Dieses Sinnverhältnis muss in der Übersetzung zum Ausdruck gebracht werden.

Nebensinn	**Übersetzung**
kausal	*der ja/der nämlich/weil er*
konsekutiv	*der/(so) dass er*
final	*der … soll/sollte/damit er*
konzessiv	*der doch/obwohl er*

Galli legatos ad Caesarem mittunt, qui de pace **agant**. – *Die Gallier schicken Gesandte zu Caesar, die über den Frieden verhandeln sollen/damit sie … verhandeln.* → final
Reus, qui innocens **esset**, non damnatus est. – *Der Angeklagte wurde nicht verurteilt, der ja/da er unschuldig war.* → kausal

Tipp: Konsekutive Relativsätze können Sie oft an bestimmten Wendungen erkennen:
sunt, qui – *es gibt Leute, die*
inveniuntur, qui – *es finden sich Leute, die*
nemo est, qui – *es gibt niemanden, der*
quis est, qui – *wo gibt es einen, der*
(non) sum is/talis/eiusmodi – *ich bin (nicht) so einer/von der Art*
Non is sum, qui mortis periculo **terrear**. – *Ich bin nicht so einer/von der Art, dass ich durch Lebensgefahr erschreckt werde.*

9

quin II

Bei negiertem Hauptsatz findet sich statt **qui non**, **quae non**, **quod non** auch das kürzere **quin**.

Setzen Sie das Verb in den Konjunktiv, bestimmen Sie den Nebensinn und übersetzen Sie entsprechend.

Quis est, qui hoc non ________________ (intellegit)?

Caesar milites reliquit, qui praesidio navibus ________________ (erant).

Marcus gladiatorem illum admiratus est, qui maxima virtute ________________ (pugnabat).

Nulla fuit civitas, quin Caesari ________________ (parebat).

Romani memoriam virorum illustrium colunt, quos numquam ________________ (viderunt).

Kaiser Augustus

Faktisches quod

Memo

Bisher haben Sie **quod** als Form des Relativpronomens und als Kausalsubjunktion kennengelernt. Es kann aber auch einen sogenannten faktischen **quod**-Satz einleiten, der eine Tatsache als Erläuterung der Hauptsatzhandlung beinhaltet. **Quod** bedeutet dann *(die Tatsache) dass, wenn* und steht mit dem Indikativ.
Sunt, qui mirentur, **quod** respondet. – *Es gibt Leute, die sich wundern, dass er antwortet.*
Bene facis, **quod** me adiuvas. – *Du handelst gut, wenn du mir hilfst.*

Faktische quod-Sätze können (statt ut – *dass*) auch nach den unpersönlichen Ausdrücken stehen: accedit – *es kommt hinzu*, evenit/accidit/fit – *es geschieht*
Bene accidit, **quod** eos vidisti. – *Es traf sich gut, dass du sie gesehen hast.*

Besonders bei Verben der Gemütsbewegung ist die Abgrenzung zum begründenden **quod** nicht ganz scharf, d. h. hier sind oft beide Übersetzungen möglich.
Gaudeo, quod venistis. – *Ich freue mich, dass/weil ihr gekommen seid.*

Steht in einem faktischen **quod**-Satz der Konjunktiv, so betont der Sprecher/Autor, dass es sich nicht um seine eigene Meinung handelt. Dieser Konjunktiv heißt Coniunctivus obliquus.
Reprehendis, quod semper me **laudem**. – *Du tadelst, dass ich mich immer selbst loben würde/angeblich immer selbst lobe.*

10

Übersetzen Sie die faktischen **quod**-Sätze. Achtung beim obliquen Konjunktiv!

Aegre fero, quod sapiens non sum.
Bene accidit, quod Caesar tempore suo in castra pervenit.
Gaudeo, quod ex provincia Romam revenisti.
Cives Ciceroni gratias agunt, quod res publica maximis periculis liberata sit.
Fecisti mihi gratum, quod librum ad me misisti.

Vokabeln

aegre ferre – *sich ärgern*, gratias agere – *danken*, gratum facere – *einen Gefallen tun*

11

a) Suchen Sie alle **nd**-Formen heraus, bestimmen Sie sie und übersetzen Sie die ganze nd-Konstruktion.
b) Unterstreichen Sie die **ut**-Sätze. Wie ist **ut** jeweils zu übersetzen?
c) Unterstreichen Sie alle Finalsätze.
d) Was für eine Konstruktion ist „illis saepe per preces exoratis“? Übersetzen Sie sie.
e) Welche Bedeutung hat der Konjunktiv in „qui sibi hostes viderentur“, welche in „qui sine censurae honore esset“? Übersetzen Sie.
f) Stellen Sie die Sätze mit Gliedsätzen nach der Einrückmethode dar und übersetzen Sie den Text.

De vita Augusti

Kaiser Augustus

Vokabeln

triumviratus, -us m - *Triumvirat* (mit Antonius und Lepidus), aliquamdiu *Adv. - eine Zeitlang*, proscriptio, -onis *f - Ächtung, Proskription*, alicui parcitur - *jemand wird geschont*, tribunicia potestas - *tribunizische Gewalt*, perpetuus, -a, -um - *fortdauernd, auf Lebenszeit*, regimen, -inis *n - Leitung, Aufsicht*, ius, iuris *n* - hier: *Machtstellung*, censura, -ae *f - Zensur, Zensorenamt*, census, -us *m - Zählung*, ter - *dreimal*, rem publicam reddere - *die Staatsgewalt/ Macht niederlegen*, bis - *zweimal*, illam = rem publicam, arbitrium, -ii *n - Ermessen, Macht*, temere - *blindlings, auf gut Glück*, perseverare - *verharren, dabeibleiben*, maiestas, -atis *f - Würde, Größe*, inundatio, -onis *f - Überschwemmung*, obnoxius, -a, -um - *hier: ausgesetzt*, marmoreus, -a, -um - *aus Marmor*, latericius, -a, -um - *aus Ziegeln*, in posterum - *für die Nachwelt*, Palatium, -ii *n - Palatin*, Capitolium, -ii *n - Kapitol*

Augustus triumviratum rei publicae constituendae per decem annos administravit. Ut in eo restitit aliquamdiu collegis, ne qua fieret proscriptio, ita inceptam utroque acerbius exercuit. Nam illis saepe per preces exoratis Augustus solus magnopere contendit, ne cui parceretur. In eadem hac potestate multis erat odio. Nam evenit, quod multos interfecit, qui sibi hostes esse viderentur. Tribuniciam potestatem perpetuam recepit. Recepit et morum legumque regimen aeque perpetuum; quo iure, qui sine censurae honore esset, censum tamen populi ter egit.
De reddenda re publica bis cogitavit, sed reputans et se privatum non sine periculo fore et illam plurum arbitrio temere committi, in retinenda perseveravit. Studebat omni modo, ne quem novi status paeniteret. Urbem neque pro maiestate imperii ornatam et inundationibus incendiisque obnoxiam excoluit adeo, ut iure sit gloriatus marmoream se relinquere, quam latericiam acceperat. Tutam vero etiam in posterum fecit. Publica opera plurima exstruxit, e quibus vel praecipua erant: forum cum aede Martis, templum Apollinis in Palatio, aedem Iovis in Capitolio.

(nach Sueton, Divus Augustus, 27–29)

Gaius Suetonius Tranquillus

Sueton (ca. 70–140 n. Chr.) war ein römischer Schriftsteller und Verwaltungsbeamter. In seinen Kaiserbiografien *(De vita Caesarum)* schildert er das Leben der römischen Kaiser von Caesar bis Domitian. Für die modernen Historiker liefert er mit seinen Schriften - trotz mancher Unzuverlässigkeiten - eine wertvolle Informationsquelle über das Leben römischer Gelehrter sowie der ersten zwölf Kaiser aus der römischen Kaiserzeit.

Augustus

C. Iulius Caesar Octavianus (63 v. Chr. - 14 n. Chr.) wird als Großneffe Caesars als dessen Erbe eingesetzt. Nach Caesars Tod schließt er mit Antonius und Lepidus ein Triumvirat. Mithilfe von Proskriptionen (Ächtungslisten, auf denen die Namen von „Feinden" veröffentlicht wurden, welche dann von jedem getötet werden durften) entledigen sie sich ihrer Gegner (darunter übrigens auch Cicero). Nach dem Sieg über Antonius beginnt Oktavian mit einer Neuordnung des Staates - das Ende des fast 100 Jahre dauernden Bürgerkriegs wird eingeläutet: pax Augusta. Äußerlich bleibt die röm. Republik (mit Magistraten und Senat) erhalten, er nennt sich princeps - erster Büger. Oktavian belebt viele altrömische Traditionen und Werte, fördert Künstler und Schriftsteller (ebenso sein Freund Maecenas), die seine politischen Vorstellungen auch unterstützen (z. B. Livius, Vergil). Durch große Bauvorhaben sinkt die Arbeitslosigkeit, die Reichsgrenzen werden gesichert. 27 v. Chr. wird ihm der Ehrentitel Augustus - der Erhabene - verliehen. Der Monat August ist nach ihm benannt.

Kaiser Nero

incendium, -iī *n*	*Brand, Feuersbrunst; Brandstiftung*
quantus, -a, -um?	*wie groß?, wie viel?*
quālis, -e?	*wie (beschaffen)?*
quot? *(indekl.)*	*wie viele?*
auctoritās, -ātis *f*	*Ansehen, Autorität; Beschluss*
quō … eō	*je … desto*
tōtiē(n)s *Adv.*	*so oft*
quōtiē(n)s?	*wie oft?*
triumphus, -ī *m*	*Triumph(zug)*
ōra, -ae *f*	*Küste*
turpis, -e	*hässlich, schändlich, schlecht*
vindicāre, vindicō, vindicāvī, vindicātum	*beanspruchen; befreien; bestrafen*
arguere, arguō, arguī, argūtum	*behaupten; beschuldigen, anklagen; widerlegen*
arcessere, arcessō, arcessīvī, arcessītum	*herbeiholen, -rufen; gerichtl. belangen*
convincere, -vincō, -vīcī, -victum	*widerlegen; überführen; beweisen*
condemnāre, -demnō, -demnāvī, -demnātum	*verurteilen*
absolvere, -solvō, -solvī, -solūtum	*losmachen, befreien; freisprechen*
coniūrātiō, -ōnis *f*	*Verschwörung*
caedēs, -is *f*	*Mord, Blutbad, Ermordung*
ambitus, -ūs *m*	*Um-, Kreislauf; Wählerbestechung, Amtserschleichung*
caput, -itis *n*	*Kopf, Haupt(stadt)*
crīmen, -inis *n*	*Verbrechen, Beschuldigung, Vorwurf*
fūrtum, -ī *n*	*Diebstahl, Hinterlist*
facinus, -oris *n*	*Verbrechen, Untat*
māiestās, -ātis *f*	*Würde, Größe; Hoheit(sverletzung)*

Korrelativpronomina

§ 42

Korrelativpronomina sind aufeinander bezogene Demonstrativ- und Relativ- bzw. Interrogativpronomina; sie werden für Vergleiche verwendet. Dazu zählen:

tantus … quantus – *so groß/viel … wie*
talis … qualis – *so (beschaffen) … wie*
tot … quot – *(eben)so viele … wie*

Est **tanta** in te auctoritas, **quanta** debet. – *Deine Autorität ist so groß, wie sie sein muss.*
Oratio hominis **talis** est, **qualis** is ipse est. – *Die Rede eines Menschen ist so, wie er selbst ist.*

Andere korrelative Verbindungen kennen Sie zum Teil schon:

ita/sic … ut – *so … wie*
quo/quanto … eo – *je … desto*
totie(n)s … quotie(n)s – *so oft … wie*
tam … quam – *so … wie*
idem … qui/atque – *derselbe … wie*

Romani nullum imperatorem **ita** timuerunt **ut** Hannibalem. – *Keinen Feldherrn fürchteten die Römer so wie Hannibal.*

Memo

Pompeius

Der bedeutende Feldherr Gnaeus Pompeius Magnus (106–48 v. Chr.) befreit 67 v. Chr. das Mittelmeer von Piraten, erringt im Osten des Reiches zahlreiche militärische Siege. Mit Caesar und Crassus schließt er 60 v. Chr. das 1. Triumvirat; nach dem Tode Crassus' kämpft er um die Alleinherrschaft. 48 wird er in der Schlacht bei Pharsalos von Caesar militärisch geschlagen und auf der Flucht nach Ägypten ermordet.

1

Ergänzen Sie das passende Korrelativum und übersetzen Sie.

Paucis discipulis tanta diligentia est ______________ Gaio.

Pompeius tot habet triumphos, ______________ orae sunt terrarum.

Flumen non tam altum est ______________ mare.

Milites Romani idem voluerunt ______________ hostes.

Quo res est turpior, ______________ magis vindicanda est.

Kaiser Nero

Der Genitivus criminis

Mit dem Genitivus criminis wird der Grund einer Anklage oder Verurteilung, also die Schuld bzw. das Verbrechen, angegeben. Er steht, ähnlich wie im Deutschen, bei Verben der Gerichtssprache.
aliquem accusare/arguere/reum facere – *jem. anklagen/beschuldigen*
aliquem arcessere – *jem. vor Gericht zitieren/gerichtlich belangen*
aliquem convincere – *jem. überführen*
aliquem damnare/condemnare – *jem. verurteilen*
aliquem absolvere – *jem. freisprechen (von der Anklage)*
Cicero Catilinam **coniurationis** accusat. – *Cicero klagt Catilina wegen Verschwörung an.*
Reus **caedis** damnatus est. – *Der Angeklagte wurde wegen Mordes verurteilt.*

Anstelle des Genitivs wird für das Vergehen auch ein Präpositionalausdruck verwendet.
De ambitu condemnatus est. – *Er wurde wegen Wählerbestechung verurteilt.*

Die Strafe wird bei Gerichtsverben im Ablativ oder – wenn es um Leben und Tod geht – im Genitiv angegeben.
Gaius **exilio/capitis** damnatur. – *Gaius wird zum Exil/zum Tod verurteilt.*

2

Bilden Sie Sätze, indem Sie ein zum Subjekt passendes Prädikat auswählen und das Vergehen bzw. die Strafe in den Genitiv setzen. Übersetzen Sie die so entstandenen Sätze.

Marcus	crimen	accusatur
Tullius et Gaius	furtum	damnatus
	facinus	condemnati sunt
	ambitus	absolvuntur
	caput	arcessitur
	maiestas	convincuntur

ōdisse, ōdī, –	*hassen*
meminisse, meminī, – (+ Gen.)	*sich erinnern (an), gedenken*
cōnsuēscere, -suēscō, -suēvī, -suētum	*sich gewöhnen;* Perf. *gewohnt sein, pflegen*
contumēlia, -ae *f*	*Misshandlung; Schande, Beleidigung*
patī, patior, passus sum	*erleiden, ertragen, aushalten*

admonēre, -moneō, -monuī, -monitum	
(+ AcI)	*erinnern*
(+ ut)	*mahnen, warnen*
vidēre, videō, vīdī, vīsum *(+ ut)*	*sorgen für, achten auf*
cēnsēre, cēnseō, cēnsuī, cēnsum *(+ ut)*	*dafür stimmen, beantragen*
concēdere, -cēdō, -cessī, -cessum	
(+ AcI)	*zugeben, einräumen*
(+ ut)	*gestatten, erlauben*

Kaiser Nero

Unvollständige Verben

§ 55

Memo

Einige wenige Verben sind nur im Perfektstamm gebräuchlich, sie werden Verba defectiva genannt. Die Besonderheit ist, dass das Perfekt dem Präsens (auch präsentisches Perfekt genannt) entspricht bzw. analog das Plusquamperfekt und Futur II dem Imperfekt und Futur I.

odisse - *hassen*	meminisse - *sich erinnern*
odi - *ich hasse*	memini - *ich erinnere mich*
oderam - *ich hasste*	memineram - *ich erinnerte mich*
odero - *ich werde hassen*	meminero - *ich werde mich erinnern*

Cur te **oderunt**? - *Warum **hassen** sie dich?*
Semper pugnae illius **meminerit**. - *Er **wird** sich immer an diese Schlacht **erinnern**.*

!

Das präsentische (oder resultative) Perfekt gibt es auch von anderen (vollständigen) Verben. Es bezeichnet einen Zustand, der in der Vergangenheit begonnen hat und noch in der Gegenwart andauert.
Neminem Romae **novimus**, qui hoc sciat. - *Wir **kennen** niemanden in Rom, der das weiß.*

3

Übersetzen Sie die folgenden Sätze. Achten Sie dabei auf das richtige Tempus.

Hannibal odit Romanos odioque est eis.
Seneca epistulas scribere consueverat.
Legite libros, quos utiles esse novistis!
Milites belli periculorumque meminerant.
Contumelias pati magis odero malis omnibus aliis.

Verben mit AcI oder Finalsatz

§ 79

Memo

Manche Verben können entweder mit einem AcI (↑ L5) oder einem Finalsatz (↑ L13) konstruiert werden. Je nach Folgekonstruktion haben sie jedoch unterschiedliche Bedeutungen.

	+ AcI	**+ Finalsatz**
(ad)monere	*erinnern*	*mahnen, warnen*
persuadere	*überzeugen*	*überreden*
videre	*sehen*	*sorgen für, achten auf*
censere	*der Ansicht sein*	*dafür stimmen, beantragen*
concedere	*zugeben, einräumen*	*gestatten, erlauben*

Catoni persuasum est Carthaginem delendam esse. -
Cato war davon überzeugt, dass Karthago zerstört werden müsse.
Orgetorix suis persuasit, ut de finibus suis exirent. -
Orgetorix überredete seine Leute, ihr Gebiet zu verlassen.

Lerntipp

Das Passiv von **persuadere** wird unpersönlich gebildet:
mihi persuadetur - *ich lasse mir einreden/ mich überzeugen,*
mihi persuasum est - *ich bin überzeugt*

4

AcI oder Finalsatz? Übersetzen Sie entsprechend.

1. Cato censuit, ut impetus in Carthaginem faceretur.
2. Gaius amicis persuadet, ut veniant.
3. Senatores censuerunt Iovi sacrificandum esse.
4. Vos moneo, ut studeatis, discipuli.
5. Concedetis, senatores, hoc crimen gravius esse.

dīvidere, dīvidō, dīvīsī, dīvīsum	*teilen, trennen*
colloquium, -iī *n*	*Gespräch, Unterredung*
dēmigrāre, -migrō, -migrāvī, -migrātum	*auswandern, wegziehen*
silva, -ae *f*	*Wald*
dēpōnere, -pōnō, -posuī, -positum	*ab-, niederlegen; in Sicherheit bringen; weglegen*
īgnōrāre, īgnōrō, īgnōrāvī, īgnōrātum	*nicht kennen, nicht wissen*
utrum/-ne … necne	*ob … oder nicht*
quid est?	*was ist der Grund?*
legiō, -ōnis *f*	*Legion* (Truppeneinheit von ca. 6000 Mann)
supplicāre, -plicō, -plicāvī, -plicātum *(+ Dat.)*	*beten, demütig bitten, anflehen*
mātrōna, -ae *f*	*(Ehe-)Frau, Gattin*
simulācrum, -ī *n*	*Bild, Standbild*
ops, opis *f*	*Hilfe; Macht, Kraft;* Pl. *Vermögen; Streitkräfte*
hūmānus, -a, -um	*menschlich*
īnfāmia, -ae *f*	*übler Ruf, Schande*
abolere, -oleō, -olēvī, -olitum	*zerstören, vernichten, beseitigen*
rūmor, -ōris *m*	*Gerücht; Ruf; öffentl. Meinung*
subdere, -dō, -didī, -ditum	*unterlegen; unter-, vorschieben*
flāgitium, -iī *n*	*Schande; Vergehen*

corripere, -ripiō, -ripuī, -reptum	*zusammenraffen; ergreifen; anklagen*
fatērī, fateor, fassus sum	*bekennen, gestehen*
indicium, -iī *n*	*Anzeige, Aussage*
haud proinde … quam	*nicht so sehr … als*
addere, -dō, -didī, -ditum	*hinzufügen, beigeben*
tergum, -ī *n*	*Rücken; Fell, Leder*
contingere, -tingō, -tigī, -tāctum	*berühren, behaften; erreichen; gelingen*
canis, -is *m*	*Hund*
crux, crucis *f*	*Kreuz, Marterpfahl*
affigere, -figō, -fīxī, -fīxum	*anheften, befestigen*
lūmen, -inis *n*	*Licht, Tageslicht*
ūrere, ūrō, ussī, ustum	*(ver)brennen*
offerre, -ferō, obtulī, oblātum	*entgegenbringen, anbieten*
ēdere, -dō, -didī, -ditum	*von sich geben, herausgeben, bekanntmachen, veranstalten*
permiscere, -miscō, -miscuī, -mixtum	*vermischen, verbinden*
plēbs, -bis *f*	*Plebs, Menge, Haufen*
insistere, -sistō, -stitī, –	*sich stellen auf; auf-, betreten*
ūtilitās, -ātis *f*	*Tüchtigkeit, Nutzen, Vorteil*
absūmere, -sūmō, -sūmpsī, -sūmptum	*verbrauchen; vernichten;* Pass. *umkommen*

Die indirekte Rede

§ 86

Mit der indirekten Rede (Oratio obliqua) werden Aussagen, Meinungen oder Gedanken anderer Personen wiedergegeben. Als Einleitung dient also ein Verb des Meinens oder Sprechens – oft muss dies jedoch aus dem Zusammenhang ergänzt werden, vor allem wenn es sich um eine längere indirekte Rede handelt.

Memo

Für die deutsche indirekte Rede muss der Konjunktiv I verwendet werden, der jedoch durch den Konjunktiv II ersetzt wird, wenn der Konjunktiv I dem Indikativ entspricht (in der 1. Pers. Sg., 1. und 3. Pers. Pl.):
Er sagte, sie kämen. → „sie kämen/würden kommen" statt „sie kommen" (Konjunktiv I der Gegenwart = Indikativ Präsens).

Aussagesätze der direkten Rede stehen in der indirekten Rede im AcI.
Caesar dixit: „Belgae unam partem Galliae incolunt." – *Caesar sagte: „Die Belgier bewohnen einen Teil Galliens."* → (Caesar dixit) Belgas unam partem Galliae incolere. – *(Caesar sagte) Die Belgier würden einen Teil Galliens bewohnen.*

Sofern ein Hauptsatz **Aufforderungen, Wünsche** oder **Verbote** beinhaltet, wird er in der indirekten Rede als konjunktivischer Gliedsatz (mit oder ohne **ut**, verneint **ne**) formuliert.
Marcus dixit: „Venite, amici! Nolite dubitare!" – *Markus sagte: „Kommt, Freunde! Zögert nicht!"* → Marcus dixit, (ut) amici venirent. Ne dubitarent. – *Markus sagte, dass die Freunde kommen sollten. Sie sollten nicht zögern.*

Beziehen sich in der indirekten Rede Pronomina auf das übergeordnete Subjekt (den Sprecher), werden die reflexiven Formen verwendet.
Nuntius dicit se hostes fugere vidisse. – *Der Bote sagt, dass er die Feinde fliehen gesehen habe.*

5

Setzen Sie die folgenden Sätze in die indirekte Rede und übersetzen Sie beides in Ihrem Übungsheft.

Caesar locutus est: „Gallia est omnis divisa in partes tres."
Domina dixit: „Laborate, servae!"
Caesar postulavit: „Nolite impetum facere, milites!"

6

Übersetzen Sie die folgenden Sätze in indirekter Rede.

Ariovistus ad Caesarem legatos misit: Velle se de iis rebus agere cum eo.
Caesar respondit, ut ille diem colloquio constitueret.
Caesar cognovit Suebos nuntios in omnes partes misisse: Omnes de oppidis demigrarent, liberos, uxores suaque omnia in silvis deponerent.

Vokabeln

Ariovistus, -i *m* – *Ariovist* (Führer der Sueben), Suebi, -orum *m* – *Sueben* (Volksstamm in Gallien)

Kaiser Nero

§86

Memo

Fragen und Gliedsätze in der indirekten Rede

Echte **Fragen** stehen im Konjunktiv, rhetorische Fragen (also solche, auf die eigentlich keine Antwort erwartet wird) im AcI.
Mater interrogavit: „Quo is, Gai?" – *Die Mutter fragte: „Wohin gehst du, Gaius?"*
→ Mater interrogavit, quo Gaius iret. – *Die Mutter fragte, wohin Gaius gehe.*
Cicero quaesivit: „Quis hoc ignorat?" – *Cicero fragte: „Wer weiß das denn nicht?"*
→ Cicero quaesivit quem hoc ignorare. – *Cicero fragte, wer das denn nicht wisse.*
Satzfragen (Entscheidungsfragen) werden mit der Partikel -ne – *ob* eingeleitet, Doppelfragen mit utrum/-ne … an/necne – *ob … oder/oder nicht.*
Interrogavit, litterasne suas accepissem. – *Er fragte, ob ich seinen Brief erhalten habe.*

In allen **Gliedsätzen** der indirekten Rede steht der oblique Konjunktiv (↑ L13).
Galli dixerunt: „Omnes, qui arma ferre possunt, unum in locum conveniunt." – *Die Gallier sagten: „Alle Waffenfähigen (die Waffen tragen können) versammeln sich an einer Stelle."*
Galli dixerunt omnes, qui arma ferre possent, unum in locum convenire. – *Die Gallier sagten, dass alle Waffenfähigen (die Waffen tragen konnten) sich an einer Stelle versammeln würden.*

!

§65

In indirekten Fragesätzen sowie in **quin**-Sätzen kann eine nachzeitige Handlung auch durch die sogenannte **Coniugatio periphrastica** ausgedrückt werden – als Ersatz für den nicht vorhandenen Konjunktiv Futur. Diese besteht aus dem PFA (↑ L9) und dem Konjunktiv Präsens bzw. Imperfekt von **esse**.

HS	**NS**
Präsens/Futur I/Imperativ	-urus, -a, -um sim, sis etc.
Imperfekt/Perfekt/Plusquamperfekt	-urus, -a, -um essem, esses etc.

Scio, quid **responsurus sis**. – *Ich weiß, was du antworten wirst.*
Non dubitavi, quin **venturus esses**. – *Ich zweifelte nicht daran, dass du kommen würdest.*

Vokabeln

Suebi, -orum *m* – *Sueben*, fugā salutem petere – *sein Heil in der Flucht suchen*, pridie – *tags zuvor*, quid est? – *was ist der Grund?*

7

Übersetzen Sie die Ansprache der germanischen Heerführers Ariovist, die in indirekter Rede berichtet wird.

Ariovistus, dux Sueborum, milites interrogavit, utrum Romanos vincere vellent necne.
Quid esse turpius quam fuga salutem petere?
Cur pridie non fortius pugnavissent?
Quid esset, cur de sua virtute dubitarent?

Kaiser Nero

8

Ergänzen Sie die passende Form von **esse** (Achtung: Consecutio temporum!) und übersetzen Sie.

Quaesivisti, venturusne ______________________ (ego).

Mihi non est dubium, quin legiones venturae ______________________.

Marcus interrogavit, cur amici se non adiuturi ______________________.

Ulixes non dubitat, quin Troia brevi peritura ______________________.

Vokabeln

brevi – *erg.* tempore

9

a) Unterstreichen Sie alle PC- und Abl. abs.-Konstruktionen. Bestimmen Sie das zeitliche und logische Verhältnis und übersetzen Sie die Partizipialkonstruktionen.
b) Finden Sie Genitivi criminis?
c) Um welche Konstruktion handelt es sich bei „abolendo rumori"?
d) Stellen Sie die Sätze mit Gliedsätzen nach der Einrückmethode dar und übersetzen Sie den ganzen Text.

Vom 19. bis 26. Juli 64 n. Chr. zur Regierungszeit des Kaisers Nero, ereignete sich der größte Brand Roms. Dabei wurden laut Tacitus drei Stadtbezirke völlig zerstört, in sieben Bezirken standen von den Gebäuden nur noch wenige halbverbrannte Trümmer. Gleich danach tauchte das Gerücht auf, Nero selbst habe den Brand verursacht …

Mox sunt petita deis piacula aditique Sibyllae libri, ex quibus supplicatum est totiens Vulcano, quotiens Cereri Proserpinaeque. Propitiata est etiam Iuno per matronas, primum in Capitolio, deinde apud proximum mare, ac aqua hausta templum et simulacrum deae perspersum est.
Sed non ope humana, non largitionibus principis aut deum placamentis decedebat infamia, quin iussum incendium crederetur. Ergo abolendo rumori Nero subdidit reos et incendii accusavit gravissimisque poenis affecit, quos vulgus Christianos appellabat. Auctor nominis eius Christus Tiberio imperatore per procuratorem Pontium Pilatum capitis damnatus est.
Primum correpti sunt, qui fatebantur, deinde indicio eorum multitudo ingens haud proinde in crimine incendii quam odio humani generis convicta est. Et pereuntibus addita sunt ludibria, ut bestiarum tergis contecti laniatu canum interirent aut crucibus affixi, ubi defecisset dies, in usum nocturni luminis urerentur.
Multi dicunt Neronem, qui hortos suos ei spectaculo obtulisset et circensem ludum edidisset, habitu aurigae, ut consuevisset, permixtum esse plebi vel curriculo insistisse. Tamen quibusdam persuasum est eos non utilitati publicae, sed saevitia unius absumptos esse.

(nach Tacitus, Annales 15, 44)

Kaiser Nero

Vokabeln

piaculum, -i *n* – *Sühneopfer*, Sibylla, -ae *f* – *Sibylle* (Weissagerin/Orakel in Cumae; die sibyllinischen Bücher enthielten Ratschläge gegen Unglücksfälle) , Vulcanus, -i *m* – *Vulcanus* (Gott d. Feuers), Ceres, -is *f*– *Ceres* (Göttin d. Getreides u. Ackerbaus), Proserpina, -ae *f* – *Proserpina* (Unterwelts- u. Fruchtbarkeitsgöttin, Tochter d. Ceres), propitiare – *versöhnen*, perspergere, -spergo, -spersi, -spersum – *besprengen*, bespritzen, largitio, -onis *f* – *großzügige Schenkung*, deum = deorum, placamentum, -i *n* – *Besänftigungsmittel*, Christianus, -i *m* – *Christ*, procurator, -oris *m* – *Prokurator*, ludibrium, -ii *n* – *Spott, Spiel*, laniatus, -us *m* – *Zerfleischung*, dies deficit – *der Tag neigt sich (dem Ende zu)*, nocturnus, -a, -um – *nächtlich*, circensis, -e – *Zirkus-*, habitus, -us *m* – *Aussehen, Gewand*, auriga, -ae *m* – *Wagenlenker*, curriculum, -i *n* – *(Renn-)Wagen*, saevitia, -ae *f* – *Grausamkeit, Wut*

Nero

Nero Claudius Caesar (37–68 n. Chr.), der Sohn Agrippinas (seit 49 Frau des Kaisers Claudius), wird von diesem adoptiert. Er erhält durch den Philosophen Seneca eine gute Ausbildung und Erziehung. Seine ständigen Konflikte mit der Mutter beendet Nero mit deren Ermordung; er beseitigt auch seine erste Frau Octavia, um eine andere – Poppaea Sabina – heiraten zu können.
Für den großen Brand in Rom – bei dessen Anblick Nero den Untergang Trojas besungen haben soll – macht er die Christen verantwortlich und bestraft sie grausam. Beim Wiederaufbau, den er u. a. mit erzwungenen Spenden und Tempelplünderungen finanziert, lässt er für sich selbst die *Domus aurea* errichten. 65 n. Chr. schlägt er die Pisonische Verschwörung nieder, die gegen ihn gerichtet und in die auch sein Lehrer Seneca verstrickt ist, der daraufhin zum Selbstmord gezwungen wird. In der anschließenden Säuberungswelle lassen weitere Personen ihr Leben, z. B. der Schriftsteller Petron. 68 n. Chr. wird Nero vom Senat geächtet, er begeht auf der Flucht Selbstmord.

Herzlichen Glückwunsch!
Sie sind nun fit für die Prüfung zum *kleinen Latinum*.

Mit Rhetorik gegen einen Verbrecher

convīvium, -iī *n*	*Gastmahl, Gelage, Tischgesellschaft*
aspicere, -spiciō, -spexī, -spectum	*erblicken, ansehen, betrachten*
abstinēre, -tineō, -tinuī, -tentum	*ab-, fern-, zurückhalten*
impūne *Adv.*	*ungestraft; ohne Schaden/Nachteil*
apponere, -ponō, -posuī, -positum	*hinzufügen; hinstellen, -setzen; vorsetzen, auftragen*
ēgregius, -a, -um	*hervorragend, ausgezeichnet*
īnsīgne, -is *n*	*Wappen; Ehrenzeichen; Schmuckstück*
penātēs, -ium *m*	*Penaten*
hospitālis, -e	*Gast-, gastlich, -freundlich*
āvellere, -vellō, -vellī/-vulsī, -vulsum	*ab-, losreißen, entfernen*
avāritia, -ae *f*	*Geiz, Habgier*
discēdere, -cēdō, -cessī, -cessum	*auseinander-, weggehen*
ibīdem *Adv.*	*ebenda, an derselben Stelle*
convīva, -ae *m*	*Gast, Tischgenosse*
ēvellere, -vellō, -vellī, -vulsum	*aus-, herausreißen; wegschaffen*
ēnumerāre, -numerō, -numerāvī, -numerātum	*aufzählen, ausrechnen*
cōnārī, cōnor, cōnātus sum	*versuchen (zu)*
opus est	*es ist nötig, man muss*
exemplum, -ī *n*	*Beispiel*
improbitās, -ātis *f*	*Schlechtigkeit, Ruchlosigkeit*
prōferre, -ferō, -tūlī, -lātum	*hervorbringen, -tragen; bekanntmachen; erwähnen*
occultus, -a, -um	*geheim, verborgen*
palam *Adv.*	*bekannt, in aller Öffentlichkeit*
campus, -ī *m*	*Feld*
collis, -is *m*	*Hügel*
dēserere, -serō, -seruī, -sertum	*im Stich lassen, verlassen*
vigilia, -ae *f*	*Nachtwache, (Wach-)Posten*
concursus, -ūs *m*	*Zusammenlauf, -strömen*
diripere, -ripiō, -ripuī, -reptum	*zer-, weg-, entreißen; plündern, berauben*
ēloquentia, -ae *f*	*Beredsamkeit*
parum *Adv.*	*zu wenig*
libīdō, -inis *f*	*Begierde, Verlangen; Willkür*

Gaius Verres – Mann ohne Skrupel

Gaius Verres (115–43 v. Chr.) steht für einen der größten politischen Skandale der römischen Republik – kein geringerer als Cicero sorgte für die Aufdeckung von Verres' Verbrechen und seine Verurteilung.

Von 73–71 v. Chr. war Verres Statthalter (**propraetor**) in Sizilien: In dieser Zeit plünderte er die Insel, misshandelte oder tötete willkürlich viele ihrer Bewohner. Erst nach Ablauf der Amtszeit konnten die Sizilier Anklage erheben, und zwar, wie es üblich war, an einem Sondergerichtshof für **quaestiones pecuniarum repetundarum** – *Prozesse wegen Herausgabe veruntreuter Gelder/Repetundenprozesse*. Diese führten oft zu keiner Verurteilung, da die zahlreichen Statthalter, die sich in den Provinzen bereicherten, gute Beziehungen zu den Gerichten in Rom hatten.

Cicero wurde von den Siziliern beauftragt, ihre Sache zu vertreten – Hauptverteidiger des Verres war Hortensius, der Staranwalt Roms. Verres versuchte zunächst, Cicero als Gegenanwalt durch einen ihm wohlgesonnenen Anwalt zu ersetzen, dann mit allen Mitteln den Prozess zu verschleppen – jedoch erfolglos: Das Belastungsmaterial, das Cicero schon in der ersten Rede gegen Verres anführte, war

Mit Rhetorik gegen einen Verbrecher

Schutzgötter

Die Penaten wurden als Schutzgötter des Hauses am Herd verehrt; dort spendete man ihnen Wein, Eier, Blumen u. a. Als **di penates populi Romani** (*Schutzgötter des röm. Volkes*) wurden sie im Vesta-Tempel verehrt. Weitere Schutzgötter des Hauses und auch der Familie waren die Laren, deren Bilder in einem Lararium im Atrium des Hauses oder am Herd standen.

erdrückend. Verres wartete den Prozessausgang erst gar nicht ab, sondern begab sich mit dem Großteil des Beuteguts nach Marseille ins freiwillige Exil. Das Urteil war vergleichsweise milde: Verres wurde in Abwesenheit dazu verurteilt 3 Mio. Sesterzen zu zahlen, was in etwa dem Besitz entsprach, den er in Rom zurückgelassen hatte.
Die beiden Reden gegen Verres begründeten Ciceros Ruhm als Redner endgültig, der damit Hortensius als führenden Gerichtsredner ablöste.

1

a) Welche Kasusfunktion hat „caelati" im ersten Satz?

b) Welchen Gliedsätzen entsprechen die folgenden Ablativi absoluti?

sigillis avulsis:	1)	postquam sigilla avulsa sunt
	2)	quia sigilla avulsa erant
	3)	quamquam sigilla avulsa erant
convivis spectantibus:	1)	postquam convivae spectaverunt
	2)	cum convivae spectarent
	3)	dum convivae spectant

c) Unterstreichen Sie alle AcIs und bestimmen Sie das Zeitverhältnis.

d) Suchen Sie im ersten Abschnitt die Demonstrativpronomina. Wer ist jeweils gemeint?

e) Um welche Konstruktion handelt es sich bei „emblemata evellenda curavit"? Und wie ist sie zu übersetzen?

f) Stellen Sie den Text nach der Einrückmethode dar und übersetzen Sie.

Als Statthalter auf Sizilien hat Verres zahlreiche Kunstgegenstände von Privatleuten geraubt.

Iste cum in convivium venerat, si quicquam caelati aspexerat, manus abstinere, iudices, non poterat: Cn. Pompeius est Tyndaritanus. Is cenam isti dabat in villa sua. Fecit, quod Siculi non audebant; ille, quod civis Romanus erat, impune id se facturum esse putavit: Apposuit patellam, in qua sigilla erant egregia. Iste ut vidit, non dubitavit illud insigne penatium hospitaliumque deorum ex hospitali mensa tollere; paulo post sigillis avulsis reliquum argentum sine ulla avaritia reddidit.
Quid? Eupolemo Calactino, homini nobili, Lucullorum hospiti, qui nunc apud exercitum cum L. Lucullo est, non idem fecit? Cenabat apud eum; ille apposuerat duo pocula non magna, verum tamen cum emblemate. Hic, ne sine corollario de convivio discederet, ibidem convivis spectantibus emblemata evellenda curavit. Neque ego nunc istius facta omnia enumerare conor neque opus est nec fieri ullo modo potest: Tantum nonnulla indicia et exempla variae improbitatis apud vos profero. Et ita se gessit in his rebus, quasi reus numquam esset futurus; nam haec, quae dico, non occulte, non per amicos atque interpretes, sed palam ipse agebat.

(nach Cicero, In Verrem 2, 4, 48 f.)

Vokabeln

caelatus, -a, -um – *ziseliert, mit Figuren verziert,* Cn. = Gnaeus, Tyndaritanus, -i *m* – *Tyndaritaner, Bürger von Tyndaris* (Stadt auf Sizilien), Siculi, -orum *m* – *Sizilier,* patella, -ae *f* – *Opferschale,* sigillum, -i *m* – *Figuren,* dei hospitales – *die Gastfreundschaft schützende Götter,* Eupolemus Calactinus – *Eupolemus aus Kalakte* (Stadt auf Sizilien), Luculli, -orum *m* – *Familie der Luculli,* zu der auch Lucius Licinius Lucullus gehörte, L. Lucullus – *Lucius (Licinius) Lucullus* (Feldherr, der zu der Zeit einen Krieg gegen den Partherkönig Mithridates führte und diesen später auch zusammen mit Pompeius besiegte), poculum, -i *n* – *Becher,* emblema, -atis *n* – *Reliefband,* corollarium, -i *n* – *Geschenk,* interpres, -etis *m* – *Unterhändler*

2

a) Was wirft Cicero Verres im Text von Übung 1 im Einzelnen vor?

b) Wie beurteilen Sie das im Text beschriebene Verhalten von Verres?

Rhetorische Stilmittel

Zu einer profunden römischen Ausbildung gehörte auch der Unterricht in Rhetorik: Themen waren nicht nur die Arten und der Aufbau einer Rede (↑ S. 114), sondern auch die Ideale des Stils: **latinitas** bzw. **puritas** – *Sprachrichtigkeit,* **aptum** – *Angemessenheit des Ausdrucks,* **ornatus** – *Redeschmuck* und **brevitas** – *Kürze.* Unter Redeschmuck verstand man die sogenannten rhetorischen Stilmittel, Kunstgriffe der Wortwahl und Wortstellung, die die Aufmerksamkeit der Hörer garantieren sollte. Dazu zählen u. a.:

- **Alliteration** – gleicher Anlaut mehrerer aufeinander folgender Wörter zu lautmalerischen Hervorhebung des Inhalts:
  Eos **c**ampos **c**ollesque desertos videbam. – *Diese Felder und Hügel sah ich verlassen.*
- **Anapher** – Wiederholung desselben Wortes (oder Wortgruppe) zu Anfang eines Satzes oder Satzteiles:
  Nihilne te urbis vigiliae, **nihil** timor populi, **nihil** concursus bonorum omnium moverunt? – *Haben dich nicht die Wachen der Stadt, nicht die Angst des Volkes, nicht das Zusammenströmen alle anständigen Bürger beeindruckt?*
- **Chiasmus** – Überkreuzstellung einander entsprechender Wörter (< griech. Buchstabe Chi – X):
  Illi est satis eloquentiae,
  sapientiae parum. – *Er hat genügend Beredsamkeit, an Weisheit zu wenig.*

Mit Rhetorik gegen einen Verbrecher

- **Parallelismus** – parallele Anordnung einander entsprechender Wörter oder Satzteile:
  Non semper vicit libidinem virtus,
  timorem animus. – *Nicht immer besiegt die Tugend die Begierde, der Mut die Angst.*
- **Klimax** – Steigerung eines Ausdrucks durch den oder die folgenden:
  Fugerant enim multi, non solum agros, sed etiam suas patrias reliquerant.
  – *Viele nämlich waren geflohen, sie hatten nicht nur ihre Felder, sondern auch ihre Heimatorte verlassen.*

3

Cicero ist ein wahrer Meister der Rhetorik: Welche o. g. rhetorischen Stilmittel können Sie im Text der Übung 1 entdecken?

commemorāre, -memorō, -memorāvī, -memorātum	*sich erinnern; erwähnen, anführen*
medium, -iī *n*	*Mitte; Öffentlichkeit; öffentl. Weg*
aliquando *Adv.*	*irgendeinmal, einst; endlich*
conclūdere, -clūdō, -clūsī, -clūsum	*zusammenschließen; abschließen; zusammenfassen*
dēfīnīre, -fīniō, -fīnīvī, -fīnītum	*ab-, begrenzen; definieren; abschließen, beenden*
ferē *Adv.*	*beinahe, fast, ungefähr*
quemadmodum?	*wie?*
cōnferre, -ferō, -tūlī, -lātum	*vergleichen; zusammentragen*
invictus, -a, -um	*unbesiegt, unbesiegbar*
impūrus, -a, -um	*unrein, schmutzig; schändlich, lasterhaft*
ac (< atque)	*und dazu/sogar*
omittere, -mittō, -mīsī, -missum	*aufgeben; auslassen*
introitus, -ūs *m*	*Eingang, Einzug*
sanguis, -inis *m*	*Blut*
redundāre, -undō, -undāvī, -undātum	*überströmen, im Überfluss haben/vorhanden sein*
classis, -is *f*	*Abteilung, Flotte*
claudere, claudō, clausī, clausum	*ab-, einschließen*
praedō, -ōnis *m*	*Räuber, Plünderer*
patēre, pateō, patuī, –	*offen stehen, zugänglich sein; klar sein*
adhibēre, -hibeō, -hibuī, -hibitum	*anwenden; anlegen; zeigen*
licentia, -ae *f*	*Zügellosigkeit; Erlaubnis*
mīlitāris, -e	*soldatisch, militärisch, kriegerisch*
inquam (*3. Pers. Sg.* inquit)	*sag(t)e ich*
anteā *Adv.*	*vorher, früher*

4

Zahlreiche deutsche Wörter haben lateinische Wurzeln – welche haben die folgenden?

eloquent • desertieren • Abstinenz • Exempel • perfekt • Konstitution • definieren • Militär • redundant • Lizenz

Mit Rhetorik gegen einen Verbrecher

5

a) Um welche Art von Gliedsatz handelt es sich bei „ut aliquando … concludam atque definiam"?
b) Was ersetzt **quin** im Satz „Nemo fere vestrum est, quin …"? Welche Satzart leitet es ein? Welche Kasusfunktion hat hier **vestrum**?
c) Unterstreichen Sie alle indirekten Fragesätze.
d) Suchen Sie alle attributiv verwendeten PPPs und alle PCs heraus. In welchem zeitlichen und logischen Verhältnis stehen die PCs?
e) Stellen Sie den Text nach der Einrückmethode dar und übersetzen Sie.

Cicero berichtet über die Plünderung der Stadt Syrakus durch Verres.

Unius etiam urbis omnium pulcherrimae, Syracusarum, direptionem commemorabo et in medium proferam, iudices, ut aliquando totam orationem concludam atque definiam. Nemo fere vestrum est, quin, quemadmodum captae sint a M. Marcello Syracusae, saepe audierit, non numquam etiam in annalibus legerit. Conferte hanc pacem cum illo bello, huius praetoris adventum cum illius imperatoris victoria, huius cohortem impuram cum illius exercitu invicto, huius libidines cum illius continentia: ab illo, qui cepit, conditas, ab hoc, qui constitutas accepit, captas dicetis Syracusas.
Ac iam illa omitto, quae disperse a me multis in locis dicentur ac dicta sunt, forum Syracusanorum, quod introitu Marcelli purum a caede servatum est, id adventu Verris Siculorum innocentium sanguine redundasse, portum Syracusanorum, qui tum et nostris classibus et Carthaginiensium clausus esset, eum isto praetore Cilicum myoparoni praedonibusque patuisse; mitto adhibitam vim ingenuis, matres familias violatas, quae tum in urbe capta commissa non sunt neque odio hostili neque licentia militari neque more belli neque iure victoriae; mitto, inquam, haec omnia, quae ab isto per triennium perfecta sunt; ea, quae coniuncta cum illis rebus sunt, de quibus antea dixi, cognoscite.

(Cicero In Verrem 2, 4, 115 f.)

Vokabeln

Syracusae, -arum *f* – *Syrakus*, direptio, -onis *f* – *Plünderung*, M. Metellus – *Marcus Metellus* (röm. Feldherr, der im 2. Pun. Krieg Sizilien den Karthagern entriss), audierit = audiverit, annales (*erg.* libri), -ium *m* – *Jahrbücher, Annalen*, cohors, -tis *f* – *hier: Gefolge, Anhang*, Syracusani, -orum *m* – *Syrakusaner*, id – greift forum noch einmal auf, redundasse = redundavisse, eum – greift portum noch einmal auf, Cilices, -um *m* – *Kilikier*, myoparo, -onis *m* – *Kaperschiff*, mitto = omitto, continentia, -ae *f* – *Selbstbeherrschung*, constituere – *hier: ordnen*, disperse *Adv.* – *vereinzelt*, ingenui, -orum *m* – *freie Bürger*, familias = familiae (alter Genitiv), triennium, -ii *n* – *Zeitraum von drei Jahren*

Mit Rhetorik gegen einen Verbrecher

Rhetorische Stilmittel II

Weitere rhetorische Stilmittel sind:

- **Asyndeton** – Reihung von gleichgeordneten Wörtern oder Satzteilen ohne Verbindung durch eine Konjunktion:
  Veni, vidi, vici. *(zugleich Alliteration!) – Ich kam, sah und siegte.*
- **Polysyndeton** – Verbindung paralleler Satzglieder durch eine vielfach wiederholte Konjunktion:
  Multa templa a Verre **et** spoliata **et** direpta sunt. – *Viele Tempel wurden von Verres geplündert und ausgeraubt.*
- **Ellipse** – Auslassung eines Wortes (oft eine Form von esse):
  Nuntius oppidum captum (*erg.* esse) dicit. – *Der Bote sagt, dass die Stadt eingenommen worden sei.*
- **Hendiadyoin** – Umschreibung eines Begriffes durch zwei (oft bedeutungsverwandte) Wörter:
  Hoc postulamus atque poscimus. – *Das fordern und verlangen wir.*

6

Welche rhetorischen Stilmittel können Sie im Text von Übung 5 entdecken?

Aufbau einer Rede

Der Aufbau einer Rede erfolgte nach ganz bestimmten Regeln. Eine Rede sollte aus folgenden Teilen bestehen:

1. exordium – *Einleitung*
2. narratio – *Erzählung des Hergangs*
3. divisio (partitio oder propositio) – *Präzisierung des Sachverhalts*
4. confirmatio (oder probatio) – *positive Beweisführung*
5. confutatio (oder refutatio) – *negative Beweisführung*
6. peroratio (oder conclusio) – *Schluss*

Übrigens: In der 1. Rede gegen Verres hielt sich Cicero nicht an den üblichen Aufbau, er ging gleich mit Prozessauftakt zur Beweisführung über, um die Verschleppungstaktiken des Gegners mit handfestem Belastungsmaterial zu beenden. Dieses ungewöhnliche Verfahren hatte auch Erfolg – die Richter waren von Verres' Schuld überzeugt und dieser floh ins Exil.

Cicero und die catilinarische Verschwörung

ūsque *Adv.*	*ununterbrochen; bis*
quō ūsque?	*wie lange? (bis wohin?)*
vāstāre, vāstō, vāstāvī, vāstātum	*verwüsten, -heeren*
perferre, -ferō, -tūlī, -lātum	*hintragen; durchführen; ertragen*
vixdum *Adv.*	*kaum erst/noch*
coetus, -ūs *m*	*Zusammenkunft, Versammlung*
dīmittere, -mittō, -mīsī, -missum	*ausschicken; entlassen; aufheben*
comperīre, -periō, -perī, -pertum	*erfahren, in Erfahrung bringen*
mūnīre, mūniō, mūnīvī, mūnītum	*bauen; befestigen; schützen, sichern*
exclūdere, -clūdō, -clūsī, -clūsum	*ausschließen, nicht einlassen; fernhalten*
māne *Adv.*	*morgens, früh*
pestis, -is *f*	*Seuche; Unheil, Verderben*
paulisper *Adv.*	*eine kurze Zeit, ein wenig*
reprimere, -primō, -pressī, -pressum	*zurückdrängen, -treiben; abwehren*
oculus, -ī *m*	*Auge*
sīcut	*(so) wie, wie wenn*
adhūc *Adv.*	*bisher, bis jetzt, noch (immer)*
cūstōdīre, cūstōdiō, cūstōdīvī, cūstōdītum	*bewachen; überwachen, beaufsichtigen; gefangen halten*
abūtī, -ūtor, -ūsus sum *(+ Abl.)*	*verbrauchen; missbrauchen*
tandem *Adv.*	*endlich, denn eigentlich*
patientia, -ae *f*	*Geduld, Ertragen*
furor, -ōris *m*	*Raserei, Wut, Wahnsinn*
ēlūdere, -lūdō, -lūsī, -lūsum	*verspotten; ausweichen, entgehen*
iactāre, iactō, iactāvī, iactātum	*werfen, refl. sich brüsten, sich großtun*
ōs, ōris *n*	*Mund, Gesicht*
cōnstringere, -stringō, -strīnxī, -strictum	*zusammenschnüren, binden, fesseln*
scientia, -ae *f*	*Kunde, Kenntnis, Wissen(schaft)*
convocāre, -vocō, -vocāvī, -vocātum	*zusammen-, berufen*
ō!	*o!, ach!*
immo vērō *Adv.*	*ja sogar, vielmehr*
dēsīgnāre, -sīgnō, -sīgnāvī, -sīgnātum	*bezeichnen, angeben, bestimmen*
notāre, notō, notāvī, notātum	*kennzeichnen, bezeichnen; wahrnehmen, sehen*
vītāre, vītō, vītāvī, vītātum	*ausweichen; (ver-)meiden, entgehen*
iussum, -ī *n*	*Befehl, Geheiß*
prīdem *Adv.*	*längst, vor langer Zeit*
sēditiō, -ōnis *f*	*Aufruhr; Streit, Zwietracht*
suspīciō, -ōnis *f*	*Verdacht; Vermutung*
improbus, -a, -um	*schlecht, ruchlos; unverschämt*
hebēscere, hebēscō, –	*stumpf werden; ermatten*

1

Verbinden Sie die Interrogativpronomen mit der richtigen Bedeutung.

quid? cur? quo usque? ubi? quando? quem? quis?

wer? wie lange? wen? wann? was? warum? wo?

2

Zur Wiederholung: Abl. abs. oder PC? Bestimmen Sie das logische und zeitliche Verhältnis und übersetzen Sie (ggf. schrittweise: zunächst die Partizipkonstruktion, dann den ganzen Satz).

1) Num Catilinam orbem terrae caede atque incendiis vastare cupientem nos consules perferamus?
2) Haec omnia ego vixdum coetu vestro dimisso comperi, domum meam maioribus praesidiis munivi, exclusi eos, quos tu ad me salutatum mane miseras.

Supina

Das Supinum I sieht aus wie ein PPP, ist aber ein alter Akkusativ der Richtung und bezeichnet einen Zweck: **salutatum** ire – *zur Begrüßung gehen*
Das Supinum II ist vom selben Stamm gebildet und endet auf -u: Hoc est facile **dictu/intellectu.** – *Das ist leicht zu sagen/zu verstehen.*

3) Hoc autem uno interfecto intellego hanc rei publicae pestem paulisper reprimi posse.
4) Multorum oculi et aures te non sentientem, sicut adhuc fecerunt, Catilina, custodient.

Catilina

Lucius Sergius Catilina (108–62 v. Chr.) stammte aus einer verarmten patrizischen Familie und hatte im Bundesgenossenkrieg gedient. Später verdingte er sich als Auftragsmörder für Sulla – er soll einige Ritter, u. a. seinen eigenen Schwager Quintus Caecilius und einen Großcousin Ciceros, Marcus Marius Gratidianus, ermordet haben. (Gerüchteweise ebenso seinen Bruder, dessen Mord er vertuscht haben soll, indem er dessen Namen nachträglich auf die Proskriptionslisten setzen ließ.)
Catilina schlug die Ämterlaufbahn ein, um das Konsulat jedoch bewarb er sich mehrfach vergeblich: Er war des Amtsmissbrauchs angeklagt, da er sich als Statthalter in der Provinz Africa skrupellos bereichert hatte. Schwebende Gerichtsverfahren schlossen jedoch von der Kandidatur aus. Die zweite Kandidatur um das Konsulat verlor Catilina gegen Cicero im Jahr 64 v. Chr.
Als er auch die Wahlen im Jahr darauf verlor, plante er einen politischen Umsturz. Der Plan: Truppenerhebung durch Verbündete, Ermordung unliebsamer Senatoren und Brandlegung in Rom. Die „catilinarische Verschwörung" wurde jedoch vom Konsul Cicero aufgedeckt und vereitelt. Erst nach Vorlage schriftlicher Beweise konnte er den Senat zum Handeln bewegen: Man rief den Notstand aus, als Truppenbewegungen bekannt wurden.
Die erste Rede gegen Catilina hielt Cicero am 7.11.63, nachdem er einem Mordanschlag knapp entgangen war. In der Nacht zum 9.11. verließ Catilina, der sich zunächst in Rom noch sicher fühlte und im Senat seine Unschuld demonstrieren wollte, die Stadt und begab sich zu seinem Verbündeten Manlius nach Etrurien. Beide – der Senat hatte sie zu Staatsfeinden erklärt – fielen mit 3000 anderen in der Schlacht bei Pistoria; führende Anhänger Catilinas in Rom wurden gefasst und nach der Verurteilung durch den Senat sofort hingerichtet.
Die Aufdeckung der Verschwörung brachte Cicero zwar den Ehrentitel **pater patriae** ein, er wurde jedoch 58 v. Chr. aufgrund der sofortigen Hinrichtung der Verschwörer – ohne Möglichkeit auf Revision – verbannt.

Über die catilinarische Verschwörung sind wir durch die vier Reden gegen Catilina von Cicero sowie ein Werk des römischen Geschichtsschreibers Sallust (86–35 v. Chr.), die **Coniuratio Catilinae**, informiert.

Cicero und die catilinarische Verschwörung

3

a) In welchem Kasus steht im ersten Satz „patientia nostra"? Welche Satzgliedfunktion hat es?
b) Welche Arten von Fragesätzen können Sie entdecken?
c) Um welche Konstruktion handelt es sich bei „hic munitissimus habendi senatus locus" und wie können Sie sie übersetzen?
d) Wie nennt man die Konstruktion in „quem nostrum ignorare arbitraris"? Übersetzen Sie. Welche Kasusfunktion hat hier „nostrum"?
e) Welche rhetorischen Stilmittel sind im Text enthalten?
f) Übersetzen Sie den ganzen Text.

Quo usque tandem abutere, Catilina, patientia nostra? Quam diu etiam furor iste tuus nos eludet? Quem ad finem sese effrenata iactabit audacia? Nihilne te nocturnum praesidium Palatii, nihil urbis vigiliae, nihil timor populi, nihil concursus bonorum omnium, nihil hic munitissimus habendi senatus locus, nihil horum ora vultusque moverunt? Patere tua consilia non sentis, constrictam iam horum omnium scientia teneri coniurationem tuam non vides? Quid proxima, quid superiore nocte egeris, ubi fueris, quos convocaveris, quid consilii ceperis, quem nostrum ignorare arbitraris?
O tempora, o mores! Senatus haec intellegit, consul videt: Hic tamen vivit. Vivit? Immo vero etiam in senatum venit, fit publici consilii particeps, notat et designat oculis ad caedem unumquemque nostrum. Nos autem fortes viri satis facere rei publicae videmur, si istius furorem ac tela vitemus. Ad mortem te, Catilina, duci iussu consulis iam pridem oportebat, in te conferri pestem, quam tu in nos omnes iam diu machinaris.

(Cicero, In Catilinam 1, 1–2)

Vokabeln

abutere = abuteris, sese = se, effrenatus, -a, -um – *zügellos*, nihil – *hier: in keiner Hinsicht, überhaupt nicht*, nocturnus, -a, -um – *nächtlich*, Palatium, -ii n – *Palatin* (Hügel, einer d. wichtigsten militärischen Punkte Roms, der bei drohender Gefahr mit Wachen besetzt wurde), boni – *die Guten, die anständig gesinnten Bürger* (= die Elite d. röm. Bürger), proxima nox – *letzte Nacht*, superior nox – *vorletzte Nacht*, conferre – *hier: wenden*, machinari – *ersinnen*

Cicero und die catilinarische Verschwörung

Rhetorische Stilmittel III

Weitere rhetorische Stilelemente zur Ausschmückung oder Verdeutlichung eines Textes sind:

- **Hyperbaton** – durch einen anderen Satzteil gesperrte Stellung von syntaktisch Zusammengehörendem:
  Interfectus est propter **quasdam** seditionum **suspiciones** C. Gracchus. –
  C. Gracchus wurde wegen irgendeines Verdachts auf Aufruhr getötet.
- **Interrogatio** (rhetorische Frage) – Scheinfrage, auf die keine Antwort erwartet wird:
  Quis est improbior quam iste? – *Wer ist ruchloser als dieser hier?*
- **Antithese** – Gegenüberstellung von Gegensätzen:
  Conferte hanc pacem cum illo bello! – *Vergleicht diesen Frieden mit jenem Krieg!*
- **Metapher** – indirekter oder bildhafter Vergleich:
  Patimur **hebescere aciem** huius auctoritatis. – *Wir lassen es zu, dass die* ***Schärfe*** *dieser Vollmacht* ***stumpf*** *wird.*
- **Hyperbel** – Übertreibung:
  Pompeius plura bella gessit, quam ceteri legerunt. – *Pompeius hat mehr Kriege geführt, als die anderen gelesen haben.*
- **Litotes** – Bejahung und besondere Betonung durch die Verneinung des Gegenteils:
  Hoc **haud difficile** intellectu est. – *Dies ist* ***sehr leicht*** *(nicht schwer) zu verstehen.*

4

Welche der oben neu kennengelernten rhetorischen Stilmittel sind im ersten Absatz des Textes aus Übung 3 zu finden?

Marcus Tullius Cicero

Cicero (106–43 v. Chr.) stammte aus dem Ritterstand, er studierte in Rom Rhetorik, Philosophie und Rechtswissenschaft, von 79 bis 77 v. Chr. war er zu Bildungszwecken in Griechenland. Er durchlief die Ämterlaufbahn (**cursus honorum**: 75 Quaestor in Sizilien, 63 Konsul). Die Aufdeckung der catilinarischen Verschwörung fiel in seine Konsulatszeit. 58 musste er wegen angeblich ungesetzlichen Vorgehens gegen die Verschwörer ins Exil nach Thessalonike und Dyrrhachium gehen; nach einem Jahr durfte er wieder nach Rom zurückkehren – er hatte danach jedoch keinen großen politischen Einfluss mehr. 51 übernahm die Verwaltung der Provinz Kilikien. Im Bürgerkrieg zwischen Caesar und Pompeius (49–48 v. Chr.) stand Cicero auf Seiten des Pompeius, nach dessen Niederlage wurde er jedoch von Caesar begnadigt. Nach Caesars Ermordung (44) griff Cicero Antonius, der mit Lepidus und dem späteren Augustus ein Bündnis (2. Triumvirat) geschlossen hatte, heftig an: Er kritisierte dessen Machtanspruch aufs schärfste. Ciceros Name gelangte infolgedessen auf die Proskriptionslisten des Antonius, und er wurde 43 v. Chr. ermordet.

Cicero und die catilinarische Verschwörung

5

Informieren Sie sich im Internet oder in einem Lexikon der Antike über die Werke Ciceros. Wie lassen sich die Werke grundsätzlich einteilen?

hesternus, -a, -um	*gestrig*
amāns, -ntis	*liebend, zugetan, ergeben*
recūsātiō, -ōnis *f*	*Weigerung, Ablehnung*
negōtium, -iī *n*	*Arbeit, Beschäftigung, Aufgabe*
eōdem *Adv.*	*ebendorthin*
adulēscēns, -entis *m*	*junger Mann*
opera, -ae *f*	*Arbeit, Mühe, Hilfe*
assiduus, -a, -um	*beharrlich, beständig, ununterbrochen*
interim *Adv.*	*unterdessen, mittlerweile; manchmal*
exigere, -igō, -ēgī, -āctum	*heraustreiben; eintreiben, fordern; beenden*
comitātus, -ūs *m*	*Begleitung; Gefolgschaft*
ingredī, -gredior, -gressus sum	*einherschreiten; hineingehen; angreifen; beginnen*
ūnā *Adv.*	*zusammen, mit; zugleich*
nōtus, -a, -um	*bekannt; gewohnt*
interventus, -ūs *m*	*Intervention, Vermittlung*
sēdāre, sēdō, sēdāvī, sēdātum	*zum Sitzen/Ruhen bringen, beruhigen, unterdrücken*
quīcumque, quaecumque, quodcumque	*wer auch immer; jeder der; alles was*
integer, -gra, -grum	*unberührt, unangetastet; unverletzt; neu*
comprehendere, -prehendō, -prehendī, -prehēnsum	*zusammenfassen, umfassen; ergreifen, festnehmen; begreifen*
dēdūcere, -dūcō, -dūxī, -ductum	*herabführen, -bringen, entfernen; führen*
suspicārī, suspicor, suspicātus sum	*argwöhnen, Verdacht schöpfen; ahnen, vermuten*

Tipps für die Texterschließung

Bevor Sie sich an die Analyse der einzelnen Sätze eines Textes machen, kann es sehr hilfreich sein, den Text erst einmal als ganzen gründlich zu lesen. Dabei sollten Sie auf Folgendes achten:

- Handelnde Personen → Wer handelt wie (Subjekte und Prädikate!)?
- Thema des Textes → Hauptthematik anhand von Schlüsselwörtern erkennbar?
- Orts- und Zeitangaben → Schauplatz und Zeitrahmen der Handlung?
- Tempus der Prädikate → Perfekt = Erzähltempus, Imperfekt = Zustände oder Nebenumstände der Handlung, Plusquamperfekt = Vorgeschichte, Präsens = im Vergangenheitszusammenhang oft historisches Präsens; durch einen Wechsel zwischen Perfekt und historischem Präsens wird die Erzählung spannender und lebendiger.

Cicero und die catilinarische Verschwörung

6

a) Erschließen Sie den Text nach oben genannter Vorgehensweise.
b) Um welche Art von Gliedsatz handelt es sich bei „quid fieri placeret"?
c) Sind die Relativsätze im Text mit oder ohne Nebensinn? Wenn ja, mit welchem?
d) Ist „ut Tiberis … interesset" ein Final- oder Konsekutivsatz? Gibt es Hinweise?
e) Welche Partizipkonstruktionen können Sie entdecken?
f) Nennen Sie Beispiele für rhetorische Stilmittel.
g) Übersetzen Sie.

Die Verschwörer haben mit einer Gesandtschaft der Allobroger in Rom Kontakt aufgenommen – dies erfuhr Cicero, ebenso, dass die Gesandtschaft auf dem Weg nach Hause Briefe für Catilina mit sich führte.

Hesterno die L. Flaccum et C. Pomptinum praetores, fortissimos atque amantissimos rei publicae viros, ad me vocavi, rem exposui, quid fieri placeret, ostendi. Illi autem, qui omnia de re publica praeclara atque egregia sentirent, sine recusatione ac sine ulla mora negotium susceperunt et, cum advesperasceret, occulte ad pontem Mulvium pervenerunt atque ibi in proximis villis ita bipertito fuerunt, ut Tiberis inter eos et pons interesset.
Eodem autem et ipsi sine cuiusquam suspicione multos fortes viros eduxerant, et ego ex praefectura Reatina complures delectos adulescentes, quorum opera utor assidue in rei publicae praesidio, cum gladiis miseram.
Interim tertia fere vigilia exacta, cum iam pontem Mulvium magno comitatu legati Allobrogum ingredi inciperent unaque Volturcius, fit in eos impetus; ducuntur et ab illis gladii et a nostris. Res praetoribus erat nota solis, ignorabatur a ceteris. Tum interventu Pomptini atque Flacci pugna, quae erat commissa, sedatur. Litterae, quaecumque erant in eo comitatu, integris signis praetoribus traduntur; ipsi comprehensi ad me, cum iam dilucesceret, deducuntur. Atque horum omnium scelerum improbissimum machinatorem, Gabinium, statim ad me nihil suspicantem vocavi.

(Cicero, In Catilinam 3, 5–6)

Vokabeln

placet (*erg.* mihi) – *ich befinde/halte für gut*, omnia … praeclara atque egregia sentire – *ausschließlich ausgezeichnete und vortreffliche Grundsätze haben*, advesperascit – *es wird Abend, es dämmert*, pons Mulvius – *milvische Brücke* (früher Hauptzugang Roms, heute: Ponte Molle), praefectura Reatina – *Bezirk von Reate* (heute: Rieti), bipertito – *in zwei Gruppen aufgeteilt*, Allobroges, -um *m* – *Allobroger* (gall. Volksstamm), Volturcius – *Titus Volturcius* (Anhänger Catilinas, der nach seiner Verhaftung als Kronzeuge straffrei blieb), signum, -i *n* – *hier: Siegel*, dilucescit – *es wird Tag*, machinator, -oris *m* – *Anstifter*, Gabinius – *Publius Gabinius Capito* (Ritter, Catilinarier, der mit den Allobrogern verhandelte)

Cicero vor der Volksversammlung

sententia, -ae *f*	*Meinung; Urteil; Satz; Sinn; Antrag*	quamquam	*indessen, jedoch*
repudiāre, -pudiō, -pudiāvī, -pudiātum	*zurückweisen, ablehnen*	dēcernere, -cernō, -crēvi, -crētum	*beschließen, entscheiden*
impōnere, -pōnō, -posuī, -positum	*hineinlegen; aufstellen; auferlegen*	ut sī	*wie wenn, als ob*
fugāre, fugō, fugāvī, fugātum	*in die Flucht schlagen*	dēpopulārī, -populor, -populātus sum	*entvölkern, verwüsten, plündern*
cōntiō, -ōnis *f*	*(Volks-)Versammlung*	dīlēctus, -ūs *m*	*(Aus-)Wahl; Truppenaushebung*
obsidēre, -sideō, -sēdī, -sessum	*eingeschlossen halten, belagern*	arbitrium, -iī *n*	*(Schieds-)Spruch, Urteil; Entscheidung, Belieben; Macht*
opprimere, -primō, -pressī, -pressum	*niederdrücken; bedrängen; überfallen*	levitās, -ātis *f*	*Leichtigkeit; Leichtsinn, -fertigkeit*
irrumpere, -rumpō, -rūpī, -ruptum	*einbrechen, -fallen, -dringen*	dissimilis, -e	*unähnlich, ungleichartig*
circumsedēre, -sedeō, -sēdī, -sessum	*um-, belagern; bestürmen*	tenēre, teneō, tenuī, tentum	*(fest)halten, nehmen; besitzen, beherrschen*
aequitās, -ātis *f*	*Gleichmut, Gelassenheit; Gerechtigkeit*	forēnsis, -e	*auf dem Forum*
communitās, -ātis *f*	*Gemeinsamkeit, Gemeinschaft*	citō *Adv.*	*schnell, rasch*, Komp. *schneller; eher, leichter*

1

Mit welchen Verben, Substantiven oder Adjektiven sind die folgenden Wörter „verwandt“? Nennen Sie deren Grundbedeutung.

sententia • fugare • aequitas • dilectus • depopulari • levitas

Marcus Antonius

Marcus Antonius (82–30 v. Chr.), Feldherr und Caesaranhänger, verfolgte nach Caesars Ermordung dessen Mörder; er versuchte gleichzeitig, seine Machtposition auszubauen und die Nachfolge Caesars – gegen Caesars Adoptivsohn Octavianus – anzutreten (↑ L13). Cicero, dem an der Wiederherstellung der alten **res publica** lag und für den wie für viele Römer Alleinherrschaft gleichbedeutend mit Tyrannis war, stellte Marcus Antonius in den sogenannten **philippischen Reden** als Bedrohung für die römische Republik dar. Die 14 erhaltenen Reden wurden 44–43 v. Chr. gehalten, in ihnen rief Cicero zum Kampf gegen Antonius auf, der sich nach Niederlagen zeitweilig über die Alpen zurückziehen musste.

43 v. Chr. schloss Antonius mit Octavianus (dem späteren Kaiser Augustus) und Marcus Aemilius Lepidus das **2. Triumvirat**, das die Macht in Rom übernahm. Die Triumvirn errangen 42 v. Chr. bei Philippi den Sieg über Marcus Iunius Brutus und Gaius Cassius Longinus, die Attentäter Caesars. Auf Betreiben des Antonius gelangte daraufhin Cicero auf die Proskriptionslisten und wurde ermordet.

Später verschärften sich die Spannungen zwischen den Triumvirn, denn Antonius, der die östlichen Provinzen erhalten hatte, vermählte sich (obwohl mit der Schwester

Oktavians verheiratet) mit Kleopatra und versuchte seinen Herrschaftsbereich weiter auszudehnen. Es kam zum Krieg – in der Schlacht bei Actium wurde Antonius 31 v. Chr. vernichtend geschlagen. Er zog sich nach Ägypten zurück und beging Selbstmord.

2

a) Unterstreichen Sie alle Ablativi absoluti und PCs, bestimmen Sie das zeitliche und gedankliche Verhältnis.
b) Um welche Konstruktion handelt es sich bei „ad opprimendam rem publicam"? Übersetzen Sie sie.
c) Suchen Sie Relativsätze mit Nebensinn heraus. Um welchen Nebensinn handelt es sich jeweils?
d) Bestimmen Sie, welche Gliedsätze Final-, welche Konsekutivsätze sind.
e) Welche Funktion hat der Konjunktiv im Satz „ut si … mitterentur"?
f) Mit welchen rhetorischen Stilmitteln gestaltet Cicero diesen Abschnitt?
g) Übersetzen Sie.

Der Konsul M. Antonius sicherte mit Truppen seine Macht in Rom ab und belagerte dann Brutus, einen der Caesarmörder, in der Stadt Mutina. Der Senat will zwischen beiden vermitteln und eine Friedensgesandtschaft zu Antonius schicken. Cicero spricht am 4. Januar 43 vor der Volksversammlung gegen diesen Antrag.

Stilmittel Ironie

Ironie – Ersatz des Gemeinten durch einen entgegengesetzten Ausdruck: Facile parebit. – *Ganz sicher wird er gehorchen* (= Er wird bestimmt nicht gehorchen).

Intellego, Quirites, a vobis hanc sententiam repudiari, neque iniuria. Ad quem enim legatos? Ad eumne, qui pecunia publica dissipata atque effusa per vim et contra auspicia impositis rei publicae legibus, fugata contione, obsesso senatu ad opprimendam rem publicam Brundisio legiones accersierit, ab iis relictus cum latronum manu in Galliam irruperit, Brutum oppugnet, Mutinam circumsedeat? Quae vobis potest cum hoc gladiatore condicionis, aequitatis, legationis esse communitas? Quamquam, Quirites, non est illa legatio, sed denuntiatio belli, nisi paruerit: Ita enim est decretum, ut si legati ad Hannibalem mitterentur. Mittuntur enim, qui nuntient, ne oppugnet consulem designatum, ne Mutinam obsideat, ne provinciam depopuletur, ne dilectus habeat, sit in senatus populique Romani potestate. Facile vero huic denuntiationi parebit, ut in patrum conscriptorum atque in vestra potestate sit, qui in sua numquam fuerit! Quid enim ille umquam arbitrio suo fecit? Semper eo tractus est, quo libido rapuit, quo levitas, quo furor, quo vinolentia; semper eum duo dissimilia genera tenuerunt, lenonum et latronum; ita domesticis stupris, forensibus parricidiis delectatur, ut mulieri citius avarissimae paruerit quam senatui populoque Romano. Itaque, quod paulo ante feci in senatu, faciam apud vos.

(Cicero, Philippica 6, 3 f.)

Cicero vor der Volksversammlung

Vokabeln

Quirites – *(Mit-)Bürger* (Anrede der Volksversammlung), dissipare – *verschleudern*, Brundisium, -ii *n* – *Brundisium* (heute: Brindisi), accersierit = arcessiverit, Mutina, -ae *f* – *Mutina* (heute: Modena), legatio, -onis *f* – *Gesandtschaft*, denuntiatio, -onis *f* – *Ankündigung, Androhung*, consul designatus – *gewählter Konsul* (= Brutus, der für das nächste Jahr zum Konsul gewählt wurde), patres conscripti – *Senatoren*, in potestate alicuius esse – *sich der Macht von jem. unterwerfen, sich in jemandes Gewalt begeben*, vinolentia, -ae *f* – *Trunksucht*, lēnō, -ōnis *m* – *Kuppler*, domesticus, -a, -um – *Haus-, häuslich*, stuprum, -i *n* – *Vergewaltigung, Unzucht*, parricidium, -ii *n* – *Mord*, mulieri avarissimae – gemeint ist Antonius' Frau Fulvia, die politisch sehr aktiv war und großen Einfluss hatte, facere – *hier: bewirken, durchsetzen*

Volksversammlung und Senat

Die **Volksversammlung** (contio), die Versammlung der erwachsenen männlichen Bürger, war neben dem Senat und den Magistraten politisches Entscheidungsorgan der römischen Republik und wurde von einem Magistrat oder den Volkstribunen einberufen. Sie war nach Klassen gegliedert und traf in dieser Aufteilung wichtige Entscheidungen: Sie wählte die Magistrate, fasste Beschlüsse über Gesetzesanträge, die der Senat oder die Magistrate einbrachten, und urteilte über Staatsverbrecher. Selbst konnte die Volksversammlung keine Initiative ergreifen, sondern nur bestätigen oder ablehnen. Über die Volkstribunen, die ebenfalls von der Volksversammlung gewählt wurden, konnte jedoch auf die Beamten Einfluss genommen werden: Mit ihrem Veto-Recht konnten die Volkstribunen alle Entscheidungen der Magistrate (auch der Konsuln) zunichte machen. Mitglieder des **Senats** konnten seit den Ständekämpfen nicht nur Patrizier, sondern auch Plebejer werden, und zwar über den **cursus honorum** (↑ S. 85): Der Senat bestand aus amtierenden und ehemaligen Beamten. An der Spitze des Senats standen die beiden Konsuln, ihre Macht erstreckte sich über das gesamte römische Reich. Senatsbeschlüsse („Empfehlungen", **consulta**) waren für die Beamten rechtlich zwar nicht bindend, wurden de facto jedoch fast immer ausgeführt. In der Republik kontrollierte der Senat die Staatsfinanzen, bestimmte die Außenpolitik und konnte mit dem **senatus consultum ultimum** den Notstand ausrufen.

libertās, -ātis *f*	*Freiheit*	crūdelitās, -ātis *f*	*Grausamkeit, Härte*
recuperāre, -cuperō, -cuperāvī, -cuperātum	*wiedererlangen, -gewinnen*	recūsāre, -cūsō, -cūsāvī, -cūsātum	*ablehnen, zurückweisen, verweigern*
proeliārī, proelior, proeliātus sum	*kämpfen, streiten*	mūnus, -eris *n*	*Pflicht, Aufgabe; Geschenk; Gefälligkeit*
supplicium, -iī *n*	*Bitten, Opfer; (Todes-)Strafe, Bestrafung; Qual*	versus, -ūs *m*	*Linie; Zeile; Vers*

3

Gerundium oder Gerundiv? Übersetzen Sie die folgenden Sätze.

1. Ardetis ad libertatem recuperandam.

   ___

2. Imperator paratissimos milites ad proeliandum videt.

   ___

3. Nullius supplicii crudelitas recusanda est.

   ___

Arbeit mit dem Wörterbuch

Den grundsätzlichen Aufbau kennen Sie sicherlich von anderen Fremdsprachen. Um die zahlreichen unterschiedlichen Angaben, die auf den Worteintrag folgen, zu verstehen, hilft ein Blick in das Abkürzungsverzeichnis – jedes Lexikon hat andere. Gemeinsam sind ihnen: Die Adjektive der a-/o-Deklination werden durch die Ziffer 3 gekennzeichnet:

cupidus **3** – *begierig* vērus **3** – *wahr*

Verben sind unter der 1. Pers. Sg. Ind. Präs. zu finden, die Konjugationsklasse (in Ziffern) und die Stammformen sind angegeben, es sei denn, es handelt sich um regelmäßige Verben der a- oder i-Konjugation:

amō **1.** → *a-Konj.* moneō **2.**, -ui, -itum → *e-Konj.*
agō **3.**, ēgī, āctum → *kons. Konj.* capiō **3.**, cēpī, captum → *gem. Konj.*
audiō **4.** → *i-Konj.*

Nach dem Grundeintrag sind weitere Informationen zu Sonderformen, Steigerungsformen, Adverbbildung und etymologische Angaben (Wortabstammung) zu finden.
bonus 3; ***comp.*** melior, melius; ***sup.*** optimus 3; ***adv.*** bene, ***comp.*** melius, ***sup.*** optimē → Komparativ und Superlativ sowie das Adverb mit seinen Steigerungsformen sind angegeben.
dīlēctus, -ūs *m* **(di-ligo)** → dilectus stammt *von* **diligere** *ab.*
dif-ficilis, -e **(dis, facilis)**, ***adv.*** difficulter → Das Adjektiv ist von **dis** und **facilis** abgeleitet, das Adverb ist angegeben.

4

Unter welchem Eintrag finden Sie die folgenden Ausdrücke und Wörter im Wörterbuch? Welche Bedeutung haben sie?

servitutem • paratissimos • reliquum est • fertis • prae se ferre • instructa • trucidatio • taetra • victuri

Tipps zum Umgang mit dem Wörterbuch

- Schlagen Sie unbekannte Wörter nicht sofort nach, sondern versuchen Sie, die Bedeutung anhand von schon bekannten Wörtern derselben Wortfamilie zu erschließen.
  servitus ← **serv**us - *Sklave* → *Sklavendienst*
  proeliari ← **proeli**um - *Schlacht, Kampf* → *kämpfen*
  crudelitas ← **crudel**is - *grausam* → *Grausamkeit*
- Übersetzen Sie, selbst wenn Sie das oder die Wörter nicht erschließen konnten, zunächst den restlichen Satz.
- Suchen Sie dann im Wörterbuch nach der passenden Bedeutung. Das ist besonders bei Wörtern mit großem Bedeutungsspektrum nicht ganz einfach. Lesen Sie deswegen den ganzen Artikel, evtl. begegnet Ihnen genau die Wendung, die im Text vorkommt.

5

Versuchen Sie, die Bedeutung der folgenden Wörter zu erschließen.

adhortari • certamen • cohortari • consensus • mirum • sceleratus • incidere

6

Welche Bedeutungen haben die folgenden Ausdrücke? Suchen Sie sie aus dem Wörterbuch heraus.

morte afficere ____________________

muneribus afficere ____________________

poena afficere ____________________

causam agere ____________________

vigilias agere ____________________

versus agere ____________________

7

a) Stellen Sie den Text nach der Einrückmethode dar und unterstreichen Sie alle unbekannten Wörter.
b) Suchen Sie die Relativsätze mit Nebensinn heraus.
c) Wie sind die Partizipien im Text verwendet?
d) Welche Bedeutungen von „supplicium" sind im Text passend? Schlagen Sie weitere Bedeutungen im Wörterbuch nach.
e) Übersetzen Sie nun den ganzen Text unter Zuhilfenahme des Wörterbuchs.

Cicero vor der Volksversammlung

Nach der Ermordung Cäsars kam es zwischen Antonius und Octavianus, dem Adoptivsohn und Erben Cäsars, zum offenen Kampf. In der vierten philippischen Rede, gehalten am 20. Dezember 44, setzt Cicero die Volksversammlung von der offenen Kriegslage in Kenntnis und ruft die Römer zum Kampf für die Freiheit auf.

Reliquum est, Quirites, ut vos in ista sententia, quam prae vobis fertis, perseveretis. Faciam igitur, ut imperatores instructa acie solent, quamquam paratissimos milites ad proeliandum videant, ut eos tamen adhortentur, sic ego vos ardentes ad libertatem recuperandam cohortabor.

Non est vobis, Quirites, cum eo hoste certamen, cum quo aliqua pacis condicio esse possit. Neque enim ille servitutem vestram ut antea, sed iam iratus sanguinem cupivit. Nullus ei ludus videtur esse iucundior quam cruor, quam caedes, quam ante oculos trucidatio civium. Non est vobis res, Quirites, cum scelerato homine ac nefario, sed cum immani taetraque belua, quae, quoniam in foveam incidit, obruatur. Si enim illinc emerserit, nullius supplicii crudelitas erit recusanda.

Numquam maior consensus vester in ulla re fuit, numquam tam vehementer cum senatu consociati estis. Nec mirum: Agitur enim, non qua condicione victuri, sed victurine simus an cum supplicio ignominiaque perituri.

(Cicero, Philippica 4, 11)

8

Welche rhetorischen Stilmittel können Sie im Text von Übung 7 entdecken? Nennen Sie Beispiele für die folgenden Stilmittel.

Alliteration: ______________________________

____

Anapher: ______________________________

____

Chiasmus: ______________________________

____

Hendiadyoin: ______________________________

____

Antithese: ______________________________

____

Ellipse: ______________________________

____

Metapher: ______________________________

____

Gelingendes Leben

discutere, ______, ______, ______	______
caelum, -ī *n*	*Himmel, Luft, Klima*
vāstus, -a, -um	*wüst, leer, weit; riesig*
trāicere, ______, ______, ______	______
āiō (āis, āit, āiunt)	*bejahen; sagen, behaupten*
recedere, ______, ______, ______	______
quōcumque	*wohin auch immer*
quārē?	*warum?*
vādere, ______, –, –	______
hūc ______	______
illūc ______	______
excutere, ______, ______, ______	______
insidēre, ______, ______, ______	______
pondus, ______ ______	______
incommodus, -a, -um	*unbequem, lästig, beschwerlich*
istic, istaec, istuc	*(dieser) dein*
eximere, ______, ______, ______	______
expellere, ______, ______, ______	______
quāliscumque, ______, ______	______
interest	*es besteht ein Unterschied; es ist wichtig, es liegt daran*
interest magis … quam	*es ist wichtiger … als*
ideo ______	______
angulus, ______ ______	______
nāscī, nāscor, nātus sum	*geboren werden; entstehen*
mundus, ______ ______	______
liquet, ______	______
regio, ______ ______	______
subinde ______	______
taedium, -iī *n (+ Gen.)*	*Überdruss (an)*
migrāre, ______, ______, ______	______

1

Ergänzen Sie in dieser Vokabelliste die fehlenden Angaben mit Hilfe Ihres Wörterbuchs.

2

Versuchen Sie, die Bedeutung der folgenden Wörter zu erschließen.

novitas ______________________

cognitio ______________________

varietas ______________________

tristitia ______________________

mutatio ______________________

persuasio ______________________

Gelingendes Leben

3

a) Um welche **quod**-Art handelt es sich in „quod peregrinatione … non discussisti tristitiam …"?
b) Welche Kasusfunktionen haben die unterstrichenen Wörter in „peregrinatione tam longa et tot locorum varietatibus", „non sum uni angulo natus" „priorum taedio"?
c) Welche **nd**-Formen werden verwendet? Bestimmen und übersetzen Sie sie.
d) Um welche Gliedsatzart handelt es sich bei „Magis quis veneris quam quo"? Welche Satzgliedfunktion hat **quis**?
e) Bestimmen Sie die Konjunktivfunktion in „Quod si liqueret tibi, non admirareris …".
f) Grenzen Sie anhand Ihres Wörterbuchs **mens** und **animus** voneinander ab. Welche Bedeutungen sind im Text gemeint?
g) Welche Bedeutung hat hier **iuvare**? Schlagen Sie in Ihrem Wörterbuch nach.
h) Übersetzen Sie.

Kann der Mensch seine Probleme durch Reisen lösen?

Vokabeln

peregrinatio, -onis *f – Reise*, licet *(+ Konj.) – wenn auch, mag auch*, cedere in irritum *– in Erfolglosigkeit übergehen/enden*, iactatio, -onis *f – unsteter Aufenthalt, Hin und Her*, addicere *– hier: binden (an)*, nil = nihil, peregrinari *– reisen*

Seneca Lucilio suo salutem.
Hoc tibi soli accidisse putas et admiraris, quod peregrinatione tam longa et tot locorum varietatibus non discussisti tristitiam gravitatemque mentis? Animum debes mutare, non caelum. Licet vastum traieceris mare, licet, ut ait Vergilius noster, terraeque urbesque recedant, sequentur te, quocumque perveneris, vitia.
Quid terrarum iuvare novitas potest? Quid cognitio urbium aut locorum? In irritum cedit ista iactatio. Quaeris, quare te fuga ista non adiuvet? Tecum fugis.
Onus animi deponendum est: Non ante tibi ullus placebit locus. Vadis huc illuc, ut excutias insidens pondus, quod ipsa iactatione incommodius fit. Quidquid facis, contra te facis et motu ipso noces tibi. At cum istuc exemeris malum, omnis mutatio loci iucunda fiet; in ultimas expellaris terras licebit, hospitalis tibi illa qualiscumque sedes erit. Magis quis veneris quam quo, interest, et ideo nulli loco addicere debemus animum.
Cum hac persuasione vivendum est: „Non sum uni angulo natus, patria mea totus hic mundus est." Quod si liqueret tibi, non admirareris nil adiuvari te regionum varietatibus, in quas subinde priorum taedio migras; prima enim quaeque placuisset, si omnem tuam crederes. Nunc non peregrinaris, sed erras et ageris ac locum ex loco mutas, cum illud, quod quaeris, bene vivere, omni loco positum sit.

(Seneca, Epistulae morales 28, 1–5)

Stoa

Die Stoa ist eine der wichtigsten Philosophenschulen der Antike, sie wird ca. 300 v. Chr. von Zenon von Kition in Athen gegründet. Benannt ist sie nach dem Ort, an dem Zenon seine Schüler unterrichtete, der **Stoa poikile** – der mit Gemälden geschmückten Säulenhalle in Athen.
Über den Stoiker Panaitios (185 –112 v. Chr.), der nach Rom kommt und Freundschaft mit Publius Cornelius Scipio schließt, verbreitet sich die Stoa auch bei den Römern. Scipio hat den sogenannten Scipionenkreis ins Leben gerufen, zu dem der griechische Geschichtsschreiber Polybios, die römischen Dichter Lucilius und Terenz sowie einige Politiker und eben auch Panaitios gehören. Der Scipionenkreis dient zwischen 150 und 130 v. Chr. der Begegnung von römischer und griechischer Kultur. Cicero steht der Stoa nahe, ist aber auch von anderen Strömungen beeinflusst. Stoiker der römischen Kaiserzeit sind Seneca, Epiktet und Kaiser Mark Aurel.

Für die Stoiker steht die Forderung, in Übereinstimmung mit sich und der Natur zu leben (**secundum naturam vivere**) im Vordergrund. Das kann man erreichen, indem man Leidenschaften und Gefühle bekämpft; denn die Leidenschaft (Schmerz, Furcht, Begierde, Vergnügungssucht) ist eine Krankheit der Seele, die der Natur und der rationalen Vernunft zuwiderläuft. Die unerschütterliche Gemütsruhe (**tranquillitas animi**), der ausgeglichene Seelenzustand ist das oberste Ziel; äußere Dinge wie Ansehen, Macht, Reichtum sind unwichtig.
Der Ort bzw. die Situation, an dem bzw. in der man sich befindet, sollte keinen Einfluss auf den inneren Seelenzustand haben – und sei es auch das Forum Romanum oder die beklemmende Atmosphäre am Hofe Neros.
Das ganze Universum befindet sich in ständiger Interaktion und in Harmonie; hat der Weise die Harmonie der Natur in seinem eigenen Leben verwirklicht, so kann er überall auf der Welt leben.

4
Welche stoischen Gedanken finden Sie in Senecas Brief aus Übung 3? Was ist also die einzige Möglichkeit, um Trauer und Schwermut zu bekämpfen?

Gelingendes Leben

concipere, -cipiō, -cēpī, -ceptum	*zusammenfassen, aufnehmen; erkennen; fassen*
discurrere, -currō, -(cu)currī, -cursum	*auseinanderlaufen, sich zerstreuen/verzetteln*
inquiētāre, -quiētō, -quiētāvī, -quiētātum	*beunruhigen, erschweren*
aeger, aegra, aegrum	*krank; verstimmt, traurig*
auctor, -ōris *m*	*Bürge; Lehrer; Schriftsteller; Urheber; Ratgeber*
vagus, -a, -um	*umherschweifend, unstet, unbeständig*
īnstabilis, -e	*nicht fest stehend; unstet, unbeständig*
nusquam *Adv.*	*nirgends*
hospitium, -iī *n*	*Gastfreundschaft; gastl. Aufnahme*
applicāre, -plicō, -plicāvī, plicātum	*annähern, anschließen*
trānsmittere, -mittō, -mīsī, -missum	*hinüberschicken; überlassen; hier: durchblättern, überfliegen*
creber, -bra, -brum	*häufig, zahlreich*
planta, -ae *f*	*Setzling; Fußsohle*
trānsferre, -ferō, -tūlī, -lātum	*hinübertragen, -bringen, versetzen; übertragen*
modo *Adv.*	*eben, gerade, vor Kurzem*
modo … modo *Adv.*	*bald … bald*
ēvolvere, -volvō, -volvī, -volūtum	*hinauswälzen; auswickeln; aufrollen, -schlagen; entwickeln*
dīversus, -a, -um	*verschieden; entgegengesetzt; abgelegen*
alere, alō, aluī, altum	*(er)nähren, großziehen, fördern*
probātus, -a, -um	*anerkannt, bewährt*
libet, libuit/libitum est	*es beliebt, es gefällt*
percurrere, -currō, -(cu)currī, -cursum	*durcheilen, -laufen; überfliegen*
excerpere, -cerpō, -cerpsī, -cerptum	*auswählen, herausnehmen, -schreiben*
apprehendere, -prehendō, -prehendī, -pr(eh)ēnsum	*ergreifen; sich aneignen*
nancīscī, nancīscor, na(n)ctus sum	*zufällig bekommen, erreichen; zufällig finden*
tamquam *Adv.*	*sowie, (als) wie*
rēfert, -tūlit	*es nützt, es liegt daran*
iacēre, iaceō, iacuī, –	*liegen*
imminēre, -mineō, –, – *(+ Dat.)*	*emporragen; bedrängen, bedrohen; begehren, trachten (nach)*
acquīrere, -quīrō, -quīsīvī, -quīsītum	*erwerben, gewinnen*

5

Von welchen lateinischen Wörtern stammen die folgenden deutschen Fremdwörter ab?

Exzerpt ______________________ Evolution ______________________

Konzept ______________________ Alimente ______________________

6

Mit welchen schon bekannten Wörtern sind die folgenden verwandt? Versuchen Sie die Bedeutung zu erschließen.

fidelis ______________________ sanitas ______________________

utilis ______________________ paupertas ______________________

Epikur

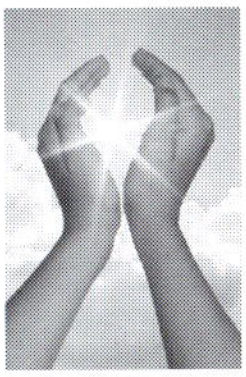

Fast zeitgleich zur Stoa gründet Epikur (342–270 v. Chr.) seine Philosophenschule, die ebenfalls im Rom der ausgehenden Republik und frühen Kaiserzeit großen Einfluss hat.
Höchstes Ziel des Lebens ist nach Epikur die Lust, die als Abwesenheit von Schmerz, Kummer, Begierde und Angst – als seelische Ausgeglichenheit – definiert wird. Voraussetzung dafür ist ein Leben in Zurückgezogenheit, fern von der Politik. Die Epikureer leben in Freude ohne Furcht vor dem Tod und vor den Göttern (die in Zwischenwelten leben und sich nicht um die Menschen kümmern), also auch ohne Religionszwänge. In Rom stehen die Dichter Vergil und Horaz Epikur nahe; Lukrez verkündet in seinem Werk **De rerum natura** – *Über das Wesen der Dinge* die Lehre Epikurs. Auch Cicero und Seneca setzen sich an mehreren Stellen ihrer Werke mit der Lehre Epikurs auseinander.

7

a) Stellen Sie die Sätze mit Gliedsätzen nach der Einrückmethode dar und bestimmten Sie die Gliedsatzarten.
b) Welche Kasusfunktion hat **aegri animi**?
c) Bestimmen Sie die Formen von **acquisita** und **acquirenda**.
d) Übersetzen Sie.
e) Welche Ratschläge gibt Seneca Lucilius?
f) Was versteht Seneca unter Armut?

Das Hin und Her ist für den Menschen immer schädlich, in der Medizin, bei der Lektüre, im ganzen Leben.

Seneca Lucilio suo salutem.
Ex iis, quae mihi scribis, et ex iis, quae audio, bonam spem de te concipio: Non discurris nec locorum mutationibus inquietaris. Aegri animi enim ista iactatio est. Illud autem vide, ne ista lectio auctorum multorum et omnis generis voluminum habeat aliquid vagum et instabile. Certis ingeniis immorari et innutriri oportet, si velis aliquid trahere, quod in animo fideliter sedeat. Nusquam est, qui ubique est. Vitam in peregrinatione exigentibus hoc evenit, ut multa hospitia habeant, nullas amicitias; idem accidat necesse est iis, qui nullius se ingenio familiariter applicant, sed omnia cursim et properantes transmittunt. Non prodest cibus nec corpori accedit, qui statim sumptus emittitur; nihil aeque sanitatem impedit quam remediorum crebra mutatio; non convalescit planta, quae saepe transfertur; nihil tam utile est, ut in transitu prosit. Distringit librorum multitudo: Itaque cum legere non possis, quantum habueris, satis est habere, quantum legas. „Sed modo", inquis, „hunc librum evolvere volo, modo illum." Fastidientis stomachi est multa degustare; quae ubi varia sunt et diversa, inquinant, non alunt.

Gelingendes Leben

Probatos itaque semper lege et, si quando ad alios deverti libuerit, ad priores redi. Cum multa percurreris, unum excerpe, quod illo die concoquas. Hoc ipse quoque facio; ex pluribus, quae legi, aliquid apprehendo. Hodiernum hoc est, quod apud Epicurum nanctus sum – soleo enim et in aliena castra transire, non tamquam transfuga, sed tamquam explorator –: „Honesta", inquit, „res est laeta paupertas." Illa vero non est paupertas, si laeta est; non qui parum habet, sed qui plus cupit, pauper est. Quid enim refert, quantum illi in arca, quantum in horreis iaceat, si alieno imminet, si non acquisita, sed acquirenda computat? Quis sit divitiarum modus, quaeris? Primus habere, quod necesse est, proximus, quod sat est. Vale.

(Seneca, Epistulae morales 2)

Bücher

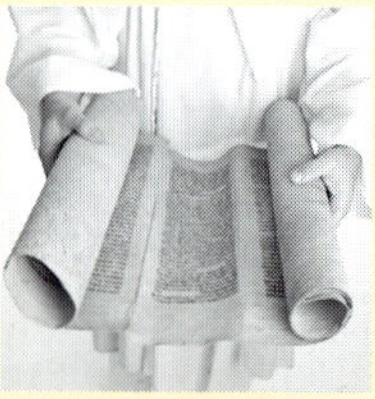

Das Buch hatte in der Antike die Form einer auf der Innenseite beschriebenen Rolle (**volumen**, ca. 20 cm breit und bis zu 10 m lang) aus zusammengeklebten Papyrus- oder Pergamentblättern. Zum Lesen musste man die Bücher also aufrollen (**evolvere**).

Vokabeln

iactatio, -onis *f* – *Hin und Her*, lectio, -onis *f* – *Lektüre*, volumen, -inis *n* – *Band, Buch*, immorari *(+ Dat.)* – *verweilen (bei)*, innutriri *(+ Dat.)* – *sich nähren (an)*, trahere – *hier: sich aneignen*, peregrinatio, -onis *f* – *Reisen*, exigere – *hier: verbringen*, necesse est *(+ Konj.)* – *es ist unvermeidlich, dass*, cursim – *eilig, schnell*, emittere – *hier: erbrechen* (man brachte sich künstlich zum Erbrechen, um weiteressen zu können), convalescere – *kräftig werden*, transitus, -us *m* – *Vorübergehen*, distringere – *zerstreuen*, fastidire – *Überdruss empfinden*, stomachus, -i *m* – *Magen*, degustare – *kosten, versuchen*, inquinare – *verunreinigen*, deverti – *sich zuwenden*, concoquere – *hier: überdenken, nachdenken*, hodiernus, -a, -um – *heutig*, transfuga, -ae *m* – *Überläufer*, explorator, -oris *m* – *Kundschafter, Späher*, arcum, -i *n* – *Kasse*, horreum, -i *n* – *Speicher, Scheune*, computare – *berechnen*, sat = satis

Herzlichen Glückwunsch!
Sie sind am Ende des Kurses angelangt
und bereit für die Prüfung zum (*großen*) *Latinum*!

Systematische Grammatik

Inhalt

Aussprache und Betonung

§1 Aussprache

Vokale werden je nach ihrer Länge (Quantität) lang oder kurz gesprochen. Oft ist das ein Unterscheidungsmerkmal von ansonsten gleich geschriebenen Wörtern:

solum, -i *n – Boden* **sōlum** *Adv. – nur*

In klassischer Zeit (1. Jh. v. Chr. –1. Jh. n. Chr.), also der Zeit von Cicero und Caesar, werden

- die Doppelvokale **-ae-** und **-oe-** als [ai] bzw. [oi],
- **c** auch vor **e** und **i** wie [k],
- **ti** als [ti] gesprochen.

Erst danach kommt die auch heute zum Teil noch übliche Aussprache auf, bei der

- die Doppelvokale **-ae-** und **-oe-** als [æ] bzw. [œ],
- **c** auch vor **e** und **i** wie [ts],
- **ti** als [tsi] ausgesprochen wird.

Beispiel	klassisch	nachklassisch
Caesar	[kaisa:r]	[tsæsa:r]
Cicero	[kikero]	[tsitsero]
ratio	[ratijo]	[ratsio]

§2 Betonung

Zweisilbige Wörter werden auf der vorletzten Silbe betont:

déa – *Göttin* **bónus** – *gut*

Drei- und mehrsilbige Wörter werden auf der vorletzten Silbe betont, wenn diese lang ist. Ist die vorletzte Silbe hingegen kurz, liegt der Akzent auf der drittletzten Silbe:

amīca – *Freundin* **vidēre** – *sehen*
aber: **fémĭna** – *Frau* aber: **crédĕre** – *glauben*

Eine Silbe ist von Natur lang, wenn sie einen langen Vokal oder einen Diphthong (Doppelvokal) enthält:

Germānia – *Germanien* **perlaetus** – *sehr freudig*

Auch durch zwei oder mehr Konsonanten, die auf einen kurzen Vokal folgen, wird eine Silbe lang (durch Position):

contentus – *zufrieden* **magister** – *Lehrer*

Das Substantiv

§3 Die Deklination

Lateinische Substantive können dekliniert werden, d. h. sie können ihre Formen hinsichtlich Kasus und Numerus (Singular oder Plural) verändern.
Das Lateinische verfügt über sechs verschiedene Kasus:

- Nominativ („wer?"),
- Genitiv („wessen?"),
- Dativ („wem?"),
- Akkusativ („wen oder was?"),
- Ablativ („womit?", „wodurch?", „woher?", „wo?", „wann?"),
- Vokativ (Anrede).

Jedes lateinische Substantiv hat ein festgelegtes Genus (Maskulinum, Femininum oder Neutrum) und wird je nach Auslaut des Wortstamms einer Deklinationsklasse zugeordnet. Den **Wortstamm** erhält man im Genitiv Plural, indem man die Endung wegstreicht, z. B. **amica-rum, domino-rum** etc. Unter dem **Wortstock** hingegen versteht man den Wortstamm ohne Stammauslaut, z. B. **amic-, domin-.**

Deklinationsklasse	**Wortstamm**
1. oder a-Deklination	**amica-**
2. oder o-Deklination	**amico**-
3. Deklination:	
konsonantische Stämme	**reg**-
i-Stämme	**turri**-
Mischklasse	**civi**-
4. oder u-Deklination	**curru**-
5. oder e-Deklination	**die**-

§4 Die 1. oder a-Deklination

Bei der a-Deklination endet der Wortstamm der Substantive auf **-a-.**

	Sg.	**Pl.**
	Erde, Land	
Nom.	terra	terr**ae**
Gen.	terr**ae**	terr**arum**
Dat.	terr**ae**	terr**is**
Akk.	terr**am**	terr**as**
Abl.	terr**a**	terr**is**

Merkmale:

- Die Substantive der a-Deklination sind in der Regel Feminina. Wörter wie **poeta, -ae** – *Dichter*, **agricola, -ae** – *Bauer*, **nauta, -ae** – *Seemann* richten sich jedoch nach dem natürlichen Geschlecht, sie sind also Maskulina.
- Der Vokaktiv entspricht dem Nominativ; die Endung des Abl. Sg. ist im Unterschied zum Nom. Sg. lang: **terrā**

Besonderheiten:

Alte Formen finden sich in folgenden Verbindungen:
Gen. Sg.: **pater/mater familias** – *Hausvater/Hausmutter*
Dat./Abl. Pl.: **dis et deabus** – *(mit) den Göttern und Göttinnen*
cum filiis filiabusque – *mit Söhnen und Töchtern*

§5 Die 2. oder o-Deklination

Bei der o-Deklination endet der Wortstamm der Substantive auf **-o-**.

	m		**m**		**n**	
	Herr		*Junge*		*Geschenk*	
	Sg.	**Pl.**	**Sg.**	**Pl.**	**Sg.**	**Pl.**
Nom.	domin**us**	domin**i**	puer	puer**i**	don**um**	don**a**
Gen.	domin**i**	domin**orum**	puer**i**	puer**orum**	don**i**	don**orum**
Dat.	domin**o**	domin**is**	puer**o**	puer**is**	don**o**	don**is**
Akk.	domin**um**	domin**os**	puer**um**	puer**os**	don**um**	don**a**
Abl.	domin**o**	domin**is**	puer**o**	puer**is**	don**o**	don**is**

Merkmale:

- Der Vokativ der Substantive auf **-us** endet auf **-e,** bei Substantiven und Namen auf **-ius** endet er auf **-i:**
  amicus → **amice!** – *Freund!* **filius** → **fili!** – *Sohn!* **Gaius** → **Gai!** – *Gaius!*
- Die Substantive der o-Deklination auf **-us** und **-(e)r** sind Maskulina, die auf **-um** Neutra. Feminina sind jedoch Bezeichnungen von Ländern, Inseln, Städten und Bäumen auf **-us**:
  Corinthus, -i *f* – *Korinth* **Delus, -i** *f* – *Delos* sowie: **humus, -i** *f* – *Boden*
  Neutrum ist: **vulgus, -i** *n* – *Volk*
- Bei einigen Substantiven auf **-er** gehört das **-e-** zum Wortstock, d. h. es ist wie im Beispiel **puer** in allen Formen vorhanden. Zu dieser Gruppe gehören auch:
  liberi, -orum *m* – *Kinder* **gener, -eri** *m* – *Schwiegersohn* **socer, -eri** *m* – *Schwiegervater*

  Bei den übrigen Substantiven entfällt das **-e-**, außer im Nom. und Vok. Sg.:
  ager, agri *m* – *Acker* **magister, magistri** *m* – *Lehrer*

Besonderheiten:

- Im Pl. hat **deus, -i** *m* – *Gott* oft zusammengezogene Formen:
  Nom. Pl.: **di** (neben **dei/dii**) Dat./Abl. Pl.: **dis** (neben **deis/diis**)
- Zwei verschiedene Pluralformen bildet **locus, -i** *m* – *Ort*:
  loci, -orum *m* – *Stellen (in Büchern)* **loca, -orum** *n* – *Orte, Gegend*

Die 3. Deklination

Zur 3. Deklination zählen die konsonantischen Stämme, die i-Stämme sowie die Mischklasse.

§6 Die konsonantischen Stämme

Zu den konsonantischen Stämmen gehören Substantive, deren Wortstamm auf einen Konsonanten endet.

	m		**f**		**n**	
	Arbeit		*Gesetz*		*Werk*	
	Sg.	**Pl.**	**Sg.**	**Pl.**	**Sg.**	**Pl.**
Nom.	labor	labor**es**	lex	leg**es**	opus	oper**a**
Gen.	labor**is**	labor**um**	leg**is**	leg**um**	oper**is**	oper**um**
Dat.	labor**i**	labor**ibus**	leg**i**	leg**ibus**	oper**i**	oper**ibus**
Akk.	labor**em**	labor**es**	leg**em**	leg**es**	opus	oper**a**
Abl.	labor**e**	labor**ibus**	leg**e**	leg**ibus**	oper**e**	oper**ibus**

Merkmale:

- Die Substantive der konsonantischen Stämme enden im Abl. Sg. auf **-e**, im Gen. Pl. auf **-um** und die Neutra im Nom./Akk. Pl. auf **-a**.
- Der Vokativ entspricht immer dem Nominativ.

Besonderheiten:

- Sonderformen im Pl. hat **bos, bovis** *m* – *Rind*: Gen. **boum**, Dat./Abl. **bubus/bobus**
- **vas, -is** *n* – *Gefäß* wird im Sg. nach den konsonantischen Stämmen, im Pl. nach der o-Deklination dekliniert: **vasa, vasorum, vasis** etc.

§7 Die i-Stämme

Zu den i-Stämmen zählen die Neutra auf **-ar, -e, -al:**

exemplar, -aris *n* – *Muster* **mare, -is** *n* – *Meer* **animal, -alis** *n* – *Tier*

sowie einige wenige Feminina, deren Wortstamm auf **-i-** endet:

sitis, -is *f* – *Durst* **turris, -is** *f* – *Turm* **puppis, -is** *f* – *Heck*
febris, -is *f* – *Fieber* **securis, -is** *f* – *Beil*

	f		n	
	Turm		*Meer*	
	Sg.	**Pl.**	**Sg.**	**Pl.**
Nom.	turris	turr**es**	mare	mar**ia**
Gen.	turr**is**	turr**ium**	mar**is**	mar**ium**
Dat.	turr**i**	turr**ibus**	mar**i**	mar**ibus**
Akk.	turr**im**	turr**es/-is**	mare	mar**ia**
Abl.	turr**i**	turr**ibus**	mar**i**	mar**ibus**

Merkmale:

- Die Substantive enden im Akk. Sg. auf **-im**, im Abl. Sg. auf **-i** und im Gen. Pl. auf **-ium**.
- Die Neutra enden im Nom./Akk. Pl. auf **-ia**.

Besonderheiten:
vis *f – Kraft* hat im Sg. nur folgende Formen: Akk. **vim**, Abl. **vi**. Im Pl. wird es regelmäßig nach den i-Stämmen dekliniert.

§8 Die Mischklasse

In der Mischklasse (auch „gemischte Deklination" genannt) finden sich gleichsilbige Substantive auf **-is** und **-es** sowie Wörter mit mehr als einem Konsonanten am Wortstammende:

civis, civis *m – Bürger*
urbs, urbis *f – Stadt*
sedes, sedis *f – Sitz*
gens, gentis *f – Geschlecht, Sippe*

Ausnahmen:
pater, patris *m – Vater*
mater, matris *f – Mutter*

	Sg.	**Pl.**
m	*Bürger*	
Nom.	civis	civ**es**
Gen.	civ**is**	civ**ium**
Dat.	civ**i**	civ**ibus**
Akk.	civ**em**	civ**es**
Abl.	civ**e**	civ**ibus**

Merkmale:
Die Substantive bilden nur den Gen. Pl. nach den i-Stämmen **(-ium)**, die restlichen Kasus nach den konsonantischen Stämmen.

§9 Die 4. oder u-Deklination

Der Wortstamm dieser Substantive, von dem alle Kasus gebildet werden, endet auf **-u-**.

	m		**n**	
	Heer		*Knie*	
	Sg.	**Pl.**	**Sg.**	**Pl.**
Nom.	exercitus	exercit**us**	genu	gen**ua**
Gen.	exercit**us**	exercit**uum**	gen**us**	gen**uum**
Dat.	exercit**ui**	exercit**ibus**	gen**ui**	gen**ibus**
Akk.	exercit**um**	exercit**us**	gen**u**	gen**ua**
Abl.	exercit**u**	exercit**ibus**	gen**u**	gen**ibus**

Merkmale:

Beinahe alle Substantive der u-Deklination auf **-us** sind Maskulina:

exercitus, -us *m – Heer*

senatus, -us *m – Senat*

Feminina sind jedoch:

manus, -us *f – Hand, Schar*

porticus, -us *f – Säulenhalle*

domus, -us *f – Haus*

tribus, -us *f – Bezirk*

Die Substantive auf -u sind Neutra:

cornu, -us *n – Horn*

genu, -us *n – Knie*

Besonderheiten:

§10 Sonderformen hat **domus** – *Haus* im Abl. Sg. **domo**, Gen. Pl. **domorum** (auch **domuum**) und Akk. Pl. **domos** (seltener **domus**); lernen Sie außerdem **domi** – *zuhause*, **domum** – *nach Hause*, **domo** – *von zuhause*.

§11 Die Substantive **arcus** – *Bogen*, **artus** – *Gelenk* und **tribus** – *Bezirk* haben im Dat./Abl. Pl. **arcubus, artubus** bzw. **tribubus** statt **-ibus**, um sie von **arcibus** von **arx** – *Burg* und **artibus** von **ars** – *Kunst* zu unterscheiden, bei **tribus** aus Gründen des Klangs.

§12 Die 5. oder e-Deklination

Der Wortstamm endet bei den Substantiven der e-Deklination auf **-e-**.

	Sg.	**Pl.**
f	*Sache*	
Nom.	res	r**es**
Gen.	r**ei**	r**erum**
Dat.	r**ei**	r**ebus**
Akk.	r**em**	r**es**
Abl.	r**e**	r**ebus**

Merkmale:
Die Substantive der e-Deklination sind Feminina:
res, rei *f – Sache* **spes, spei** *f – Hoffnung*

Maskulina sind:
dies, diei *m – Tag* **meridies, -diei** *m – Mittag*
Aber: **dies** in der Bedeutung *Termin* ist Femininum: **dies certa** – *ein bestimmter Termin*

Das Adjektiv

Adjektive werden nach der a-/o-Deklination sowie nach der 3. Deklination dekliniert. Adjektive richten sich grundsätzlich in Kasus, Numerus und Genus nach ihrem Bezugswort (KNG-Kongruenz).

§13 Adjektive der a-/o-Deklination

Die Adjektive der a-/o-Deklination enden auf **-us, -a, -um** (m, f, n) oder **-er, -(e)ra, -(e)rum**.

	m		**f**		**n**	
	fröhlich					
	Sg.	**Pl.**	**Sg.**	**Pl.**	**Sg.**	**Pl.**
Nom.	laetus	laet**i**	laeta	laet**ae**	laetum	laet**a**
Gen.	laet**i**	laet**orum**	laet**ae**	laet**arum**	laet**i**	laet**orum**
Dat.	laet**o**	laet**is**	laet**ae**	laet**is**	laet**o**	laet**is**
Akk.	laet**um**	laet**os**	laet**am**	laet**as**	laet**um**	laet**a**
Abl.	laet**o**	laet**is**	laet**a**	laet**is**	laet**o**	laet**is**

Merkmale:
- Der Vok. Sg. m endet auf **-e**.
- Bei einigen Adjektiven auf **-er** entfällt das **-e-** des Wortstamms:
  pulcher, pulchra, pulchrum – *schön, hübsch* **creber, crebra, crebrum** – *zahlreich*

§14 Adjektive der 3. Deklination

Bis auf wenige Ausnahmen zählen die Adjektive der 3. Deklination zu den i-Stämmen. Diese große Gruppe wird wiederum – je nach Anzahl der Endungen im Nom. Sg. – unterschieden in dreiendige (jedes Genus hat eine eigene Form), zweiendige (Maskulinum und Femininum haben eine gemeinsame Form, das Neutrum eine eigene) und einendige Adjektive (alle drei Genera haben dieselbe Form).

Dreiendige Adjektive

	m	f	n
Sg.	*schnell*		
Nom.	celer	celeris	celere
Gen.	cele**ris**		
Dat.	celer**i**		
Akk.	celer**em**		celer**e**
Abl.	celer**i**		
Pl.			
Nom.	celer**es**		celer**ia**
Gen.	celer**ium**		
Dat.	celer**ibus**		
Akk.	celer**es**		celer**ia**
Abl.	celer**ibus**		

Zweiendige Adjektive

	m	f	n
Sg.	*kurz*		
Nom.	brevis		breve
Gen.	brev**is**		
Dat.	brev**i**		
Akk.	brev**em**		brev**e**
Abl.	brev**i**		
Pl.			
Nom.	brev**es**		brev**ia**
Gen.	brev**ium**		
Dat.	brev**ibus**		
Akk.	brev**es**		brev**ia**
Abl.	brev**ibus**		

Einendige Adjektive

	m	f	n
Sg.	*glücklich*		
Nom.	felix		
Gen.	felic**is**		
Dat.	felic**i**		
Akk.	felic**em**		felix
Abl.	felic**i**		
Pl.			
Nom.	felic**es**		felic**ia**
Gen.	felic**ium**		
Dat.	felic**ibus**		
Akk.	felic**es**		felic**ia**
Abl.	felic**ibus**		

Merkmale:
Der Abl. Sg. aller Genera lautet **-i**, der Gen. Pl. **-ium**, der Nom. und Akk. Pl. n **-ia**.

§15 **Besonderheiten:**
Nach den konsonantischen Stämmen (Abl. Sg. **-e**, Gen. Pl. **-um**, Nom./Akk. Pl. n **-a**) werden dekliniert:

vetus, veteris – *alt*
dives, divitis – *reich*
pauper, pauperis – *arm*
princeps, principis – *der erste*
particeps, participis – *teilnehmend*

Komparation des Adjektivs

Von Adjektiven werden die Steigerungsstufen Komparativ und Superlativ gebildet. Die Grundstufe heißt Positiv.

Positiv		**Komparativ**		**Superlativ**
groß	→	größer	→	größte(r)

§16 Der Komparativ

Für den Komparativ des Adjektivs wird an den Wortstock (= Genitiv Singular ohne Endung) die Endung **-ior** (m/f) bzw. **-ius** (n) gehängt. Der Komparativ wird nach der 3. Deklination, und zwar nach den konsonantischen Stämmen dekliniert.

Positiv	Wortstock	Komparativ
dignus – *würdig*	**dign-(i)**	**dign-ior, dign-ius** – *würdiger*
felix – *glücklich*	**felic-(is)**	**felic-ior, felic-ius** – *glücklicher*

Der Vergleichsgegenstand kann mit **quam** – *als* angeschlossen werden. Ist dieser jedoch nicht erwähnt, ist der Komparativ mit *zu/ziemlich* zu übersetzen.
Roma pulchrior quam Alba Longa est. – *Rom ist schöner als Alba Longa.*
Gaius stultior est. – *Gaius ist ziemlich/zu dumm.*

§ 17 Der Superlativ

Ebenfalls mit dem Wortstock + **-issimus, -issima, -issimum** wird der Superlativ gebildet. Er wird nach der a-/o-Deklination dekliniert.

Positiv	Wortstock	Superlativ
longus – *lang*	**long-(i)**	**long-issimus, -a, -um** – *längster*
prudens – *klug*	**prudent-(is)**	**prudent-issimus, -a, -um** – *klügster*

Folgende Adjektive auf **-er** bilden den Superlativ auf **-rimus**:
asper, -era, -erum – *rau* **asperrimus, -a, -um** – *rauester*
creber, -bra, -brum – *häufig* **creberrimus, -a, -um** – *häufigster*
celer, -is, -e – *schnell* **celerrimus, -a,- um** – *schnellster*
celeber, -bris, -bre – *berühmt* **celeberrimus, -a, -um** – *berühmtester*

Folgende Adjektive auf **-lis** bilden den Superlativ auf **-limus:**
facilis, -e – *leicht* **facillimus, -a, -um** – *leichtester*
difficilis, -e – *schwer* **difficillimus, -a, -um** – *schwerster*
similis, -e – *ähnlich* **simillimus, -a, -um** – *ähnlichster*
dissimilis, -e – *unähnlich* **dissimillimus, -a, -um** – *unähnlichster*

Der Superlativ drückt nicht nur die Höchststufe, sondern manchmal auch einen höheren Grad (Elativ) aus. Er ist dann mit *sehr, überaus, äußerst* zu übersetzen.
Roma pulcherrima omnium urbium est. – *Rom ist die schönste aller Städte* (Höchststufe im Vergleich).
Cicero praeclarissimus erat. – *Cicero war sehr/überaus berühmt/hochberühmt* (Elativ).

§ 18 Unregelmäßige Komparation

Unregelmäßige Steigerungsformen haben:

bonus, -a, -um – *gut*	**melior, -ius** – *besser*	**optimus, -a, -um** – *bester*
malus, -a, -um – *schlecht*	**peior, -ius** – *schlechter*	**pessimus, -a, -um** – *schlechtester*
magnus, -a, -um – *groß*	**maior, -ius** – *größer*	**maximus, -a, -um** – *größter*
parvus, -a, -um – *klein*	**minor, -us** – *kleiner*	**minimus, -a, -um** – *kleinster*
multi, -ae, -a – *viele*	**plures, -ra** – *mehr*	**plurimi, -ae, -a** – *die meisten*
vetus, -eris –*alt*	**vetustior, -ius** –*älter*	**veterrimus, -a, -um** – *ältester*

§19 Umschreibungen

Bei einigen Adjektiven werden die Steigerungsformen auch umschrieben:

arduus – *steil*	**magis arduus** – *steiler*	**maxime arduus** – *steilster*
ferus – *wild*	**magis ferus** – *wilder*	**maxime ferus** – *wildester*
idoneus – *geeignet*	**magis idoneus** – *geeigneter*	**maxime idoneus** – *geeignetster*

Das Adverb

Adverbien beschreiben die Umstände einer Handlung, sie bestimmen also das Prädikat näher. Es gibt Adverbien des Ortes, der Zeit, des Grundes und der Art und Weise. Letztere stellen die größte Gruppe dar, sie werden meistens von Adjektiven abgeleitet.
Servi saepe misere vivunt. – *Sklaven leben oft* (Adv. der Zeit: wann?) *elend* (Adv. der Art und Weise: wie?).

§20 Die Adverbbildung

An den Stamm der Adjektive der a-/o-Deklination wird die Adverbendung **-e** gehängt, an den Stamm von Adjektiven der 3. Deklination **-iter**:

laetus	**laet-e** – *fröhlich*	**pulcher**	**pulchr-e** – *hübsch*
acer	**acr-iter** – *eifrig*	**celer**	**celer-iter** – *schnell*

Bei Adjektiven auf **-ans/-ens** wird die Endung **-er** angefügt:

constans	**constant-er** – *beständig*	**sapiens**	**sapient-er** – *weise*

§21 Abweichende Adverbbildung

Unregelmäßige Formen haben:

bonus	**bene** – *gut*	**difficile**	**difficulter** – *schwierig*
audax	**audacter** – *mutig*		

Manche Adverbien enden auf **-o**:

cito – *schnell*	**crebro** – *häufig*	**falso** – *fälschlich*
raro – *selten*	**sero** – *zu spät*	**subito** – *plötzlich*

Als Adverb dient der Akk. Sg. n bei:
multum – *viel*; **parum** – *zu wenig*; **paulum** – *ein wenig*; **facile** – *leicht*

§22 Die Komparation des Adverbs

Für den Komparativ des Adverbs wird das Neutrum des Adjektivs auf **-ius** verwendet, für den Superlativ werden die Endungen **-issime, -lime** bzw. **-rime** an den Stamm angehängt.

breviter – *kurz*	**brevius** – *kürzer*	**brevissime** – *am kürzesten*
similiter – *ähnlich*	**similius** – *ähnlicher*	**simillime** – *am ähnlichsten*
misere – *elend*	**miserius** – *elender*	**miserrime** – *am elendsten*

Unregelmäßige Steigerung

Diese Formen lassen sich von den unregelmäßigen Formen des Adjektivs ableiten.

male – *schlecht* **peius** – *schlechter* **pessime** – *am schlechtesten*
bene – *gut* **melius** – *besser* **optime** – *am besten*

Das Pronomen

Pronomina können ein Substantiv ersetzen oder begleiten.

Das Personalpronomen

Personalpronomina ersetzen Personen oder Dinge.
Te adiuvabo. – *Ich werde dir helfen.*
Nonne id videtis? – *Seht ihr das etwa nicht?*

§23 Personalpronomen der 1. und 2. Person

	Sg.		**Pl.**	
	1. Pers.	**2. Pers.**	**1. Pers.**	**2. Pers.**
Nom.	ego	tu	nos	vos
Gen.	mei	tui	nostri/nostrum	vestri/vestrum
Dat.	mihi	tibi	nobis	vobis
Akk.	me	te	nos	vos
Abl.	a me/mecum	a te/tecum	a nobis/nobiscum	a vobis/vobiscum

In der 1. und 2. Pers. stehen die Personalpronomina im Nominativ nur, wenn eine besondere Betonung vorliegt. Ansonsten werden sie ähnlich wie im Deutschen verwendet.
Ego laboro, tu autem semper dormis. – *Ich arbeite, du jedoch schläfst immer.*

Als Gen. partitivi des Personalpronomens der 1. und 2. Pers. Pl. werden die Formen **nostrum** und **vestrum** verwendet, die Genitivformen **nostri** und **vestri** als Gen. obiectivi.
uterque nostrum – *jeder von uns (beiden)* **amor vestri** – *die Liebe zu euch*

§24 Personalpronomen der 3. Person

In der 3. Person werden Formen von **is, ea, id** (↑ § 29) verwendet, wenn sich das Pronomen auf vorher Genanntes bezieht. Bezieht es sich jedoch auf das Subjekt des Satzes, werden die reflexiven Formen (Reflexivpronomen) verwendet. Diese sind in Singular und Plural sowie in allen Genera gleich. Formen im Nominativ gibt es in der 3. Person nicht.

	Gen.	**Dat.**	**Akk.**	**Abl.**
Sg./Pl.	sui	sibi	se	a se/secum

Aenas filium vocat. Iulus autem eum non audit. – *Aeneas ruft seinen Sohn. Julus hört ihn aber nicht.*
Sibi nocet. – *Er schadet sich selbst.*

§25 Personalpronomina im AcI

Im AcI steht bei Rückbezug auf das Subjekt des übergeordneten Satzes ein Reflexivpronomen.
Socrates se nihil scire dixit. – *Sokrates sagte, dass er* (selbst) *nichts wisse.*
Marcus eum nihil scire dixit. – *Markus sagte, dass er* (jemand anderes) *nichts wisse.*

§26 Das Possessivpronomen

Possessivpronomina zeigen den Besitzer an, es gibt sie für alle Personen.

	Sg.	**Pl.**
1. Pers.	meus, -a, -um	noster, -tra, -trum
2. Pers.	tuus, -a, -um	vester, -tra, -trum
3. Pers.	suus, -a, -um	suus, -a, -um

Sie werden regelmäßig nach der a-/o-Deklination dekliniert; der Vok. Sg. m von **meus** lautet jedoch **mi**:
Mi pater! – *Mein Vater!*
Mi fili! – *Mein Sohn!*

Possessivpronomina stehen in KNG-Kongruenz zu ihrem Bezugswort:
domus nostra – *unser Haus*
nomen tuum – *dein Name*
liber meus – *mein Buch*
statuae vestrae – *eure Statuen*

In der 3. Person wird wie bei den Personalpronomina (↑ § 24) zwischen reflexiven – auf das Subjekt des Satzes rückbezüglichen – und nicht reflexiven Pronomina unterschieden. Ist also der Besitzer im selben Satz Subjekt, so stehen Formen von **suus, -a, -um** – *sein, ihr* (Singular und Plural!).
Gaius amicos suos videt. – *Gaius sieht seine (= eigenen) Freunde.*

Ist jedoch eine andere Person gemeint, stehen die nicht reflexiven Formen, die den Genitiven von **is, ea, id (= eius, eorum, earum)** entsprechen.
Gaius amicos eius videt. – *Gaius sieht seine/dessen Freunde.*

Possessivpronomina können fehlen, wenn sie unbetont sind und das Besitzverhältnis aus dem Zusammenhang eindeutig zu erschließen ist (z. B. Verwandtschaftsbezeichnungen oder Körperteile). Im Deutschen müssen Sie sie allerdings hinzufügen.
Quintus matrem quaerit. – *Quintus sucht seine Mutter.*

Das Demonstrativpronomen

Demonstrativpronomina verweisen oder zeigen auf etwas.

§27 hic, haec, hoc und ille, illa, illud

	Sg.			**Pl.**		
Nom.	hic	haec	hoc	hi	hae	haec
Gen.		huius		horum	harum	horum
Dat.		huic			his	
Akk.	hunc	hanc	hoc	hos	has	haec
Abl.	hoc	hac	hoc		his	

	Sg.			**Pl.**		
Nom.	ille	illa	illud	illi	illae	illa
Gen.		illius		illorum	illarum	illorum
Dat.		illi			illis	
Akk.	illum	illam	illud	illos	illas	illa
Abl.	illo	illa	illo		illis	

Das Pronomen **hic, haec, hoc** – *dieser, diese, dieses* bezeichnet etwas, das dem Sprecher räumlich, zeitlich oder gedanklich nahe ist. Mit **ille, illa, illud** – *jener, jene, jenes* wird auf Dinge verwiesen, die dem Sprecher fern sind.

hic vir – *dieser Mann (hier)*
haec tempora – *die heutige Zeit*
ille vir – *jener Mann (dort)*
tempora illa – *jene (damaligen) Zeiten*

Ille bezeichnet auch berühmte Menschen oder Dinge.
ille poeta – *jener berühmte Dichter*
illud Catonis – *jener (berühmte) Ausspruch Catos*

Beide Pronomina können auf Vorheriges verweisen, **hic** bezeichnet dabei das zuletzt, **ille** das zuerst Genannte.
Marcus et Lucius amici Gai sunt. Hic semper verum dicit, ille numquam. – *Markus und Lucius sind Freunde von Gaius. Dieser (= Lucius) sagt immer die Wahrheit, jener (= Markus) niemals.*
Auch auf im Text Folgendes kann **hic** hinweisen:
His verbis/haec dixit. – *Er sprach mit folgenden Worten/Folgendes.*

§28 iste, ista, istud

	Sg.			**Pl.**		
Nom.	iste	ista	istud	isti	istae	ista
Gen.		istius		istorum	istarum	istorum
Dat.		isti			istis	
Akk.	istum	istam	istud	istos	istas	ista
Abl.	isto	ista	isto		istis	

Das, was der angesprochenen Person nahe ist, wird mit **iste, ista, istud** – *dieser* bezeichnet. Es wird – vor allem in Gerichtsreden – auch in verächtlichem Sinne verwendet.
iste liber – *dieses Buch, dein Buch da* **iste homo** – *dieser verachtenswerte Mensch*
iste philosophus – *dieser (von dir erwähnte) Philosoph*

§ 29 is, ea, id

	Sg.			Pl.		
Nom.	is	ea	id	ei/ii	eae	ea
Gen.		eius		eorum	earum	eorum
Dat.		ei			eis/iis	
Akk.	eum	eam	id	eos	eas	ea
Abl.	eo	ea	eo		eis/iis	

Mit **is, ea, id** – *dieser, diese, dieses* wird auf bereits Erwähntes verwiesen. Es kann substantivisch oder adjektivisch verwendet werden.
Aeneas e Troia fugit. Is postea in Italiam venit. Eam rem Virgilius poeta narrat. –
Aeneas floh aus Troja. Später kam dieser nach Italien. Dies erzählt der Dichter Vergil.

Es ersetzt zudem die nicht reflexiven Formen des Personalpronomens sowie die nicht reflexiven Possessivpronomina in der 3. Pers. (↑ § 24–26).

§ 30 idem, eadem, idem

	Sg.			Pl.		
Nom.	idem	eadem	idem	eidem/iidem	eaedem	eadem
Gen.		eiusdem		eoru**n**dem	earu**n**dem	eoru**n**dem
Dat.		eidem			eisdem/iisdem	
Akk.	eu**n**dem	ea**n**dem	idem	eosdem	easdem	eadem
Abl.	eodem	eadem	eodem		eisdem/iisdem	

Idem, eadem, idem – *derselbe, der gleiche* **(is, ea, id + -dem)** drückt die Gleichheit oder Ähnlichkeit zweier Personen oder Dinge aus. Der zweite Teil des Vergleichs wird mit **atque/ac** – *wie* oder einem Relativpronomen angeschlossen.
Dei non eosdem cibos atque homines edunt. – *Götter essen nicht dieselben Speisen wie Menschen.*
Idem, qui semper eras, es. – *Du bist derselbe, der du immer (schon) warst.*

Es kann aber auch betonen, dass eine Person zwei Eigenschaften zugleich besitzt. Übersetzen Sie dann mit *zugleich, auch, ebenfalls.*
Cicero orator fuit idemque philosophus. – *Cicero war Redner und* ***zugleich***
(wörtl. *und derselbe war) ein Philosoph.*

Auch zur Verstärkung eines Demonstrativpronomens wird **idem** verwendet.
Hoc eodem die quidam Galli ad Caesarem venerunt. – *An **eben diesem** Tag kamen einige Gallier zu Caesar.*

§31 ipse, ipsa, ipsum

	Sg.			Pl.		
Nom.	ipse	ipsa	ipsum	ipsi	ipsae	ipsa
Gen.		ipsius		ipsorum	ipsarum	ipsorum
Dat.		ipsi			ipsis	
Akk.	ipsum	ipsam	ipsum	ipsos	ipsas	ipsa
Abl.	ipso	ipsa	ipso		ipsis	

Das Pronomen **ipse, ipsa, ipsum** – *selbst* wird adjektivisch und substantivisch verwendet, es steht zur Hervorhebung einer Person oder zur Betonung eines Gegensatzes.
Rex ipse venit. – *Der König kam selbst/persönlich./Der König selbst kam* (und kein anderer).
Oft ist im Deutschen eine Umschreibung nötig.
ipsa spes – *schon die Hoffnung, die bloße Hoffnung*
ipsos decem dies – *genau/gerade/ganze zehn Tage lang*
sub ipsis radicibus montis – *unmittelbar am Fuße des Berges*
hac ipsa nocte – *gerade in dieser Nacht*

§32 Das Relativpronomen

	Sg.			Pl.		
Nom.	qui	quae	quod	qui	quae	quae
Gen.		cuius		quorum	quarum	quorum
Dat.		cui			quibus	
Akk.	quem	quam	quod	quos	quas	quae
Abl.	quo	qua	quo		quibus	

Das Relativpronomen leitet einen Relativsatz (↑ § 83) ein, es richtet sich in Numerus und Genus nach seinem Bezugswort, im Kasus nach seiner Funktion im Relativsatz.
Iuppiter, cuius templum hic videtis, pater deorum est. – *Jupiter, dessen Tempel ihr hier seht, ist der Vater der Götter.*

Als verallgemeinerndes Relativpronomen wird **quicumque, quaecumque, quodcumque** – *we(lche)r auch immer; jeder, der; alles, was* (dekliniertes Relativpronomen + **-cumque**) bezeichnet.
Litterae, quascumque habebant, praetoribus traditae sunt. – *Alle Briefe, die sie hatten, wurden den Praetoren übergeben.*

§33 Das Interrogativpronomen

	Sg.	
	m	**n**
Nom.	quis?	quid?
Gen.	cuius?	
Dat.	cui?	
Akk.	quem?	quid?
Abl.	quo?/quocum?	

Das Interrogativpronomen leitet eine Wortfrage ein, es kann substantivisch und adjektivisch verwendet werden.
Quis templum adit? – *Wer nähert sich dem Tempel?*
Quid ille philosophus dixit? – *Was hat jener berühmte Philosoph gesagt?*
Quid wird oft im Sinne von *warum?* oder – vor allem als eigenständiger Satz – *wie (bitte)?* verwendet:
Quid me vocavistis? – *Warum habt ihr mich gerufen?*
Quid? Nonne venies? – *Wie (bitte)? Wirst du etwa nicht kommen?*

Adjektivisch verwendet ist es kongruent (KNG-Kongruenz!) zu seinem Bezugswort und bildet Formen (die denen des Relativpronomens entsprechen, ↑ § 32) in allen drei Genera sowie im Singular und Plural.
Quae puella villam intrat? – *Welches Mädchen betritt das Landhaus?*
Quod oppidum hostes oppugnaverunt? – *Welche Stadt haben die Feinde angegriffen?*

Quis kann jedoch auch adjektivisch verwendet werden und fragt dann nach dem Namen, während **qui** sowohl nach Beschaffenheit oder Charakter als auch nach dem Namen fragen kann.
Quis senator est? – *Welcher Senator ist das? (= Wie heißt der Senator?)*
Qui senator est? – *Was ist das für ein Senator?*

Das Indefinitpronomen

Das Indefinitpronomen bezeichnet eine Person oder Sache, die nicht näher bestimmt wird.

§36 aliquis, quisquam und ullus

	Sg.	
	m	**n**
Nom.	aliquis	aliquid
Gen.	alicuius	
Dat.	alicui	
Akk.	aliquem	aliquid
Abl.	aliquo	

	Sg.			Pl.		
Nom.	aliqui	aliquae	aliquod	aliqui	aliquae	aliqua
Gen.		alicuius		aliquorum	aliquarum	aliquorum
Dat.		alicui			aliquibus	
Akk.	aliquem	aliquam	aliquod	aliquos	aliquas	aliquae
Abl.	aliquo	aliqua	aliquo		aliquibus	

Das substantivisch verwendete Indefinitpronomen **aliquis, -quid** – *irgendjemand, -etwas* und das adjektivische **aliqui, -qua, -quod** – *irgendeiner* verweisen auf eine oder mehrere Personen, über die nichts Näheres bekannt ist.
Hoc aliquis dixit. – *Das hat irgendjemand gesagt.*
Hoc aliqui philosophus dixit. – *Das hat irgendein Philosoph gesagt.*

Bei **si** – *wenn*, **nisi** – *wenn nicht*, **ne** – *dass/damit nicht* und der Fragepartikel **num** steht das Pronomen meist ohne **ali-**.
Si quos amicos habes, te adiuvabunt. – *Wenn du irgendwelche Freunde hast, werden sie dir helfen.*

§37 In verneinten Sätzen – oft auch nur mit verneintem Sinn – steht das substantivische **quisquam, quidquam/quicquam** (Formen von **quis** + **-quam: cuiusquam, cuiquam** etc.) bzw. das adjektivische **ullus, -a, -um** – *(auch nur) irgendjemand* bzw. *irgendein.*
Nolo quemquam venturum esse. – *Ich will nicht, dass (auch nur) irgendeiner kommt.*
Num ullam fugam cogitavisti? – *Hast du etwa irgendeine Flucht(möglichkeit) überlegt?*

§38 quidam

	Sg.			Pl.		
Nom.	quidam	quaedam	quiddam/ quoddam	quidam	quaedam	quaedam
Gen.		cuiusdam		quoru**n**dam	quaru**n**dam	quoru**n**dam
Dat.		cuidam			quibusdam	
Akk.	que**n**dam	qua**n**dam	quiddam/ quoddam	quosdam	quasdam	quaedam
Abl.	quodam	quadam	quodam		quibusdam	

Das substantivische **quidam, quaedam, quiddam** und das adjektivische **quidam, quaedam, quoddam** – *ein gewisser, ein bestimmter* werden verwendet, wenn man über eine Person oder Sache nichts Genaueres sagen will oder kann.
In potestate quiddam mali inest. – *In der Macht liegt etwas Schlechtes.*
Poeta quidam hoc scripsit. – *Das hat ein (gewisser) Dichter geschrieben.*

Im Plural bedeutet **quidam** oft *manche, einige.*
poetae quidam – *manche Dichter* **quidam dicunt** – *manche sagen*

§39 quisque

	adjekt.			subst.	
Nom.	quisque	quaeque	quodque	quisque	quidque
Gen.		cuiusque		cuiusque	
Dat.		cuique		cuique	
Akk.	quemque	quamque	quodque	quisque	quidque
Abl.	quoque	quaque	quoque	quoque	

Im Unterschied zu **omnis, -e**, das kollektiv *insgesamt alle, jeden* meint, bezeichnet das substantivische **quisque, quidque** bzw. das adjektivische **quisque, quaeque, quodque** den Einzelnen von mehreren, bedeutet also *jeder (einzelne)*. Die Formen entsprechen dem Interrogativpronomen + **-que**.

Quisque steht enklitisch („angelehnt") bei Reflexiv-, Relativ-, Interrogativpronomina, einem Superlativ oder einer Ordinalzahl:
Suum quisque ingenium noscat! – *Ein jeder soll seine Begabung erkennen!*
Quinto quoque anno Sicilia tota censetur. – *Alle vier Jahre (in jedem fünften Jahr) wird ganz Sizilien geschätzt.*
Steht **quisque** bei einem Superlativ, ist es mit *gerade* zu übersetzen:
optimus quisque – *gerade die Besten, alle Guten*

§40 nemo, nihil und nullus

	subst.		adjekt.		
Nom.	nemo	nihil	nullus	nulla	nullum
Gen.	**nullius**	**nullius rei**		nullius	
Dat.	nemini/**nulli**	**nulli rei**		nulli	
Akk.	neminem	nihil	nullum	nullam	nullum
Abl.	**a nullo**	**nulla re**	nullo	nulla	nullo

Das meist substantivisch verwendete **nemo** – *niemand* hat in einigen Kasus Formen des adjektivischen **nullus, -a, -um**, ebenso das substantivische **nihil** – *nichts.*
Ille nemini odio fuit. – *Jener wurde von niemandem gehasst.*
Nihil potes dicere. – *Du kannst nichts sagen.*

Besonderheiten:
Der Genitiv **nihili** kommt nur als Genitivus pretii (↑ L11), der Ablativ **nihilo** nur als Ablativus pretii (↑ L11), Ablativus mensurae (↑ L10) oder in festen Wendungen vor.
nihili esse – *nichts wert sein*
nihilo aestimare – *gering schätzen*
pro nihilo putare – *für wertlos halten*
nihili putare – *für wertlos halten*
nihilo minus – *um nichts weniger*

Das adjektivische **nullus, -a, -um** – *kein* (↑ § 41) wird nur bei Betonung gebraucht. Unbetont wird im Lateinischen einfach mit **non** verneint.
Nullum servum habeo. – *Ich habe keinen (einzigen) Sklaven.*
Servum non habeo. – *Ich habe keinen Sklaven.*

§ 41 Pronominaladjektive

Unter dem Begriff Pronominaladjektive werden Adjektive bzw. Pronomina zusammengefasst, die im Genitiv und Dativ Singular wie ein Pronomen (**-ius** bzw. **-i**), in den restlichen Kasus jedoch wie ein Adjektiv der a-/o-Deklination dekliniert werden.

Merke:
Diese Wörter haben alle **-ius** in dem zweiten Falle, und im Dativ enden sie, alle auf ein langes **-i**.

Dazu zählen:
unus, -a, -um – *ein*
totus, -a, -um – *ganz*
nullus, -a, -um – *kein*
uterque, utraque, utrumque – *jeder (von beiden)*
alter, altera, alterum – *der eine, der andere (von beiden)*
solus, -a, -um – *allein, einzig*
ullus, -a, -um – *irgendein*
uter, utra, utrum – *welcher (von beiden)*
neuter, -tra, -trum – *keiner (von beiden)*
alius, -a, -ud (Gen. **alterius**, Dat. **alteri**!) – *ein anderer (von mehreren)*

Romani domini totius orbis terrarum esse voluerunt. – *Die Römer wollten Herren des ganzen Erdkreises sein.*
Alii pugnabant, alii fugiebant. – *Die einen kämpften, die anderen flohen.*

§ 42 Das Korrelativpronomen

Korrelativpronomina sind aufeinander bezogene Demonstrativ- und Relativ- bzw. Interrogativpronomina; sie werden für Vergleiche verwendet.

tantus ... quantus – *so groß/viel ... wie*
tot ... quot – *(eben)so viele ... wie*
tam ... quam – *so ... wie*
idem ... qui/atque – *derselbe ... wie*
talis ... qualis – *so (beschaffen) ... wie*
ita/sic ... ut – *so ... wie*
quo/quanto ... eo – *je ... desto*
totie(n)s ... quotie(n)s – *so oft ... wie*

Est tanta in te auctoritas, quanta debet. – *Deine Autorität ist so groß, wie sie sein muss.*
Oratio hominis talis est, qualis is ipse est. – *Die Rede eines Menschen ist so, wie er selbst ist.*
Romani nullum imperatorem ita timuerunt ut Hannibalem. – *Keinen (anderen) Feldherrn fürchteten die Römer so wie Hannibal.*

§ 43 Die Zahl

Zahlzeichen		Grundzahlen	Ordnungszahlen	Zahlzeichen		Grundzahlen	Ordnungszahlen
1	I	unus, -a, -um	primus, -a, -um	20	XX	viginti	vicesimus
2	II	duo, duae, duo	secundus, -a, -um	30	XXX	triginta	tricesimus
3	III	tres, tria	tertius, -a, -um	40	XL	quadraginta	quadragesimus
4	IV	quattuor	quartus	50	L	quinquaginta	quinquagesimus
5	V	quinque	quintus	60	LX	sexaginta	sexagesimus
6	VI	sex	sextus	70	LXX	septuaginta	septuagesimus
7	VII	septem	septimus	80	LXXX	octoginta	octogesimus
8	VIII	octo	octavus	90	XC	nonaginta	nonagesimus
9	IX	novem	nonus	100	C	centum	centesimus
10	X	decem	decimus	200	CC	ducenti, -ae, -a	ducentesimus
11	XI	undecim	undecimus	300	CCC	trecenti	trecentesimus
12	XII	duodecim	duodecimus	400	CD	quadringenti	quadringentesimus
13	XIII	tredecim	tertius decimus	500	D	quingenti	quingentesimus
14	XIV	quattuordecim	quartus decimus	600	DC	sescenti	sescentesimus
15	XV	quindecim	quintus decimus	700	DCC	septingenti	septingentesimus
16	XVI	sedecim	sextus decimus	800	DCCC	octingenti	octingentesimus
17	XVII	septendecim	septimus decimus	900	CM	nongenti	nongentesimus
18	XVIII	duodeviginti	duodevicesimus	1000	M	mille	millesimus
19	XIX	undeviginti	undevicesimus	2000	MM	duo milia, -ium	bis millesimus

Die meisten Grundzahlen werden nicht dekliniert, mit Ausnahme von **unus, -a, -um** – *eins*, **duo, duae, duo** – *zwei*, **tres, tria** – *drei*.

	m	f	n	m	f	n	m/f	n
Nom.	unus	una	unum	duo	duae	duo	tres	tria
Gen.		unius		duorum	duarum	duorum	trium	
Dat.		uni		duobus	duabus	duobus	tribus	
Akk.	unum	unam	unum	duo/duos	duas	duo	tres	tria
Abl.	uno	una	uno	duobus	duabus	duobus	tribus	

Auch die Vielfachen von **centum** – *100* und von **mille** – *1000* werden – nach der a-/o- bzw. 3. Deklination (**milia, milium, milibus** etc.) – dekliniert.

quinque viri – *fünf Männer* **ducentae naves** – *200 Schiffe*

Der gezählte Begriff steht bei den Vielfachen von 1000 meist im Genitiv:
tria milia passuum – *3000 Schritte (ca. 4,5 km)*

Die Deklination der Ordnungszahlen richtet sich nach der a-/o-Deklination.
hora tertia/sexta/nona – *um 9/12/15 Uhr (zur dritten/sechsten/neunten Stunde)*

Das Verb

§ 44 Bei den Verben werden finite und infinite Formen unterschieden. Finite Formen sind die konjugierten Verben, die verändert werden können hinsichtlich:

- Person: 1., 2., 3. Person,
- Numerus: Singular, Plural,
- Tempus: Präsens, Imperfekt, Perfekt, Plusquamperfekt, Futur I und II,
- Genus verbi: Aktiv, Passiv,
- Modus: Indikativ, Konjunktiv, Imperativ.

Unter infiniten Verbformen versteht man die unveränderlichen Nominalformen eines Verbs: Infinitive, Partizipien, Supina und nd-Formen.

Man unterscheidet drei verschiedene Verbstämme: Präsens-, Perfekt- und Supinstamm (entspricht dem PPP). Vom Präsensstamm werden Präsens, Imperfekt, Futur I und Imperativ sowie das Partizip Präsens Aktiv und die nd-Formen gebildet, vom Perfektstamm Perfekt, Plusquamperfekt und Futur II im Aktiv und vom Supinstamm das Passiv von Perfekt, Plusquamperfekt und Futur II sowie das Partizip Futur Aktiv, das Partizip Perfekt Passiv und die Supina. Die entsprechenden Stämme lernen Sie mit den Stammformen, von denen alle anderen Formen abgeleitet werden können:
laudare, laudo, laudavi, laudatum – *loben*

Nach dem Auslaut des Präsensstamms (Infinitiv Präsens ohne die Endung **-re**) werden die Verben in verschiedene Konjugationen eingeteilt:

- a-Konjugation: **laudare** – *loben* → **lauda-**
- e-Konjugation: **monere** – *mahnen* → **mone-**
- i-Konjugation: **audire** – *hören* → **audi-**
- konsonantische Konjugation: **agere** – *tun* → **ag-**
- gemischte Konjugation: **capere** – *fassen* → **cap(i)-**

Der Perfektstamm wird auf unterschiedliche Weise gebildet:

amare	→ **amav-**	v-Perfekt (viele Verben der a- und i-Konj.)
monere	→ **monu-**	u-Perfekt (viele Verben der e-Konj.)
scribere	→ **scrips-**	s-Perfekt
legere	→ **lēg-**	Dehnungsperfekt
currere	→ **cucurr-**	Reduplikationsperfekt
defendere	→ **defend-**	Stammperfekt

Beim Dehnungsperfekt mancher Verben verändert sich der Vokal zusätzlich durch Ablaut:
capere → **cēp-**

Die Formen der regelmäßigen Verben

§ 45 Präsens, Imperfekt und Futur I

Aktiv

	a-Konj.	e-Konj.	i-Konj.	kons. Konj.	gem. Konj.
Präsens Indikativ	laudo laudas laudat laudamus laudatis laudant	moneo mones monet monemus monetis monent	audio audis audit audimus auditis audiunt	ago agis agit agimus agitis agunt	capio capis capit capimus capitis capiunt
Präsens Konjunktiv	laudem laudes laudet laudemus laudetis laudent	moneam moneas moneat moneamus moneatis moneant	audiam audias audiat audiamus audiatis audiant	agam agas agat agamus agatis agant	capiam capias capiat capiamus capiatis capiant
Imperfekt Indikativ	laudabam laudabas laudabat laudabamus laudabatis laudabant	monebam monebas monebat monebamus monebatis monebant	audiebam audiebas audiebat audiebamus audiebatis audiebant	agebam agebas agebat agebamus agebatis agebant	capiebam capiebas capiebat capiebamus capiebatis capiebant
Imperfekt Konjunktiv	laudarem laudares laudaret laudaremus laudaretis laudarent	monerem moneres moneret moneremus moneretis monerent	audirem audires audiret audiremus audiretis audirent	agerem ageres ageret ageremus ageretis agerent	caperem caperes caperet caperemus caperetis caperent
Futur I	laudabo laudabis laudabit laudabimus laudabitis laudabunt	monebo monebis monebit monebimus monebitis monebunt	audiam audies audiet audiemus audietis audient	agam ages aget agemus agetis agent	capiam capies capiet capiemus capietis capient
Imperativ I	lauda! laudate!	mone! monete!	audi! audite!	age! agite!	cape! capite!
Imperativ II	laudato! laudatote! laudanto!	moneto! monetote! monento!	audito! auditote! audiunto!	agito! agitote! agunto!	capito! capitote! capiunto!

Passiv

	a-Konj.	e-Konj.	i-Konj.	kons. Konj.	gem. Konj.
Präsens Indikativ	laudor laudaris laudatur laudamur laudamini laudantur	moneor moneris monetur monemur monemini monentur	audior audiris auditur audimur audimini audiuntur	agor ageris agitur agimur agimini aguntur	capior caperis capitur capimur capimini capiuntur
Präsens Konjunktiv	lauder lauderis laudetur laudemur laudemini laudentur	monear monearis moneatur moneamur moneamini moneantur	audiar audiaris audiatur audiamur audiamini audiantur	agar agaris agatur agamur agamini agantur	capiar capiaris capiatur capiamur capiamini capiantur
Imperfekt Indikativ	laudabar laudabaris laudabatur laudabamur laudabamini laudabantur	monebar monebaris monebatur monebamur monebamini monebantur	audiebar audiebaris audiebatur audiebamur audiebamini audiebantur	agebar agebaris agebatur agebamur agebamini agebantur	capiebar capiebaris capiebatur capiebamur capiebamini capiebantur
Imperfekt Konjunktiv	laudarer laudareris laudaretur laudaremur laudaremini laudarentur	monerer monereris moneretur moneremur moneremini monerentur	audirer audireris audiretur audiremur audiremini audirentur	agerer agereris ageretur ageremur ageremini agerentur	caperer capereris caperetur caperemur caperemini caperentur
Futur I	laudabor laudaberis laudabitur laudabimur laudabimini laudabuntur	monebor moneberis monebitur monebimur monebimini monebuntur	audiar audieris audietur audiemur audiemini audientur	agar ageris agetur agemur agemini agentur	capiar capieris capietur capiemur capiemini capientur

§46 Perfekt, Plusquamperfekt und Futur II

Wie das folgende Beispiel **monere** werden alle Verben konjugiert:

Aktiv

Perfekt Indikativ	Plusquamperfekt Indikativ	Futur II
monui	monueram	monuero
monuisti	monueras	monueris
monuit	monuerat	monuerit
monuimus	monueramus	monuerimus
monuistis	monueratis	monueritis
monuerunt	monuerant	monuerint

Perfekt Konjunktiv	Plusquamperfekt Konjunktiv
monuerim	monuissem
monueris	monuisses
monuerit	monuisset
monuerimus	monuissemus
monueritis	monuissetis
monuerint	monuissent

Passiv

Perfekt Indikativ	Perfekt Konjunktiv	Futur II
monitus, -a, -um sum	monitus, -a, -um sim	monitus, -a, -um ero
monitus, -a, -um es	monitus, -a, -um sis	monitus, -a, -um eris
monitus, -a, -um est	monitus, -a, -um sit	monitus, -a, -um erit
moniti, -ae, -a sumus	moniti, -ae, -a simus	moniti, -ae, -a erimus
moniti, -ae, -a estis	moniti, -ae, -a sitis	moniti, -ae, -a eritis
moniti, -ae, -a sunt	moniti, -ae, -a sint	moniti, -ae, -a erunt

Plusquamperfekt Indikativ	Plusquamperfekt Konjunktiv
monitus, -a, -um eram	monitus, -a, -um essem
monitus, -a, -um eras	monitus, -a, -um esses
monitus, -a, -um erat	monitus, -a, -um esset
moniti, -ae, -a eramus	moniti, -ae, -a essemus
moniti, -ae, -a eratis	moniti, -ae, -a essetis
moniti, -ae, -a erant	moniti, -ae, -a essent

Die unregelmäßigen Verben

§47 esse – sein

Präsens Indikativ	Präsens Konjunktiv	Imperfekt Indikativ	Imperfekt Konjunktiv	Futur I	Imperativ I	Imperativ II
sum	sim	eram	essem	ero		
es	sis	eras	esses	eris	es!	esto!
est	sit	erat	esset	erit		esto!
sumus	simus	eramus	essemus	erimus		
estis	sitis	eratis	essetis	eritis	este!	estote!
sunt	sint	erant	essent	erunt		sunto!

Perfekt Indikativ	Perfekt Konjunktiv	Plusquamperfekt Indikativ	Plusquamperfekt Konjunktiv	Futur II
fui	fuerim	fueram	fuissem	fuero
fuisti	fueris	fueras	fuisses	fueris
fuit	fuerit	fuerat	fuisset	fuerit
fuimus	fuerimus	fueramus	fuissemus	fuerimus
fuistis	fueritis	fueratis	fuissetis	fueritis
fuerunt	fuerint	fuerant	fuissent	fuerint

Infinitiv Präsens	Infinitiv Perfekt	Infinitiv Futur
esse	fuisse	futurum, -am, -um esse

Komposita von **esse**:

abesse, absum, afui – *abwesend sein*
deesse, desum, defui – *fehlen*
obesse, obsum, obfui – *schaden*
prodesse, prosum, profui – *nützen*
adesse, adsum, adfui – *anwesend sein, helfen*
interesse, intersum, interfui – *teilnehmen*
praeesse, praesum, praefui – *an der Spitze stehen*
superesse, supersum, superfui – *übrig sein, überleben*

Vor Vokalen endet der Präsensstamm von **prodesse** auf **-d**, lautet dann also **prod-**, vor Konsonanten bleibt er unverändert: **pro-sum** – *ich nütze*, **prod-es** – *du nützt*, **prod-eram** – *ich nützte*, **prod-eris** – *du wirst nützen*
Perfekt, Plusquamperfekt und Futur II werden vom Perfektstamm **profu-** gebildet: **profui** – *ich habe genützt*, **profueras** – *du hattest genützt*, **profuerint** – *sie werden genützt haben*

§ 48 posse – können

Präsens Indikativ	**Präsens Konjunktiv**	**Imperfekt Indikativ**	**Imperfekt Konjunktiv**	**Futur I**
possum potes potest possumus potestis possunt	possim possis possit possimus possitis possint	poteram poteras poterat poteramus poteratis poterant	possem posses posset possemus possetis possent	potero poteris poterit poterimus poteritis poterunt
Perfekt Indikativ	**Perfekt Konjunktiv**	**Plusquamperfekt Indikativ**	**Plusquamperfekt Konjunktiv**	**Futur II**
potui potuisti potuit *usw.*	potuerim potueris potuerit *usw.*	potueram potueras potuerat *usw.*	potuissem potuisses potuisset *usw.*	potuero potueris potuerit *usw.*
Infinitiv Präsens			**Infinitiv Perfekt**	
posse			potuisse	

Posse entstand aud **pot- + esse**. An den Präsensstamm **pot-** werden die Formen von **esse** gehängt, vor Konsonanten wird im Präsens der Stammauslaut jedoch angepasst:
pos-sum – *ich kann*, **pot-es** – *du kannst*, **pos-sint** – *sie mögen können*

§ 49 ire – gehen

Präsens Indikativ	**Präsens Konjunktiv**	**Imperfekt Indikativ**	**Imperfekt Konjunktiv**	**Futur I**	**Imperativ I**	**Imperativ II**
eo	eam	ibam	irem	ibo		
is	eas	ibas	ires	ibis	i!	ito!
it	eat	ibat	iret	ibit		
imus	eamus	ibamus	iremus	ibimus		
itis	eatis	ibatis	iretis	ibitis	ite!	itote!
eunt	eant	ibant	irent	ibunt		eunto!

Perfekt Indikativ	Perfekt Konjunktiv	Plusquamperfekt Indikativ	Plusquamperfekt Konjunktiv	Futur II
ii isti iit iimus istis ierunt	ierim ieris ierit ierimus ieritis ierint	ieram ieras ierat ieramus ieratis ierant	issem isses isset issemus issetis issent	iero ieris ierit ierimus ieritis ierint

Infinitiv Präsens	Infinitiv Perfekt	Infinitiv Futur	PPA
ire	isse	iturum, -am, -um esse	iens, euntis

Achtung: **Passive** Formen kommen nur in der 3. Pers. Sg. (unpersönliches Passiv) vor:

itur – *man geht*
ibatur – *man ging*
eundum est – *man muss gehen*
eatur – *man möge gehen*
itum est – *man ist gegangen*

Komposita von **ire:**
a) Intransitive Komposita bilden ebenfalls nur ein unpersönliches Passiv:

abire – *weggehen*
exire – *herausgehen*
interire – *untergehen*
perire – *zugrundegehen*
redire – *zurückgehen*
venire – *verkauft werden*

a) Transitive Komposita haben ein persönliches Passiv:

adire – *herangehen*
circumire – *herumgehen*
inire – *hineingehen*
praeterire – *vorbeigehen*
subire – *unternehmen*
transire – *hinübergehen*

§ 50 velle – wollen, nolle – nicht wollen, malle – lieber wollen

	velle	nolle	malle
Präsens Indikativ	volo vis vult volumus vultis volunt	nolo non vis non vult nolumus non vultis nolunt	malo mavis mavult malumus mavultis malunt
Präsens Konjunktiv	velim velis *usw.*	nolim nolis *usw.*	malim malis *usw.*
Imperfekt Indikativ	volebam volebas *usw.*	nolebam nolebas *usw.*	malebam malebas *usw.*
Imperfekt Konjunktiv	vellem velles *usw.*	nollem nolles *usw.*	mallem malles *usw.*
Futur I	volam voles *usw.*	nolam noles *usw.*	malam males *usw.*
Imperativ I	–	noli! nolite!	–

Die übrigen Zeiten werden regelmäßig gebildet von den Perfektstämmen **volu-, nolu-, malu-**: **volui** – *ich habe gewollt*, **noluerat** – *er/sie/es hatte nicht gewollt*, **maluissent** – *sie hätten lieber gewollt*
Zur Verwendung der Imperative von nolle ↑ § 62.

§ 51 ferre – tragen, bringen

	Aktiv	Passiv
Präsens Indikativ	fero fers fert ferimus fertis ferunt	feror ferris fertur ferimur ferimini feruntur
Präsens Konjunktiv	feram feras *usw.*	ferar feraris *usw.*
Imperfekt Indikativ	ferebam ferebas *usw.*	ferebar ferebaris *usw.*
Imperfekt Konjunktiv	ferrem ferres *usw.*	ferrer ferreris *usw.*
Futur I	feram feres *usw.*	ferar fereris *usw.*
Imperativ I	fer! ferte!	
Imperativ II	ferto! fertote! ferunto!	

Der Präsensstamm von **ferre** lautet **fer-**; vor Endungen, die mit **-r-, -s-** oder **-t-** beginnen, fehlt der Themavokal. Die übrigen Zeiten werden vom Perfektstamm **tul-** bzw. im Passiv vom Supinstamm **lat-** gebildet:
tuli – *ich habe getragen*, **tuleram** – *ich hatte getragen*, **latus, -a, -um est** – *er/sie/es ist getragen worden*

Komposita von **ferre**:
affere, affero, attuli, allatum – *herbeitragen*
auferre, aufero, abstuli, ablatum – *wegtragen*
conferre, confero, contuli, collatum – *zusammentragen, vergleichen*
efferre, effero, extuli, elatum – *hinaustragen*
offerre, offero, obtuli, oblatum – *anbieten*
referre, refero, rettuli, relatum – *zurückbringen, melden*

§ 52 fieri – werden, geschehen

	Indikativ		Konjunktiv	
Präsens	fio fis fit	fimus fitis fiunt	fiam fias fiat	fiamus fiatis fiant

	Indikativ		Konjunktiv	
Imperfekt	fiebam fiebas fiebat	fiebamus fiebatis fiebant	fierem fieres fieret	fieremus fieretis fierent
Futur I	fiam fies fiet	fiemus fietis fient		
Imperativ I	fi! fite!			

Das Verb **fieri** – *werden, geschehen* hat einen **passiven** Infinitiv Präsens, doch werden Präsens, Imperfekt und Futur I mit **aktiven** Endungen vom Stamm **fi-** nach der i-Konjugation gebildet. Perfekt, Plusquamperfekt und Futur II sind dem **Passiv** von **facere** entlehnt:
factum est/erat – *es ist/war geschehen*

Fieri kann das Passiv von **facere** ersetzen, es ist dann mit *gemacht werden, entstehen* zu übersetzen.
Ex amico inimicus factus est. – *Aus einem Freund wurde ein Feind.*
Pax cum Poenis non facta est. – *Mit den Karthagern wurde kein Frieden geschlossen.*

Deponentien und Semideponentien

§ 53 Verben, die passive Formen, aber eine aktive Bedeutung haben, werden **Deponentien** genannt. Deponentien gibt es in allen Konjugationen:
hortari, hortor, hortatus sum – *ermahnen*
vereri, vereor, veritus sum – *(sich) scheuen, fürchten; verehren*
potiri, potior, potitus sum – *sich bemächtigen*
uti, utor, usus sum – *gebrauchen*
pati, patior, passus sum – *leiden*

§ 54 Unter **Semideponentien** versteht man Verben, die entweder im Präsens- oder im Perfektstamm als Deponentien auftreten. Die passiven Formen haben wie bei den Deponentien aktive Bedeutung.
audere, audeo, ausus sum – *wagen*
gaudere, gaudeo, gavisus sum – *sich freuen*
solere, soleo, solitus sum – *pflegen, gewohnt sein*
(con)fidere, fido, fisus sum – *(ver)trauen*
reverti, revertor, reverti – *zurückkehren*

§ 55 Verba defectiva

Einige wenige Verben sind nur im Perfektstamm gebräuchlich, sie werden Verba defectiva genannt. Die Besonderheit ist, dass das Perfekt dem Präsens (auch präsentisches Perfekt genannt) entspricht bzw. analog das Plusquamperfekt und Futur II dem Imperfekt und Futur I.
odisse – *hassen*
odi – *ich hasse*
meminisse – *sich erinnern*
memini – *ich erinnere mich*

oderam – *ich hasste*
odero – *ich werde hassen*
meminerам – *ich erinnerte mich*
meminero – *ich werde mich erinnern*
Cur te oderunt? – *Warum hassen sie dich?*
Semper pugnae illius meminerit. – *Er wird sich immer an diese Schlacht erinnern.*

Nur im Perfekt gebräuchlich, aber mit Perfektbedeutung ist **coepisse** – *angefangen haben*. Aufgrund seiner Bedeutung ist es unter den Stammformen von **incipere** – *anfangen* aufgelistet.
Orator dicere coepit. – *Der Redner begann zu sprechen.*

Die folgenden Verben werden nur in einzelnen Formen verwendet:
- **aio** – *ich sage*, weitere Formen im Präsens Indikativ: **ais** – *du sagst*, **ait** – *er sagt(e)* (auch als Indikativ Perfekt), **aiunt** – *sie sagen*, im Imperfekt (alle Formen im Indikativ): **aiebam** – *ich sagte*, **aiebas** – *du sagtest* usw.
- **inquit** – *sagt(e) er* (als Einschub in der direkten Rede), weitere Formen im Präsens Indikativ: **inquam** – *sage ich*, **inquis** – *sagst du*, **inquiunt** – *sagen sie*, im Futur I: **inquies** – *wirst du sagen*, **inquiet** – *wird er sagen*
- **ave(te)!/salve(te)!** – *seid gegrüßt!*

Verwendung der Tempora

§ 56 Das **Präsens** beschreibt Ereignisse der Gegenwart.
Claudius amicum videt. – *Claudius sieht seinen Freund.*
Als **historisches Präsens** wird es auch für eine Erzählung, die sonst in einem Vergangenheitstempus geschrieben ist, verwendet – durch den Tempuswechsel wird die Erzählung spannender und lebendiger.
Postquam hostes pontem pervenerunt, ducuntur et ab eis gladii et a nostris. – *Nachdem die Feinde die Brücke erreicht hatten, zogen sowohl sie als auch die unseren die Schwerter.*

§ 57 Mit dem **Futur I** wird Zukünftiges beschrieben. Das Lateinische ist in diesem Punkt exakter als das Deutsche, das für Ereignisse der näheren Zukunft oft nur noch das Präsens verwendet.
Patriam novam inveniemus. – *Wir werden eine neue Heimat finden.*

§ 58 Das **Imperfekt** wird für Ereignisse der Vergangenheit verwendet,
- um dauerhafte Zustände oder den Hintergrund einer Handlung (durativer Aspekt) zu beschreiben:
  Graeci diu cum Troianis pugnabant. – *Die Griechen kämpften lange mit den Trojanern.*
- um über wiederholte Handlungen, wie Sitten oder Gewohnheiten, (iterativer Aspekt) zu berichten:
  Domini servos saepe reprehendebant. – *Die Herren tadelten ihre Sklaven oft.*
- um eine versuchte, aber nicht vollendete Handlung (konativer Aspekt) zu schildern:
  Milites pontem faciebant. – *Die Soldaten versuchten, eine Brücke zu bauen.*

§ 59 Das **Perfekt** wird verwendet, um einmalige, vollendete Handlungen in der Vergangenheit zu beschreiben (historisches Perfekt). Die Dauer der Handlung ist dabei unwichtig. Übersetzen Sie mit Präteritum.
Romulus et Remus Romam condiderunt. – *Romulus und Remus gründeten Rom.*

Das Perfekt steht auch, um ein Urteil oder eine Feststellung über ein Ereignis oder eine Handlung zu formulieren (konstatierendes Perfekt). Dieses wird im Deutschen mit Perfekt wiedergegeben.
Bene fecistis. – *Das habt ihr gut gemacht.*

Das präsentische (oder resultative) Perfekt bezeichnet einen Zustand, der in der Vergangenheit begonnen hat und noch in der Gegenwart andauert. Dabei entspricht das Perfekt dem Präsens bzw. analog das Plusquamperfekt und Futur II dem Imperfekt und Futur I.
Neminem Romae novimus, qui hoc sciat. – *Wir kennen niemanden in Rom, der das weiß.*

§ 60 Mit dem **Plusquamperfekt** werden Ereignisse bezeichnet, die noch vor einer anderen Handlung in der Vergangenheit liegen. Übersetzt wird auch im Deutschen mit Plusquamperfekt.
Servus portam aperuit, nam dominus revenerat. – *Der Sklave öffnete das Tor, denn der Herr war zurückgekehrt.*

§ 61 Mit dem **Futur II** wird im Lateinischen eine zukünftige Handlung ausgedrückt, die noch vor einer anderen, ebenfalls in der Zukunft liegenden, geschieht. Es steht also oft in Gliedsätzen. Im Deutschen ist dieses Zeitverhältnis ungenauer, das Futur II ist mit einem Präsens oder Perfekt zu übersetzen.
Si servae tempore suo omnes labores confecerint, a domina laudabuntur. – *Wenn die Sklavinnen alle Arbeiten zur rechten Zeit erledigt haben (werden), werden sie von ihrer Herrin gelobt* (werden).

§ 62 Der Imperativ

Befehle, Aufforderungen und Verbote werden mit dem Imperativ ausgedrückt. Er richtet sich an die 2. Person Sg. oder Pl.
Vide! – *Sieh!*
Venite! – *Kommt!*

Mit dem Imperativ von **nolle** + Infinitiv Präsens oder mit dem Prohibitiv (↑ § 63) kann eine Aufforderung bzw. ein Befehl verneint werden.
Noli venire! – *Komm nicht!*
Nolite hoc facere! – *Tut das nicht!*

Selten verwendet wird der Imperativ II, der vor allem für allgemeine Vorschriften und Regeln gebraucht wird.
Legem servato/servatote! – *Du sollst/Ihr sollt das Gesetz einhalten!*

Der Konjunktiv

Neben Indikativ und Imperativ gibt es als weiteren Modus des Verbs den Konjunktiv.
Er stellt ein Geschehen als möglich, nicht wirklich oder gewünscht dar.

§ 63 Der Konjunktiv im Hauptsatz

Aufforderungen

Der Konjunktiv Präsens kann als Modus der Aufforderung verwendet werden. Die Aufforderung an die 1. Pers. Pl. wird **Hortativ**, die an die 3. Pers. **Iussiv** genannt.

Eamus! – *Lasst uns gehen!*
Nihil dicamus! – *Lasst uns nichts sagen!*
Dicat! – *Er/sie soll sprechen!*
Ne eant! – *Sie sollen nicht gehen!*

Imperative können statt mit **noli(te)** (↑ § 62) auch mit **ne** + Konjunktiv Perfekt, dem **Prohibitiv**, verneint werden.

Ne veneritis! – *Kommt nicht!*
Ne dubitaveris! – *Zweifle nicht!*

In Fragen drückt der Konjunktiv der 1. Person als **Deliberativ** ein Abwägen, Überlegen oder Zweifeln aus. Für die Gegenwart steht Konjunktiv Präsens, für die Vergangenheit Konjunktiv Imperfekt.

Quid faciam? – *Was soll ich tun?*
Quid facerem? – *Was hätte ich tun sollen?*

Modus der Vorstellung

Als **Irrealis** bezeichnen Konjunktiv Imperfekt (Gegenwart) bzw. Plusquamperfekt (Vergangenheit), dass eine Tatsache oder Handlung nicht real ist.

De ea re dubitarem/dubitavissem. – *Daran würde ich zweifeln/hätte ich gezweifelt.*

Soll eine Handlung als möglich dargestellt werden, wird der **Potentialis** – Konjunktiv Präsens oder Perfekt für die Gegenwart und Konjunktiv Imperfekt für die Vergangenheit – verwendet.

Quis hoc credat/crediderit? – *Wer möchte/könnte das glauben?*
Hoc non putaretis. – *Das hättet ihr wohl nicht glauben können.*

Wünsche

Der Konjunktiv in seiner Funktion als Modus des Wunsches wird **Optativ** genannt. Erfüllbar gedachte Wünsche werden mit dem Konjunktiv Präsens (Gegenwart) oder Perfekt (Vergangenheit) ausgedrückt. Eingeleitet werden Wünsche manchmal mit **utinam** oder **vellem**, verneint werden sie mit **ne** oder **nollem**.

Valeas! – *Mögest du gesund sein!*
Velim maneas! – *Hoffentlich bleibst du!*
Utinam dei eos servaverint! – *Hoffentlich haben die Götter sie gerettet!*

Nicht erfüllbar gedachte Wünsche werden mit dem Konjunktiv Imperfekt (Gegenwart) oder Plusquamperfekt (Vergangenheit) ausgedrückt.

Vellem maneres/mansisses! – *Ach, wenn du doch bliebest!/Ach, wärest du doch geblieben!*
Nollem venissetis! – *Wärt ihr doch nicht gekommen!*

§ 64 Der Konjunktiv im Gliedsatz

Der Konjunktiv drückt im Gliedsatz oft nur aus, dass es sich um einen untergeordneten Satz handelt. Zu den häufigsten Gliedsätzen mit Konjunktiv zählen die Adverbialsätze (↑ § 76–82). Im lateinischen Satzgefüge wird die Zeitengebung streng geregelt (sogenannte **Consecutio temporum**), dabei ist, wie bei den indikativischen Gliedsätzen, das relative Zeitverhältnis entscheidend.

Hauptsatz	Gliedsatz
Präsens, Futur, Imperativ	gleichzeitig: Konjunktiv Präsens vorzeitig: Konjunktiv Perfekt nachzeitig: Konjunktiv Präsens oder Coniugatio periphrastica (**-urus, -a, -um sim** ↑ § 65)
Imperfekt, Perfekt, Plusquamperfekt	gleichzeitig: Konjunktiv Imperfekt vorzeitig: Konjunktiv Plusquamperfekt nachzeitig: Konjunktiv Imperfekt oder Coniugatio periphrastica (**-urus, -a, -um essem** ↑ § 65)

Multi Galli ad Caesarem veniunt, cum Helvetii victi sint. – *Viele Gallier kommen zu Caesar, nachdem die Helvetier besiegt (worden) sind.*
Multi Galli ad Caesarem venerunt, cum Helvetii victi essent. – *Viele Gallier kamen zu Caesar, nachdem die Helvetier besiegt (worden) waren.*

Steht in einem indikativischen Gliedsatz der Konjunktiv, so betont die sprechende Person, dass es sich nicht um ihre eigene Meinung handelt. Dieser Konjunktiv heißt **Coniunctivus obliquus**.
Reprehendis, quod semper me laudem. – *Du tadelst, dass ich mich immer selbst loben würde/ angeblich immer selbst lobe.*

§ 65 Da es im Lateinischen keinen Konjunktiv Futur gibt, wird dieser meist durch den entsprechenden Konjunktiv der Gleichzeitigkeit ersetzt.
Providebo, ne id accidat. – *Ich werde dafür sorgen, dass dies nicht geschieht.*

In indirekten Fragesätzen sowie in **quin**-Sätzen kann eine nachzeitige Handlung auch durch die sogenannte Coniugatio periphrastica ausgedrückt werden. Diese besteht aus dem PFA und dem Konjunktiv Präsens bzw. Imperfekt von **esse**.
Scio, quid responsurus sis. – *Ich weiß, was du antworten wirst.*
Non dubitavi, quin venturus esses. – *Ich zweifelte nicht daran, dass du kommen würdest.*

Der Infinitiv

§ 66 Die Formen

		a-Konj.	e-Konj.	i-Konj.	kons. Konj.	gem. Konj.
AKTIV	Inf. Präs.	laudare	monere	audire	agere	capere
	Inf. Perf.	laudavisse	monuisse	audivisse	egisse	cepisse
	Inf. Fut.	laudaturum, -am, -um esse	moniturum, -a, -um esse	auditurum, -am, -um esse	acturum, -am, -um esse	capturum, -am, -um esse

		a-Konj.	e-Konj.	i-Konj.	kons. Konj.	gem. Konj.
P	Inf. Präs.	laudari	moneri	audiri	agi	capi
A S S	Inf. Perf.	laudatum, -am, -um esse	monitum, -am, -um esse	auditum, -am, -um esse	actum, -am, -um esse	captum, -am, -um esse
I V	Inf. Fut.	laudatum iri	monitum iri	auditum iri	actum iri	captum iri

§ 67 Der reine Infinitiv

Manche Verben können wie im Deutschen mit einem reinen Infinitiv konstruiert werden. Dazu zählen unpersönliche Ausdrücke – der Infinitiv ist dann Subjekt – sowie zahlreiche Verben – der Infinitiv bildet das Objekt des Satzes. Erweiterungen durch Objekte oder Adverbialien sind möglich.
Tempus est dormire. – *Es ist Zeit zu schlafen.*
Milites impetum in hostes facere cupiunt. – *Die Soldaten wollen einen Angriff auf die Feinde machen.*

§ 68 Der AcI

Der Accusativus cum infinitivo (AcI) besteht aus einem Akkusativ und einem Infinitiv, die von einem übergeordneten Prädikat abhängen. Signalverben, die auf einen AcI verweisen können, sind Verben des Sprechens, Glaubens, Wahrnehmens und Fühlens – sogenannte „Kopfverben". Übersetzt wird mit einem „dass"-Satz, in dem der Akkusativ zum Subjekt, der Infinitiv zum Prädikat wird. Auch hier sind Erweiterungen durch ein Objekt, Adverbiale oder Prädikatsnomen möglich.
Gaudeo amicam adesse. – *Ich freue mich, dass meine Freundin da ist.*
Constat gladiatores cum bestiis pugnare. – *Es ist bekannt, dass Gladiatoren mit wilden Tieren kämpfen.*

Der Infinitiv Präsens steht für eine gleichzeitig verlaufende Handlung, der Infinitiv Perfekt für vorher geschehene Ereignisse, und zwar unabhängig vom absoluten Tempus des Prädikats. Für eine nachzeitige Handlung steht der Infinitiv Futur, im Aktiv auch manchmal ohne **esse**.
Romani gladiatores fortes esse credunt/crediderunt. – *Die Römer glauben/glaubten, dass Gladiatoren tapfer seien (GZ).*
Constat/Constabat Socratem philosophum fuisse. – *Es ist/war bekannt, dass Sokrates ein Philosoph gewesen ist (VZ).*
Caesar se Gallos victurum (esse) putavit. – *Caesar glaubte, dass er die Gallier besiegen werde (NZ).*

Zur Verwendung der **Personalponomina** im AcI ↑ § 25, zur **relativen Verschränkung** ↑ § 85.

§ 69 Der NcI

Der Nominativus cum infinitivo (NcI) ist wie der AcI eine satzwertige Konstruktion, die jedoch von einem übergeordneten **passiven** Prädikat abhängig ist. Oder anders gesagt: Der NcI ist ein AcI, der ins Passiv gesetzt wurde. Das Zeitverhältnis wird vom Infinitiv angegeben.
Romulus (Nominativ) **Romam condidisse** (Infinitiv) **dicitur.**
Das persönlich konstruierte lateinische Passiv kann jedoch im Deutschen meist nicht nachgeahmt werden. Es muss mit einem unpersönlichen Subjekt wiedergegeben werden:

Man sagt, dass Romulus Rom gegründet hat.
Oder: *Romulus hat, wie man sagt, Rom gegründet.*
Oder: *Romulus soll Rom gegründet haben.*

Häufig steht der NcI nach Verben des Veranlassens und Verbietens:
iubeor – *man befiehlt, dass ich*
vetaris – *man verbietet, dass du*
sinor – *man lässt zu, dass ich*
cogitur – *er/sie/es muss*

Ebenso nach folgenden Verben:
putatur – *man glaubt, dass er/sie*
negamur – *man leugnet, dass wir*
traduntur – *es wird überliefert, dass sie*
dicitur – *man sagt, dass er/sie*
audiuntur – *man hört, dass sie*
videor – *ich scheine/es scheint, dass ich*

Das Partizip

§70 Formen

Partizipien sind sogenannte Verbaladjektive, sie haben sowohl Aspekte eines Verbs (sie können z. B. Objekte haben) als auch eines Adjektivs (sie werden dekliniert).
Das **Partizip Präsens Aktiv** (PPA) wird mit dem Präsensstamm + **-ns, -ntis** gebildet und nach der 3. Deklination dekliniert (Abl. Sg. **-e**, Nom./Akk. Pl. n **-ia**, Gen. Pl. **-ium**). Bei Verben der i-, gemischten und konsonantischen Konjugation wird zusätzlich ein Bindevokal **-e-** eingefügt.
lauda-ns, lauda-ntis – *lobend*
audi-e-ns, audi-e-ntis – *hörend*
reg-e-ns, reg-e-ntis – *lenkend*
mone-ns, mone-ntis – *ermahnend*
capi-e-ns, capi-e-ntis – *fassend*
i-e-ns, e-u-ntis – *gehend*

Auch Deponentien bilden ein Partizip Präsens **Aktiv**.
hortans, -antis – *ermahnend*
proficiens, -entis – *aufbrechend*

Das **Partizip Perfekt Passiv** (PPP) wird bei vielen Verben, vor allem bei denen mit v-Perfekt, mit dem Supinstamm (meist auf **-tus, -a, -um** endend) gebildet. Es wird nach der a-/o-Deklination dekliniert.
ama-re → **amatus, -a, -um** – *geliebt*
dele-re → **deletus, -a, -um** – *zerstört*

Oft verändert sich jedoch der Verbalstamm (Stammformen!):
docere → **doctus, -a, -um** – *gelehrt*
mittere → **missus, -a, -um** – *geschickt*

Für das **Partizip Futur Aktiv** (PFA) wird an denselben Stamm die Endung **-turus, -tura, -turum** gehängt. Es wird ebenfalls nach der a-/o-Deklination dekliniert. Mit dem PFA wird ausgedrückt, dass man etwas in unmittelbarer Zukunft tun wird oder die Absicht hat, etwas zu tun.
spectaturus, -a, -um – *einer, der ansehen wird/will*
moturus, -a, -um – *einer, der bewegen wird/will*

§71 Participium coniunctum und Ablativus absolutus

Sehr häufig ist die adverbiale Verwendung des Partizips. Es ersetzt dann einen Adverbialsatz (Temporal-, Kausal-, Konzessivsatz etc.). Bezieht sich das Partizip auf ein Satzglied wie z. B. Subjekt oder Objekt (KNG-Kongruenz!), spricht man vom **Participium coniunctum** („verbundenen" Partizip, PC).

Im Deutschen übersetzen Sie das PC zunächst am besten mit einem Adverbialsatz: das PC wird zum Prädikat, das Bezugswort zum gedachten Subjekt. Achten Sie dabei auf ein sinnvolles logisches bzw. gedankliches Verhältnis zwischen Partizip- und Prädikathandlung. Für die Übersetzung ist ebenfalls das Zeitverhältnis zu beachten: das PPA steht für eine gleichzeitig ablaufende, das PPP für eine vorzeitige Handlung.
Cenanti mihi epistula tua reddita est. – *Dein Brief wurde mir gebracht, während ich speiste.* → temporal, PPA → gleichzeitig
Civitates magnis beneficiis affectae Pompeium diligebant. – *Die Gemeinden liebten Pompeius, da sie (von ihm) große Wohltaten bekommen hatten.* → kausal, PPP → vorzeitig

Bezieht sich das Partizip jedoch auf ein Substantiv im Ablativ, der keine Satzgliedfunktion hat, nennt man die Partizipkonstruktion **Ablativus absolutus** („losgelöster" Ablativ). Er steht wie das PC für einen Adverbialsatz. Bei der Übersetzung wird das Substantiv im Ablativ zum Subjekt des Gliedsatzes, das Partizip zum Prädikat. Das zeitliche wie gedankliche Verhältnis ist ebenfalls zu berücksichtigen.
Caesar oppidum paucis defendentibus expugnare non potuit. – *Caesar konnte die Stadt nicht erobern, obwohl nur wenige (sie) verteidigten.* → konzessiv, PPA → gleichzeitig
His rebus confectis Caesar in Galliam revenit. – *Nachdem diese Dinge erledigt waren, kam Caesar nach Gallien zurück.* → temporal, PPP → vorzeitig

Anstelle eines Partizips kann auch ein Prädikatsnomen stehen (nominaler Abl. abs.):
Cicerone consule – *unter dem Konsulat Ciceros*, Hannibale vivo – *zu Lebzeiten Hannibals*
PC und Abl. abs. können auch übersetzt werden mit:

- einem Aktivsatz (nur bei gleichem „Täter"):
  His rebus cognitis profectus est. – *Nachdem er diese Dinge erfahren hatte, brach er auf.*
- einem präpositionalen Ausdruck:
  Hoc sperans proficiscitur. – *In dieser Hoffnung bricht er auf.*
  Oriente sole proficiscitur. – *Er bricht bei Sonnenaufgang auf.*
- einem beigeordneten Satz:
  Marcus flens clamavit. – *Markus weinte und schrie dabei laut.*
  Militibus expositis naves remittebantur. – *Die Soldaten wurden an Land gesetzt und dann die Schiffe zurückgeschickt.*

§72 Attributives Partizip

Das Partizip kann auch **attributiv** verwendet werden, es ersetzt dann einen Relativsatz. Das PPA steht für die Gleichzeitigkeit, das PPP für die Vorzeitigkeit. Übersetzen Sie entweder mit einem Relativsatz oder, soweit möglich, ebenfalls mit einem Partizip.
Hominibus verum dicentibus (= qui verum dicunt) facile cedo. – *Ich gebe den Menschen, die die Wahrheit sagen, leicht nach.*
Caesar superatis hostibus (= qui superati erant) pepercit. – *Caesar schonte die besiegten Feinde.*

nd-Formen

§73 Für die Deklination des Infinitivs (das Singen, des Singens etc.) hat das Lateinische eine eigene Form: das **Gerundium** (deswegen Verbalsubstantiv genannt). Es wird mit dem Präsensstamm (und zusätzlichem Bindevokal **-e-** in der i-, gemischten und konsonantischen Konjugation), **-nd-** und den Kasusendungen (o-Deklination, nur Sg.) gebildet. Auch Deponentien bilden Gerundia mit aktiver Bedeutung.

lauda-nd-i – *des Lobens*
audi-e-nd-o – *durch Hören*
ad reg-e-ndum – *zum Lenken*
mone-nd-i – *des Ermahnens*
capi-e-ndo – *durch das Fassen*
ad loquendum – *zum Sprechen*
Docendo discimus. – *Durch Lehren lernen wir.*
Occasio loquendi mihi datur. – *Ich bekomme Gelegenheit zu sprechen.*

Der Dativ des Gerundiums kommt so gut wie nicht vor; im Akkusativ steht es immer mit Präposition, als Akkusativobjekt wird der Infinitiv verwendet. Das Gerundium kann durch Objekte und Adverbien erweitert werden.
Philosophia ad beate vivendum ducit. – *Die Philosophie führt zu einem glücklichen Leben.*
Beate vivere volo. – *Ich will glücklich leben.*

§74 Das **Gerundivum** wird wie das Gerundium gebildet, jedoch wie ein Adjektiv der a-/o-Deklination in Sg. und Pl. dekliniert (Verbaladjektiv). Es hat passive Bedeutung und kann – wie ein Adjektiv – attributiv, prädikativ oder als Prädikatsnomen verwendet werden. Das Gerundivum richtet sich nach seinem Bezugswort (KNG-Kongruenz). Als Attribut kann das Gerundiv im Deutschen mit einem Adjektiv auf *-lich, -wert, -würdig* übersetzt werden:
Catilina homo contemnendus est. – *Catilina ist ein verachtenswerter* (wörtl. *ein zu verachtender) Mensch.*

Statt eines Gerundiums + Objekt kann auch ein attributives Gerundivum stehen. Übersetzen Sie es mit einem Infinitiv oder einem präpositionalen Ausdruck.
Marcus consilium relinquendae Italiae (= Italiam relinquendi) capit. – *Markus fasst den Plan, Italien zu verlassen.*
Multi cives in oppido expugnando (= in oppidum expugnando) fame perierunt. – *Viele Bürger verhungerten bei der Belagerung der Stadt.*

Als Prädikativ drückt das Gerundivum einen Zweck aus, es steht dann besonders bei folgenden Verben: **dare** – *geben*, **tradere** – *übergeben*, **mittere** – *schicken*, **curare** – *lassen*
Librum tibi do legendum. – *Ich gebe dir das Buch zum Lesen* (wörtl. *als ein zu lesendes).*
Als Prädikatsnomen mit einer Form von **esse** drückt es eine Notwendigkeit aus:
Liber legendus est. – *Das Buch muss gelesen werden* (wörtl. *ist ein zu lesendes).*

Beim Gerundiv als Prädikatsnomen steht die Person, die etwas tun muss, im **Dativus auctoris**.
Liber tibi legendus est. – *Du musst das Buch lesen.*

§75 Das Supinum

Das – selten verwendete – Supinum ist ein Verbalsubstantiv, das vom Partizipialstamm abgeleitet ist. Das Supinum I sieht aus wie ein PPP, ist aber ein alter Akkusativ der Richtung und bezeichnet einen Zweck:
salutatum ire – *zur Begrüßung gehen*

Das Supinum II ist vom selben Stamm gebildet und endet auf **-u**:
Hoc est facile dictu/intellectu. – *Das ist leicht zu sagen/zu verstehen.*

Gliedsätze

Gliedsätze werden wie im Deutschen durch Subjunktionen eingeleitet. Ein Gliedsatz kann z. B. den Grund, die Zeit, den Gegengrund oder die Bedingung (Adverbiale) angeben, je nach Subjunktion steht der Indikativ oder Konjunktiv.
In indikativischen Gliedsätzen richtet sich das Tempus immer nach dem des Hauptsatzes, d. h. auf das Zeitverhältnis von Haupt- und Gliedsatzhandlung kommt es an. Bei Gleichzeitigkeit steht in beiden Sätzen dasselbe Tempus, geschieht die Gliedsatzhandlung jedoch vor der des Hauptsatzes (Vorzeitigkeit), gelten folgende Regeln:

Hauptsatz	Gliedsatz
Präsens	Perfekt
Imperfekt oder Perfekt	Plusquamperfekt
Futur I	Futur II

Non faciet fidem, cum haec disputabit. – *Er wird keinen Glauben finden, wenn er das vorbringt.*
Aeneas Troiam reliquit, quia Graeci urbem expugnaverant. – *Aeneas verließ Troja, weil die Griechen die Stadt erobert hatten.*
Si sanus revenero, deos sacrificabo. – *Wenn ich heil zurückkehre* (wörtl. *zurückgekehrt sein werde), werde ich den Göttern opfern.*

Zur Consecutio temporum im konjunktivischen Gliedsatz ↑ § 64.

§ 76 Temporalsätze

Temporalsätze enthalten eine Angabe über Zeitpunkt, Beginn, Häufigkeit, Dauer oder Endpunkt einer Handlung.

Einleitende Subjunktionen

+ Indikativ	+ Konjunktiv	+ Indikativ/Konjunktiv
cum – *(damals) als, wenn* **cum** (subito) – *als plötzlich* **cum** – *immer wenn, sooft* **postquam** (+ Ind. Perf.) – *nachdem* **ubi (primum)** (+ Ind. Perf.) – *sobald* **dum** (+ Ind. Präs.) – *während*	**cum** – *als, nachdem*	**antequam** – *bevor, ehe* **priusquam** – *bevor, ehe* **dum** – *solange, bis* **donec** – *solange, bis*

Discipuli, cum domum venerunt, riserunt. – *Als die Schüler nach Hause kamen, lachten sie.*
Cum Remum fratrem interfecisset, Romulus Romam urbem condidit. – *Nachdem Romulus seinen Bruder Remus getötet hatte, gründete er die Stadt Rom.*
Dum ego multa facio, tu autem nihil fecisti. – *Während ich vieles getan habe, hast du hingegen nichts gemacht.*

§77 Kausalsätze

Kausalsätze geben Gründe und Ursachen für die Hauptsatzhandlung an.

Einleitende Subjunktionen

+ Indikativ	+ Konjunktiv
quod – *da, weil* **quia** – *da, weil* **quoniam** – *da ja, weil ja*	**(praesertim) cum** – *da, weil*

Aeneas Troiam reliquit, quia Graeci urbem expugnaverant. – *Aeneas verließ Troja, weil die Griechen die Stadt erobert hatten.*
Gladiator cum fortiter pugnet, vincet. – *Da der Gladiator tapfer kämpft, wird er siegen.*

§78 Konzessivsätze

Konzessivsätze geben einen Gegengrund („trotz welcher Umstände?") an.

+ Indikativ	+ Konjunktiv
quamquam – *obwohl* **etiamsi/etsi** – *wenn auch, selbst wenn*	**cum** – *obwohl* **licet** – *mag auch, wenn auch* **ut** – *angenommen, dass*

Milites, cum eos animus deficiat, tamen impetum faciunt. – *Obwohl es den Soldaten an Mut fehlt, greifen sie dennoch an.*
Aeneas, quamquam Didonem amabat, Carthaginem reliquit. – *Obwohl Aeneas Dido liebte, verließ er Karthago.*

§79 Finalsätze

Finalsätze drücken einen Zweck oder eine Absicht aus und werden mit **ut** – *damit* bzw. **ne** – *damit nicht* eingeleitet. Das Prädikat des Finalsatzes steht immer im Konjunktiv.
Galli legatos ad Caesarem mittunt, ut de pace agant. – *Die Gallier schicken Gesandte zu Caesar, damit sie über den Frieden verhandeln.*

Auch auf Verben des Bittens, Wünschens und Befehlens folgt ein Finalsatz.
Hoc te rogo, ne animum demittas. – *Ich bitte dich darum, dass du nicht den Mut verlierst/nicht den Mut zu verlieren.*
Postulavit, ut obsides redderet. – *Er forderte, dass er die Geiseln zurückgebe/von ihm, die Geiseln zurückzugeben.*

Nach Verben des Fürchtens und Hinderns wird der Finalsatz mit **ne** – *dass* bzw. **ne non** (seltener **ut**) – *dass nicht* eingeleitet.
Caesar timuit, ne (non) hostes impetum facerent. – *Caesar fürchtete, dass die Feinde (nicht) angriffen.*

Dolore impedior, ne plura scribam. – *Der Schmerz hindert mich, dass ich mehr schreibe/mehr zu schreiben.*

Folgende Verben können mit einem Finalsatz oder einem AcI (↑ §68) konstruiert werden. Je nach Folgekonstruktion haben sie jedoch unterschiedliche Bedeutungen.

	+ AcI	**+ Finalsatz**
(ad)monere	*erinnern*	*mahnen, warnen*
persuadere	*überzeugen*	*überreden*
videre	*sehen*	*sorgen für, achten auf*
censere	*der Ansicht sein*	*dafür stimmen, beantragen*
concedere	*zugeben, einräumen*	*gestatten, erlauben*

Catoni persuasum est Carthaginem delendam esse. – *Cato war davon überzeugt, dass Karthago zerstört werden müsse.*
Orgetorix suis persuasit, ut de finibus suis exirent. – *Orgetorix überredete seine Leute, ihr Gebiet zu verlassen.*

§80 Konsekutivsätze

Konsekutivsätze bezeichnen eine Folge oder Wirkung und stehen immer mit dem Konjunktiv. Einleitende Subjunktion ist **ut** – *(so) dass*, verneint wird mit **ut non/nemo/numquam** – *dass nicht/niemand/niemals* etc. Im Hauptsatz finden sich oft auf den Konsekutivsatz hinweisendes **ita/tam/adeo eo** – *so*, **talis, -e** – *so beschaffen* oder **tantus, -a, -um** – *so groß*.
Ita factum est, ut Galli belli renovandi consilium caperent. – *So geschah es, dass die Gallier sich entschlossen, den Krieg wiederaufzunehmen.*
Verres Siciliam ita perdidit, ut ea restitui in antiquum statum nullo modo posset. – *Verres hat Sizilien so zugrunde gerichtet, dass es auf keine Weise wieder in den alten Zustand gebracht werden konnte.*

Statt **ut non** steht manchmal auch **quin** – *dass nicht.*
Facere non possum, quin nomen eloquar. – *Ich muss den Namen unbedingt nennen* (wörtl. *Ich kann es nicht machen, dass ich den Namen nicht ausspreche).*

§81 Modalsätze

Modalsätze geben die Art und Weise, wie etwas geschieht, an. Sie werden eingeleitet mit:
cum (+ Ind. oder Konj.) – *indem, dadurch dass, wobei.*
Cum tacent, clamant. – *Indem sie schweigen, schreien sie.*

§82 Konditionalsätze

Konditionalsätze drücken eine Bedingung oder Voraussetzung aus und werden eingeleitet mit:
si (non) – *wenn (nicht);* **sin (autem)** – *wenn aber;* **nisi/ni** – *wenn nicht;* **etiamsi/etsi** – *wenn auch;* **quod si** – *wenn aber*

Geben Konditionalsätze eine wirkliche Bedingung an, so steht in Haupt- und Gliedsatz der Indikativ **(Realis)**.
Si hoc facis, bene agis. – *Wenn du das tust, handelst du gut.*

Bezeichnet ein Konditionalsatz eine mögliche oder eine irreale Bedingung, steht der Konjunktiv. Die Möglichkeit wird durch den **Potentialis** (Konjunktiv Präsens oder Perfekt, ↑ §63) angezeigt, der sowohl im **si**-Satz als auch im Hauptsatz steht. Übersetzt wird er mit *dürfte/könnte wohl.*
Si omnia narrare velim, dies me deficiant. – *Wenn ich alles erzählen würde, dürften Tage mir wohl nicht genügen.*
Unmögliche bzw. irreale Bedingungen werden mit dem **Irrealis** der Gegenwart (Konjunktiv Imperfekt) bzw. der Vergangenheit (Konjunktiv Plusquamperfekt, ↑ §63) ausgedrückt.
Si scriberem ipse, longior epistula esset. – *Wenn ich selbst schreiben würde, wäre der Brief länger.*
Si scripsissem ipse, longior epistula fuisset. – *Wenn ich selbst geschrieben hätte, wäre der Brief länger gewesen.*

§83 Relativsätze

Der Relativsatz stellt eine Ergänzung – meist Attribut – zum Subjekt, Objekt oder Adverbiale dar. In der Regel steht der Indikativ.
Curia, in qua senatores conveniunt, in foro est. – *Die Kurie, in der sich die Senatoren versammeln, befindet sich auf dem Forum.*

Steht ein Relativsatz im Konjunktiv, so bedeutet das, dass er einen zusätzlichen Sinn, einen sogenannten Nebensinn hat. Der Konjunktiv zeigt an, dass die Handlung des Relativsatzes in einem bestimmten logischen Verhältnis (kausal, konsekutiv, final oder konzessiv) zur Hauptsatzhandlung steht. Dieses Sinnverhältnis muss in der Übersetzung zum Ausdruck gebracht werden.

Nebensinn	Übersetzung
kausal	*der ja/der nämlich/weil er*
konsekutiv	*der/(so) dass er*
final	*der … soll/sollte/damit er*
konzessiv	*der doch/obwohl er*

Galli legatos ad Caesarem mittunt, qui de pace agant. – *Die Gallier schicken Gesandte zu Caesar, die über den Frieden verhandeln sollen/damit sie … verhandeln.* → final
Reus, qui innocens esset, non damnatus est. – *Der Angeklagte wurde nicht verurteilt, der ja/da er unschuldig war.* → kausal

Konsekutive Relativsätze können Sie oft an folgenden Wendungen erkennen:
sunt, qui – *es gibt Leute, die*
inveniuntur, qui – *es finden sich Leute, die*
nemo est, qui – *es gibt niemanden, der*
quis est, qui – *wo gibt es einen, der*
(non) sum is/talis/eiusmodi – *ich bin (nicht) so einer/von der Art*
Non is sum, qui mortis periculo terrear. – *Ich bin nicht so einer/von der Art, dass ich durch Lebensgefahr erschreckt werde.*

§ 84 Relativer Satzanschluss

Im Lateinischen kann ein Hauptsatz mit einem Relativpronomen beginnen. Das Bezugswort steht im Satz davor. Durch diesen sehr häufig verwendeten **relativen Satzanschluss** entsteht eine engere Anbindung an den vorangehenden Satz. Im Deutschen ist das Relativ- durch ein Demonstrativpronomen wiederzugeben.
Aeneas Troiam reliquit. Quam Graeci deleverant. – *Aeneas verließ Troja. Dieses hatten die Griechen zerstört.*

Das Relativpronomen kann sich aber auch auf den gesamten Inhalt des vorhergehenden Satzes beziehen. In diesem Fall sind folgende, fast schon formelhafte relative Satzanschlüsse sehr häufig:
quod si – *wenn also/aber*
quare – *daher, deshalb*
quo facto – *hierauf, darauf(-hin)*
qua de causa – *daher, deshalb*
Caesar oppidum Gallicum expugnavit. Quo facto Italiam petivit. – *Caesar eroberte eine gallische Stadt. Daraufhin ging er nach Italien.*

§ 85 Relative Verschränkung

Ein Relativsatz kann mit einem AcI so verknüpft sein, dass das Relativpronomen Satzglied des AcI ist. Dies wird **relative Verschränkung** oder verschränkter Relativsatz genannt:
Socrates, quem (Subjektsakkusativ) **philosophum esse** (Infinitiv) **constat, damnatur.**
Im Deutschen muss diese Konstruktion umschrieben werden, z. B. mit:
- einem Relativsatz: *Sokrates, von dem bekannt ist, dass er Philosoph ist, wird verurteilt.*
- einem Einschub: *Sokrates, der – wie bekannt ist – Philosoph ist, wird verurteilt.*
- einem Adverb: *Sokrates, der bekanntermaßen Philosoph ist, wird verurteilt.*
- einem präpositionalen Ausdruck: *Sokrates, der nach allgemeinem Wissen Philosoph ist, wird verurteilt.*

§ 86 Die indirekte Rede

Mit der indirekten Rede (Oratio obliqua) werden Aussagen, Meinungen oder Gedanken anderer Personen wiedergegeben. Als Einleitung dient also ein Verb des Meinens oder Sprechens – oft muss dies jedoch aus dem Zusammenhang ergänzt werden, vor allem wenn es sich um eine längere indirekte Rede handelt.
Für die deutsche indirekte Rede muss der Konjunktiv I verwendet werden, der jedoch durch den Konjunktiv II ersetzt wird, wenn der Konjunktiv I dem Indikativ entspricht (in der 1. Pers. Sg., 1. und 3. Pers. Pl.):
Er sagte, sie kämen. → *sie kämen/würden kommen* statt *sie kommen* (Konjunktiv I der Gegenwart = Indikativ Präsens).

Aussagesätze der direkten Rede stehen in der indirekten Rede im AcI.

direkte Rede	indirekte Rede
Caesar dixit: „Belgae unam partem Galliae incolunt." – *Caesar sagte: „Die Belgier bewohnen einen Teil Galliens."*	**(Caesar dixit) Belgas unam partem Galliae incolere.** – *(Caesar sagte) Die Belgier würden einen Teil Galliens bewohnen.*

Sofern ein Hauptsatz **Aufforderungen, Wünsche** oder **Verbote** beinhaltet, wird er in der indirekten Rede als konjunktivischer Gliedsatz (mit oder ohne **ut**, verneint **ne**) formuliert.

direkte Rede	indirekte Rede
Marcus dixit: „Venite, amici! Nolite dubitare!" – *Markus sagte: „Kommt, Freunde! Zögert nicht!"*	**Marcus dixit, (ut) amici venirent. Ne dubitarent.** – *Markus sagte, dass die Freunde kommen sollten. Sie sollten nicht zögern.*

Beziehen sich in der indirekten Rede Pronomina auf das übergeordnete Subjekt (den Sprecher), werden die reflexiven Formen verwendet.
Nuntius dicit se hostes fugere vidisse. – *Der Bote sagt, dass er die Feinde fliehen gesehen habe.*

Echte **Fragen** stehen im Konjunktiv, rhetorische Fragen (also solche, auf die eigentlich keine Antwort erwartet wird) im AcI.

direkte Rede	indirekte Rede
Mater interrogavit: „Quo is, Gai?" – *Die Mutter fragte: „Wohin gehst du, Gaius?"*	**Mater interrogavit, quo Gaius iret.** – *Die Mutter fragte, wohin Gaius gehe.*
Cicero quaesivit: „Quis hoc ignorat?" – *Cicero fragte: „Wer weiß das denn nicht?"*	**Cicero quaesivit quem hoc ignorare.** – *Cicero fragte, wer das denn nicht wisse.*

Satzfragen (Entscheidungsfragen) werden mit der Partikel **-ne** – *ob* eingeleitet, Doppelfragen mit **utrum/-ne ... an/necne** – *ob ... oder/oder nicht.*
Interrogavit, litterasne suas accepissem. – *Er fragte, ob ich seinen Brief erhalten hätte.*
Zur Coniugatio periphrastica in der indirekten Frage ↑ § 65.

In allen **Gliedsätzen** der indirekten Rede steht der oblique Konjunktiv.

direkte Rede	indirekte Rede
Galli dixerunt: „Omnes, qui arma ferre possunt, unum in locum conveniunt." – *Die Gallier sagten: „Alle Waffenfähigen (die Waffen tragen können) versammeln sich an einer Stelle."*	**Galli dixerunt omnes, qui arma ferre possent, unum in locum convenire.** – *Die Gallier sagten, dass alle Waffenfähigen (die Waffen tragen konnten) sich an einer Stelle versammeln würden.*

Bildnachweis

Seite 9: istockphoto.com/Vasiliki Varvaki

Seite 10: istockphoto.com/Hedda Gjerpen

Seite 12: istockphoto.com/Danilo Ascione

Seite 14: istockphoto.com/Sharon Dominick

Seite 16: istockphoto.com/José Luis Gutiérrez

Seite 17/18: istockphoto.com/Amanda Rohde

Seite 19: rufen: istockphoto.com/Sharon Dominick, sehen/hören: PONS GmbH, Stuttgart

Seite 20: Mutter: istockphoto.com/Christine Balderas, Kinder: istockphoto.com/Nina Shannon

Seite 22: von links nach rechts: istockphoto.com/Özgür Donmaz, istockphoto.com/Sean Locke, istockphoto.com/Simon Podgorsek

Seite 24: istockphoto.com/Alain Couillaud

Seite 25: Mädchen: istockphoto.com, Cicero: istockphoto.com/Bertrand Benoit

Seite 28: istockphoto.com/Alison Cornford-Matheson

Seite 30: istockphoto.com/Amanda Rohde

Seite 31: oben: istockphoto.com/Pavel Konovalov, unten: istockphoto.com/Dmitriy Shironosov

Seite 33: istockphoto.com

Seite 37: istockphoto.com/Arpad Nagy-Bagoly

Seite 38: istockphoto.com/Sadık Güleç

Seite 41: istockphoto.com/Stephen Rees

Seite 43: istockphoto.com/Alex Slobodkin

Seite 44: von oben nach unten: istockphoto.com/Volkan Ersoy, istockphoto.com/Diane Diederich, istockphoto.com/Nitin Sanil

Seite 45: istockphoto.com

Seite 50: istockphoto.com/Colleen Bradley

Seite 51: istockphoto.com

Seite 52: istockphoto.com/Hedda Gjerpen

Seite 57: istockphoto.com/Christopher Steer

Seite 58: Dr. Bettina Kratz-Ritter, Göttingen

Seite 59: istockphoto.com/Pavel Konovalov

Seite 63: Sokrates: istockphoto.com/Hans Laubel, Vestalinnen: istockphoto.com/Christian Sanzey

Seite 66: istockphoto.com

Seite 67: istockphoto.com/Mark Evans

Seite 68: istockphoto.com

Seite 70: istockphoto.com

Seite 73: istockphoto.com/Matej Pribelsky

Seite 77: istockphoto.com

Seite 82: istockphoto.com/ALFIO FERLITO

Seite 84: istockphoto.com

Seite 85: istockphoto.com

Seite 86: istockphoto.com/Greg Nicholas

Seite 91: istockphoto.com

Seite 95: istockphoto.com/Michal Boubin

Seite 98: istockphoto.com/Hedda Gjerpen

Seite 99: istockphoto.com

Seite 105: istockphoto.com/Brendan Hunter

Seite 106: istockphoto.com

Seite 108: Lararium: Dr. Bettina Kratz-Ritter, Göttingen, Statuen: istockphoto.com

Seite 112: istockphoto.com/james steidl

Seite 114: istockphoto.com/Eric Hood

Seite 117: istockphoto.com/Karl Dolenc

Seite 121: istockphoto.com

Seite 122: istockphoto.com/Matthew Cole

Seite 127: istockphoto.com/Torsten Schulz

Seite 129: istockphoto.com

Seite 130: Papyrusrolle: istockphoto.com/Leah-Anne Thompson, Siegerkranz: istockphoto.com